中国采购与供应链管理领域蕴含着巨大的创新空间，采购职业人员是这一变革的核心推动力。人的内在力量来源于价值观，道德水准是价值观外化的具体表现。对中国采购职业人员的道德行为我们提出了10条准则，希望广大采购职业经理人能加入到这个倡导之中，推动中国采购事业的规范发展。

何黎明

中国物流与采购联合会会长

采购职业人员道德行为准则

中国物流与采购联合会

采购职业人员的核心价值观：**忠诚、守信、自律、合规**

1. 推动自己的组织完善采购职业人员道德行为准则，并设法使之在组织内获得普遍认可；
2. 维护企业利益，承担起采购职能领域的可持续发展与社会责任，不购买假冒商品，并努力实践；
3. 无论是在组织内部或组织外部，都应当保持最高诚信标准，避免出现不正当的互利与欺诈行为；
4. 避免不适当的行为与要求，在事实上不得妨碍供应商的公平竞争与平等参与机会，并尊重供应商合理诉求；
5. 不得以隐晦、模糊或虚假信息误导供应商，避免在供应商关系处理、采购执行和工作沟通方面出现不道德或有违商业诚信的意图和表现；
6. 在履行职责的过程中，所获得的商业信息应当保密，决不用于个人私利，并确保所提供的商业信息应当真实而准确；
7. 可能影响或被他人视为存在利益影响的采购职业人员，在履行其职责时，其个人的利益关系应当申报；
8. 避免因个人原因出现对采购管理决策可能产生消极影响的意图与言行；
9. 不断提升自己的采购专业技能，扩展知识结构，以达到业务能力的最佳水平；
10. 熟悉并遵守与采购相关的法律与规范，恪守契约精神，维护采购合同双方的权利与义务。

采购组织可持续发展与社会责任规范

中国物流与采购联合会

中国物流与采购联合会会长

中国物流与采购联合会是经国务院批准设立的中国唯一一家物流与采购行业综合性社团组织，我们有义务和责任来推动采购领域的组织在取得最佳绩效的同时秉持应具备的道德标准和行为规范。

企业的可持续发展与社会责任是商业环境下企业人必须担负且不可推卸的崇高使命，采购组织又是践行这一使命的核心主体。环境、经济和社会的可持续发展需要采购组织有所作为，我们从员工权益与安全、参与社会、环境保护、财务责任和供应商多样性这五个维度提出了具体的执行规范。当每一个有责任感的采购组织加入到这个倡议中的时候，我相信中国采购管理的发展会迈上一个崭新的台阶。

■ 采购组织可持续发展是指既满足当代人的需求，又不损害后代人满足其需求的能力。主要包括社会可持续发展，生态可持续发展，经济可持续发展。

■ 采购组织的社会责任是指采购组织在商业运作过程中对利益相关者应负的责任。利益相关者是指所有可以影响组织决策的行动，或者被组织决策和行动所影响的个体或群体，包括员工、供应商、社区团体、关联公司、合作伙伴等。

■ 采购组织可持续发展与社会责任规范有以下五大核心维度：员工权益与安全、参与社会、环境保护、财务责任和供应商多样性。

采购组织可持续发展与社会责任规范

中国物流与采购联合会

员工权益与安全

1.1 应评估内部员工权益状况
1.2 应评估供应商的员工权益状况
1.3 有文件并贯彻执行内部员工权益政策
1.4 有文件并贯彻执行供应商员工权益政策
1.5 对员工进行培训，包括个人尊严和受尊重对待的权益
1.6 有文件并贯彻政策以促进形成人人得以尊重的环境
1.7 有完善的面向员工健康安全政策和程序完整
1.8 有完善的面向供应商健康安全政策和程序完整
1.9 有流程考核组织的健康安全目标成绩
1.10 有流程评估和审核供应商的健康安全性
1.11 对员工和供应商进行健康安全政策和程序的正规培训

参与社会

2.1 积极参与改善社会的相关活动
2.2 向员工宣传社会可持续发展的意义
2.3 制定可持续发展的组织战略和实施方案
2.4 允许和鼓励员工参与社会活动，包括救灾、扶贫、义工等
2.5 应做出社会努力，包括慈善捐助和支持扶贫开发项目

环境保护

3.1 有明确的环境保护政策和程序
3.2 充分回收利用废弃物（或废料）
3.3 采取行动以减少废弃物（或废料）产生量
3.4 遵从处理有害废物管理的法规
3.5 符合排放物的规定指标要求
3.6 应评估组织对环境改善做出努力的成绩
3.7 应做到回收 / 再循环利用，将产品对环境的危害降到最低
3.8 设计产品和服务时应将对环境的危害降到最低
3.9 要求供应商报告对环境改善做出努力的成绩
3.10 采购协议中应包含供应商环境保护条款

财务责任

4.1 有政策和流程来推动员工建立财务责任意识
4.2 培训员工拥有相应的财务分析能力
4.3 有责任规避不当的经济关系
4.4 财务信息要完整和真实，不得以虚假信息误导市场与欺诈投资人
4.5 有严格的会计政策和财务管理系统，以确保财务长期稳健
4.6 协助供应商财务健康发展，按合同履行财务义务

供应商多样性

5.1 认可供应商多样性的社会价值和商业价值
5.2 有正式的关注少数民族、妇女和残障人士的企业优惠政策
5.3 要优先扶持中小供应商，并提供相应的公平机会
5.4 有正式的规范流程来推动供应商的平等竞争
5.5 应保证供应商战略寻源程序完整并有效执行，亦能有效维系组织的持续成长

中国产业研究报告·物流与采购

·中国物流与采购联合会系列报告·

中国采购发展报告

2015

中国物流与采购联合会
China Federation of Logistics & Purchasing

China Purchasing Development Report (2015)

中国财富出版社
CHINA FORTUNE PRESS

图书在版编目（CIP）数据

中国采购发展报告．2015 / 中国物流与采购联合会编．—北京：中国财富出版社，2015.10

ISBN 978-7-5047-5913-9

Ⅰ．①中… Ⅱ．①中… Ⅲ．①采购—经济发展—研究报告—中国—2015
Ⅳ．①F259.23

中国版本图书馆 CIP 数据核字（2015）第 251517 号

策划编辑 张 茜 **责任编辑** 颜学静
责任印制 何崇杭 **责任校对** 杨小静 **责任发行** 斯 琴

出版发行 中国财富出版社（原中国物资出版社）
社　　址 北京市丰台区南四环西路 188 号 5 区 20 楼 **邮政编码** 100070
电　　话 010-52227568（发行部） 010-52227588 转 307（总编室）
010-68589540（读者服务部） 010-52227588 转 305（质检部）
网　　址 http://www.cfpress.com.cn
经　　销 新华书店
印　　刷 中国农业出版社印刷厂
书　　号 ISBN 978-7-5047-5913-9/F·2493
开　　本 787mm×1092mm 1/16 **版　　次** 2015 年 10 月第 1 版
印　　张 17.25 彩 插 6 面 **印　　次** 2015 年 10 月第 1 次印刷
字　　数 375 千字 **定　　价** 198.00 元

中国采购发展报告（2015）

编 委 会

中国采购发展报告（2015）

编辑部

主　　编：蔡　进

副 主 编：王保华　胡　珉

编辑人员：谢培庆　张　怡

联系方式：

采 购 委：010－58566588－195、171

网　　址：www.chinascm.org.cn

电子邮箱：xiepq@chinascm.org.cn

zhangy@chinascm.org.cn

前 言

当前，世界经济复苏缓慢，不确定性、不稳定性增加。我国经济进入新常态，正处在调结构、转方式的关键阶段。传统制造产业产能相对过剩，矛盾有所加剧，企业生产经营成本上升和创新能力不足的问题并存，经济发展和资源环境的矛盾依然突出。在这种压力之下该如何突破重围，实现平稳发展，成为国内企业亟须解决的问题。采购作为连接社会生产、流通和消费的核心环节及关键职能，是市场资源配置的重要方式，在国民经济转型发展中发挥着至关重要的作用。采购成本节约、价值创造，供应链理念和绿色采购理念的广泛运用，利用信息化手段提高采购效率和实现采购公平，全球采购的快速发展，这些对提高企业竞争力，推动我国经济社会的集约化发展，建立以技术为驱动的高效率经济运行模式，推进经济、社会和环境可持续发展，提升国民经济整体运行质量和效率，都具有十分重要的现实意义。在这样的背景下，《中国采购发展报告（2015）》也与时俱进，针对中国采购与供应链领域的现状和趋势进行了深入调查和研究。

《中国采购发展报告》坚持把握全球采购与供应链管理发展的趋势和动态，以推动我国采购与供应链管理领域的创新发展为目标，自2008年出版第一本蓝皮书以来，今年已是第八本。我们始终坚持借鉴国际先进的采购与供应链管理实践和规律，积极探索具有中国特色的采购与供应链管理发展新模式，努力把这本报告打造成为能够反映当前中国采购现状及采购管理变革创新的行动指南，也因此得到了社会各界的热切关注和广泛好评。

《中国采购发展报告（2015）》在总结往年经验的基础之上，紧密结合当前世界经济和我国社会经济的发展趋势，开展了全国范围内的企业采购调查研究。在此过程中得到了各界采购与供应链专业人士的积极响应与参与。

2015年的报告主要分为三大专题：中国采购发展综述、中国企业采购实践和国际采购研究报告。中国采购发展综述专题报告涉及十篇系列报告，其中八篇为采购管理领域的分项报告，两篇为行业采购报告，本专题中的报告均是在调查数据分析的基础上，从不同角度和层面反映我国企业的采购现状；中国企业采购实践专题报告依旧关注的是企业内具体的采购活动；国际采购研究报告收录了来自科尔尼、埃森哲等国际著名研究机构的相关案例研究和分析报告，通过展示国外先进的实践经验，希望能够对国内企业的采购和供应链管理有所启发。

《中国采购发展报告》将一如既往地关注和推动我国采购与供应链管理领域的发展，为我国新时期下的经济结构转型和社会持续健康发展添砖加瓦。《中国采购发展报告（2015）》的顺利完成，得到了众多业内专家、学者以及相关研究机构的大力支持。在此，我代表中国物流与采购联合会对他们长期参与和支持我们的工作表示衷心的感谢，并希望这本报告能够为广大采购专业人士提供有益的帮助。

2015 年 9 月

目　录

专题报告一　中国采购发展综述

专题报告二　中国企业采购实践

专题报告三　国际采购研究报告

调查数据呈现

附　录

专题报告一

中国采购发展综述

2015年中国企业采购研究报告综述

当前，全球经济深度调整，我国发展进入新常态。随着国家“一带一路”发展战略的提出，在“一带一路”这个战略的推动下，中国的资本输出将会进一步加快步伐，中国的产能与国际市场的对接步伐也会加快，将会有越来越多过去在中国境内生产的产品逐渐地转移到境外生产。在这样的全球化战略背景下，中国对外贸易机制也会发生变化，由出口导向型向进口导向型转变，中国不仅是世界的采购中心，同时也在面向全球采购。

李克强总理在2015年政府工作报告中首次提出“互联网+”的战略，旨在推进数字技术与制造业结合，促进电子商务、产业物联网的发展，可以预计，数字化将成为中国产业升级和生产率提升的一个重要推动力。2015年，传统产业价值链正在重构，传统行业面临着转型。在零售和分销环节，传统零售商将面临来自在线竞争对手日趋严峻的挑战，互联网技术和物流快递服务在推动着越来越多的零售创新。同时，上游制造端加强了对消费者大数据分析的能力，使其在受需求驱动的同时变得更为灵活。换言之，整个制造业供应链将经历二度配置，以满足未来的消费需求。中国企业尤其是制造业企业面临的机遇与挑战前所未有，如何在这场竞赛中取得成功，需要企业敢于变革和创新，尤其是对供应链进行改造、升级。采购组织作为企业内重要的职能部门在这场变革中要勇挑重担，提升采购与供应链管理水平。

中国企业采购研究报告是中国物流与采购联合会推出的年度采购专业研究报告。自2008年起，连续八年开展了全国性的企业采购调查。其目的在于通过对调查数据的分析，发现我国采购与供应链的发展现状、特点及发展趋势，同时借鉴国际领先的采购与供应链管理实践和经验，为政府部门政策制定提供数据支撑，为国家政策导向，也为企业及采购经理人提供行业前瞻性数据及最新管理理念，以提升企业采购与供应链管理水平。

2015年3—4月，中国物流与采购联合会在前面七年开展调查的基础上，再次在全国范围内开展了采购调查。本次的调查结果主要是基于2014年的数据，调查过程中得到了社会各界广大专业人士的大力支持，尤其是对王保华老师再次表示衷心的感谢。本次共回收数百份问卷。在对调查结果进行分析的基础上，我们撰写了九篇报告，希望通过此举能够促进我国企业采购与供应链管理水平的显著提升，带动中国经济的转型发展。

一、调查发现

通过对数百家企业的深入调查，我们得到以下发现。

（1）企业在华投资增速有所放缓，企业资金回收状况不容乐观。调查结果显示，2014 年企业在华投资额选择增加的比例与2013 年的调查数据相比，同比下降42%，与此同时，仅有22%的受访企业2014 年在中国地区的采购人员数量比2013 年相比增加。与2013 年相比，2014 年近60%的受访企业应收账款天数增加，20%的受访企业库存周转天数增加，有40%的企业库存周转天数持平。

据商务部公布显示，2015 年1—6 月，欧盟28 国对华投资40. 8 亿美元，同比增长13. 7%；日本对华投资20. 1 亿美元，同比下降16. 3%；美国对华投资10. 9 亿美元，同比下降37. 6%。另据中国物流业景气指数显示，2015 年6 月，物流从业人员指数为49. 9%，环比下降4. 5%。6 月份，库存周转次数指数为49. 5%，环比下降2. 9%。如图1、图2 所示。这与我们的调查结果比较一致。

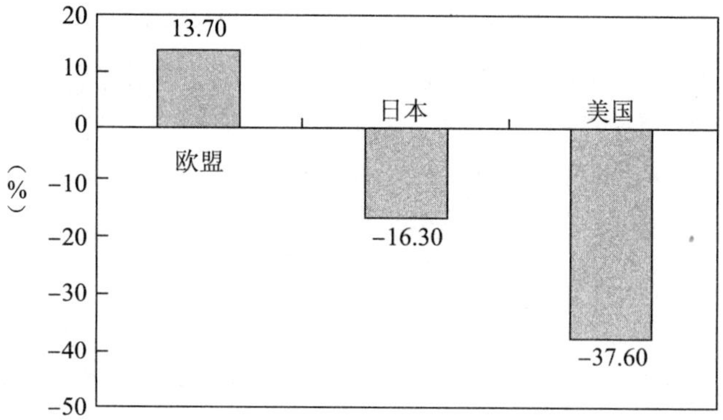

图1　2015 年1— 6 月外资对华投资同比变化情况

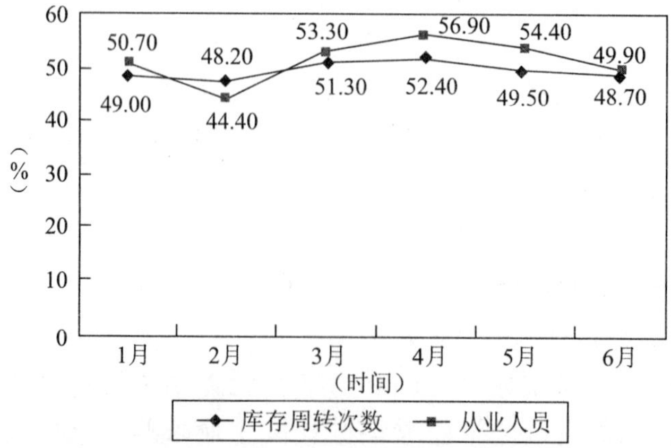

图2　2015 年1— 6 月中国物流业库存周转次数、从业人员指数情况

（2）目前企业寻源的开发重点依旧是中国，但已出现向东南亚转移的趋势。调查结果显示，2015 年企业寻源的开发重点选择中国的占 94.26%，2014 年选择中国的比例为 95.44%，其次是东南亚，占 28.51%，2014 年选择东南亚的比例为 26.50%。

（3）采购模式由分散采购逐步转向集中采购。企业直接物料的采购，已经从集中与分散相结合，逐渐向以集中采购为主的采购模式转变。企业直接物料的采购，集中采购与分散采购相结合的采购模式比例连年下降，由 2009 年接近 75% 下降到 2014 年的 29%；以集中采购为主的采购模式比例不断提升，2009 年仅有 17%，提升到 2014 年已超过 60%。如图 3 所示。

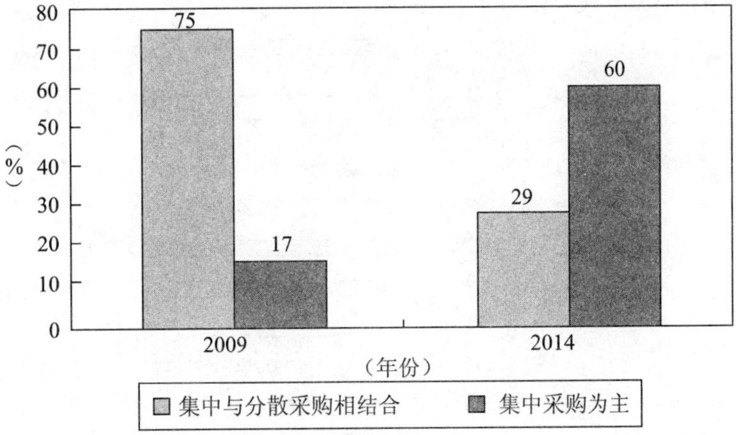

图 3　企业直接物料采购模式的变化情况

（4）当下中国企业的采购关注点依然是成本导向。据调查结果显示，92% 的受访企业将成本控制列为 2015 年企业采购的重点工作，95% 的受访企业 2014 年的采购关键绩效考核指标是成本控制。可见企业的成本压力依旧很大。图 4 显示了 2012—2014 年企业采购总支出减控目标均值变化。

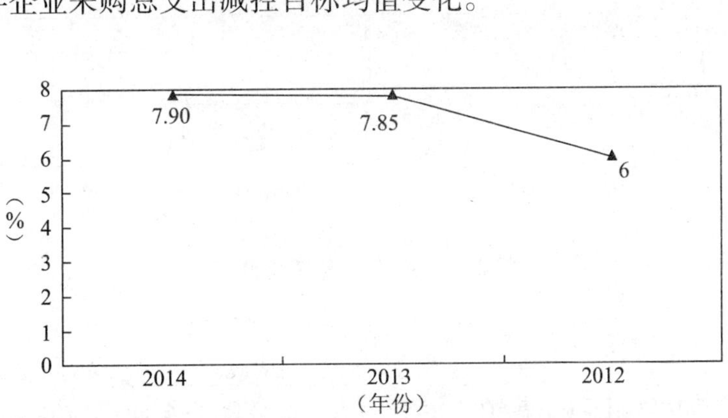

图 4　2012—2014 年企业采购总支出减控目标均值变化

（5）尽管中国企业意识到了一系列的风险来源，但仍然缺乏与之相对应的策略。调查结果显示，原材料数量/价格的波动及过度依赖单一或有限的供应商是最常见且最具潜在危险性的采购风险因素，各占68%和61%，如图5所示。近七成企业主要依靠慎重选择供应商，重视供应商的筛选和评级手段来进行采购风险管理，有近六成企业认为风险防范措施不健全，52%的企业表示已建立风险评估与应对流程，但尚无正式风险管理组织，如图6所示。

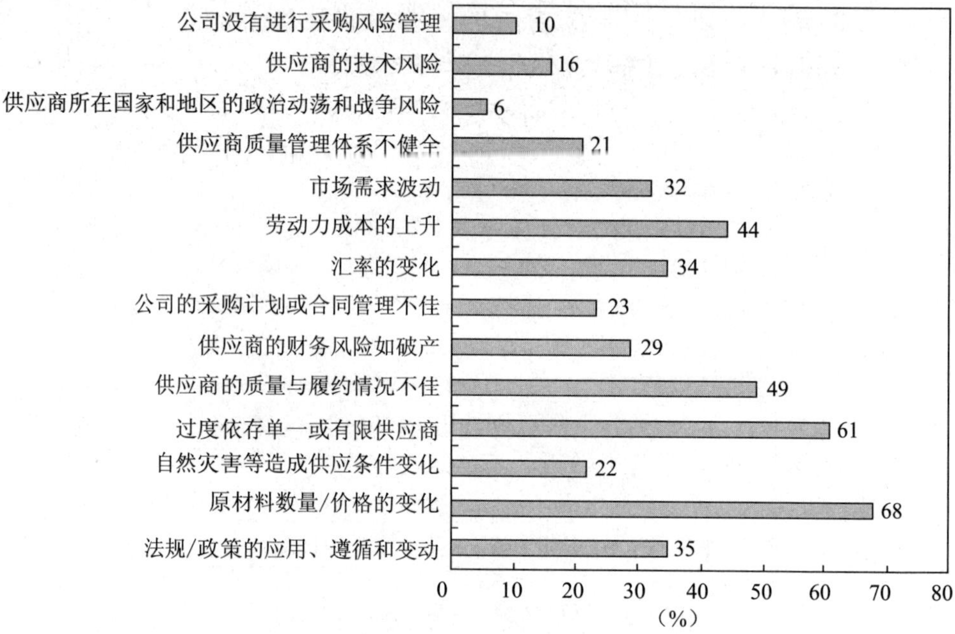

图5 企业采购风险管理面临的问题

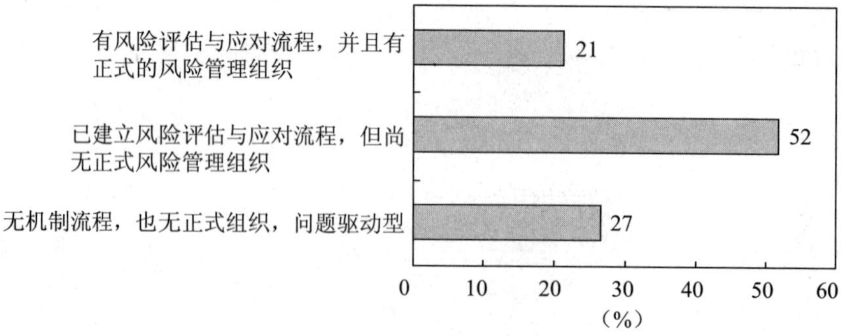

图6 采购风险管理成熟度

（6）供应链管理成为企业核心竞争力重要因素。从调查数据看，公司前五大供应商的采购额占公司采购额50%以上的占4%，每个企业供应商在100家以内的占91%，如图7、图8所示。超过80%来料都能达到公司要求的供应商占85%左右，基本免检的供应商占10%（见图9），73%的企业与上游供应商分享生产预测计划的数据，21%的企业与上游供应商分享产品运输在途数据（见图10），便于供应商安排生产。这充分反映了企业与上下游供应商合作共赢的稳定性在增强，同时数字能力对企业创造价值的影响力日益增强，中国企业的供应链管理水平正在逐渐提升。

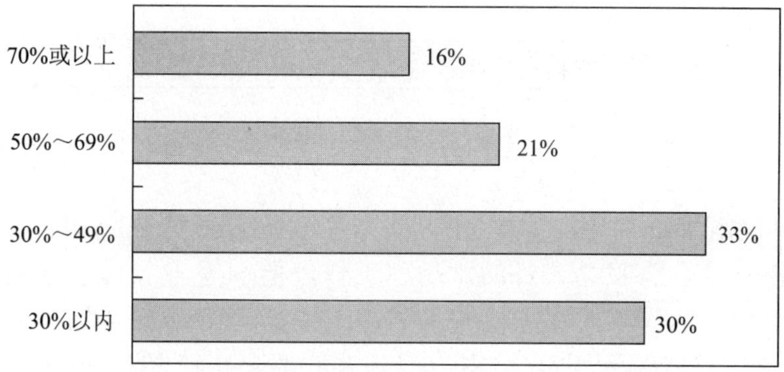

图7　公司前五大供应商的采购额占公司采购额的比例

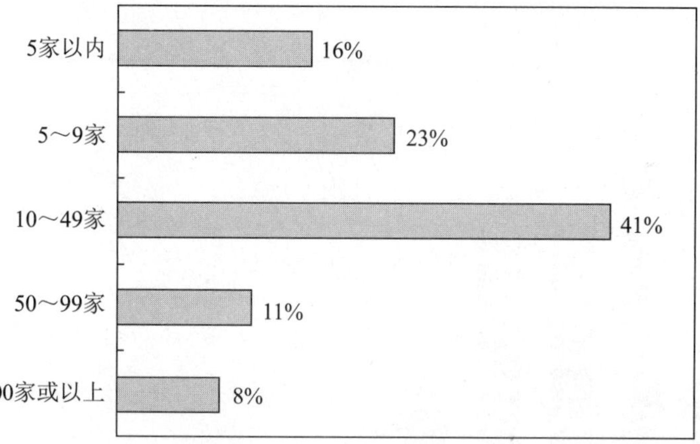

图8　占公司80%以上采购额的供应商数量

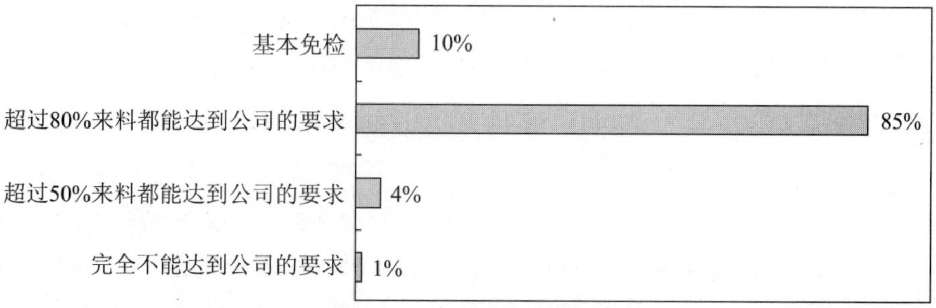

图9　供应商的来料水平

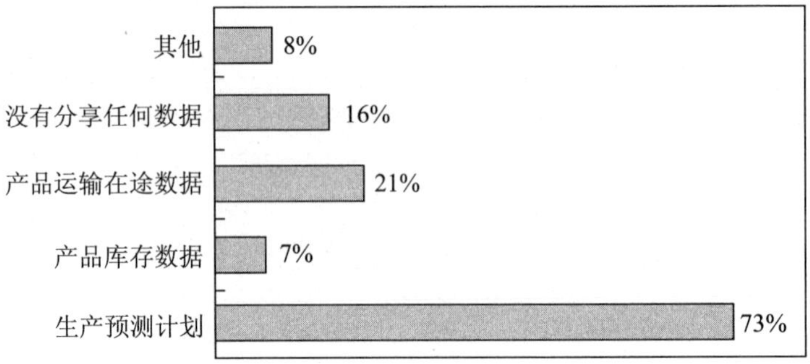

图10　企业与上游供应商的数据分享

（7）采购逐渐向专业化、职业化方向发展。随着采购职能在企业中战略地位逐步提升，企业对采购职业人员的学历、工作经验、专业技能、职业教育等方面要求也不断提高。采购经理薪资整体水平逐渐上扬，2014 年采购经理薪资水平主要集中在 10 万 ~15 万元，也有相当一部分人群的薪资已超过 20 万元，市场价值和职业化程度不断深化，采购职业认证培训的需求潜力巨大，发展越来越快，如图 11 所示。

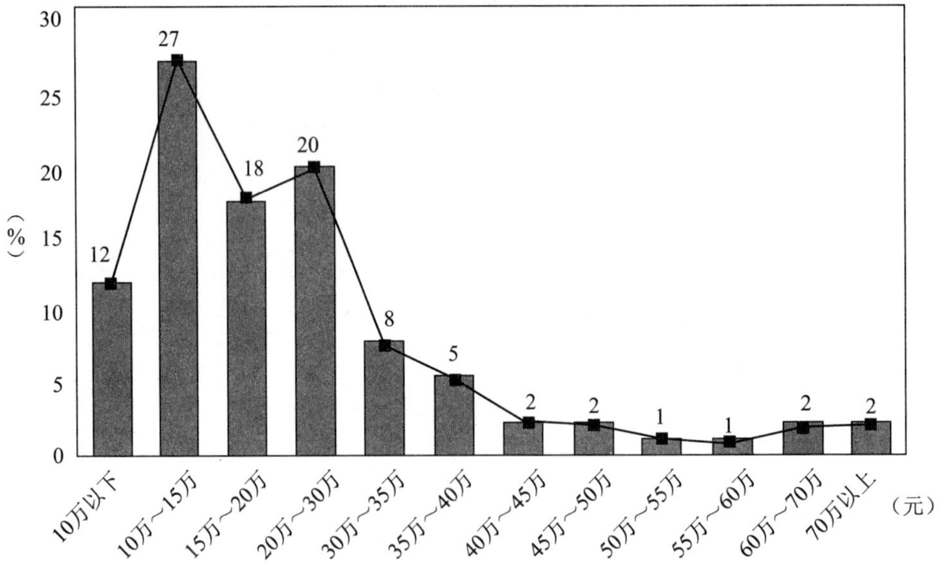

图 11　采购经理人薪酬情况

（8）中国企业采购信息化程度处于中等水平，缺乏高效的数据维护机制，调查显示，多数受访企业采购采用的是制造资源计划（MRP Ⅱ）、企业资源计划（ERP），只有 37% 的企业采用仓储管理系统（WMS），有 51% 的受访企业反映物流需求预测相对准确，有近一半的受访企业计划 2015 年增加采购信息化方面的投资预算。如图 12、图 13、图 14 所示。

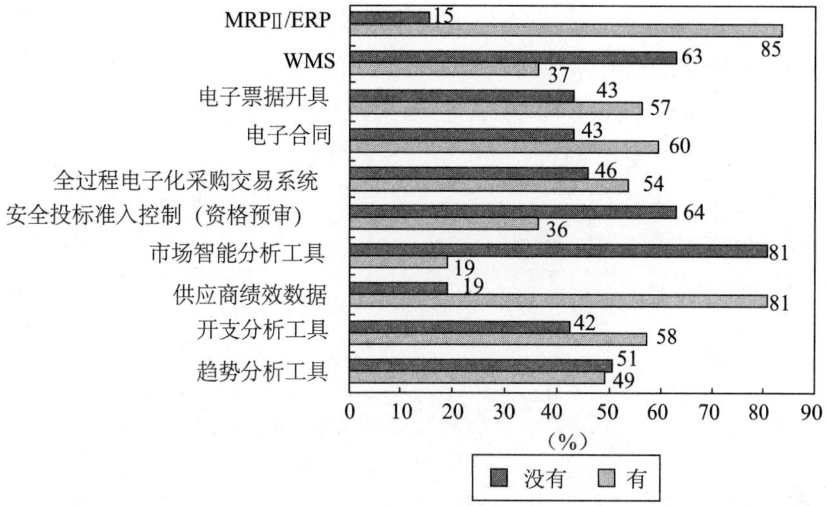

图 12　企业采购信息化现状

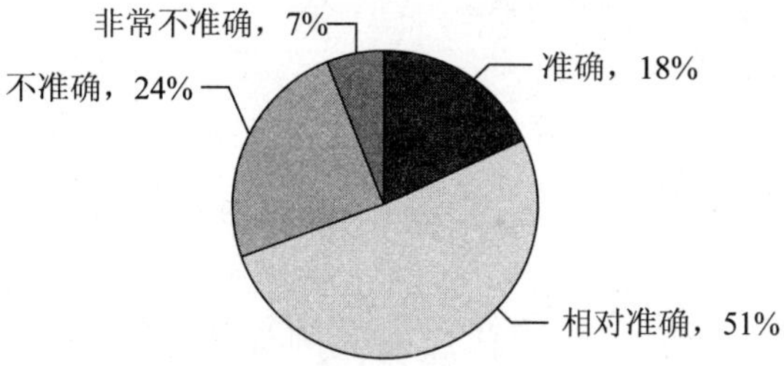

图 13　企业对需求预测准确率分析

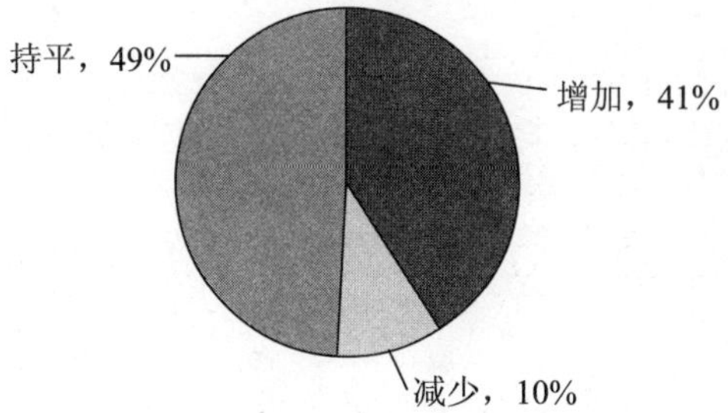

图 14　2015 年企业在采购信息化方面的投资预算较 2014 年的变化

二、调查概览

本次调查问卷在 2014 年问卷的基础上删减 2 道小题，分为基本信息、宏观信息、采购组织现状、供应商管理、采购金额与成本控制、采购信息化、绿色采购、采购风险、人力资源与绩效九大专题，题目涉及范围较广，充分考虑定性与定量题目相结合，关注数据的可获得性与准确性，强调报告的数据化特征。

本次调查充分利用信息技术手段完成，调查平台建立在中国采购服务网（http：//www. chinascm. org. cn）上，调查渠道是通过中国物流与采购联合会官方网站及微博、微信平台发布调查信息。

（1）地域范围。从受访企业所属区域来看，东部沿海城市及华东地区依旧是本次调查数据的主要来源地。如图15所示。

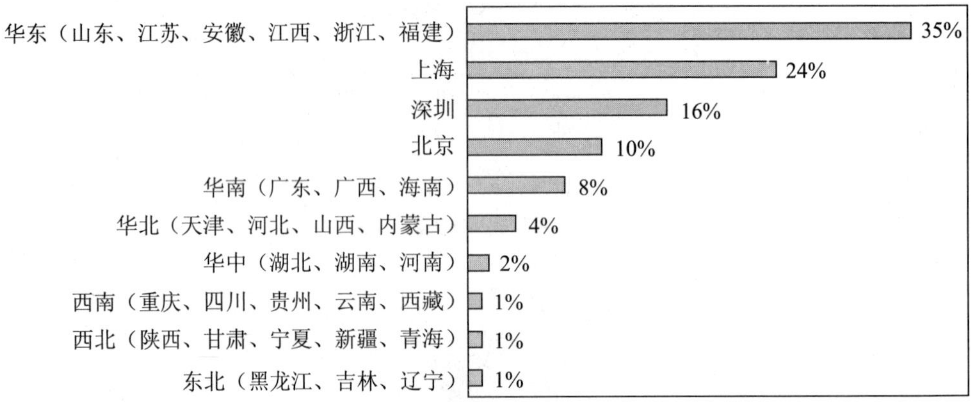

图15　受访企业所属地区

（2）行业范围。从行业分布来看，本次调查问卷所收集的数据涵盖了工业设备（27%）、电子和高科技（19%）、汽车（13%）、流通商贸及服务（10%）、通信（8%）等多个行业的509家企业。如图16所示。

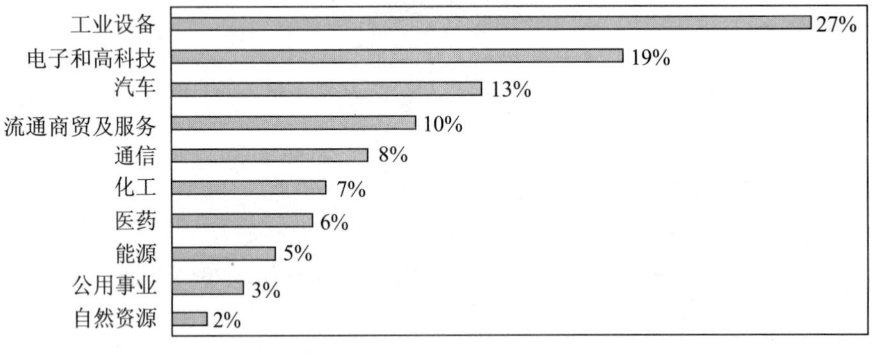

图16　受访企业涵盖行业

（3）企业类型范围。从企业类型上来看，本次调查依旧涉及国有企业、私营企业、中外合资和外资企业（以下简称“外企”）等，本次调查中外企的比例居多，达到了68%，对于国有企业和私营企业来说，可以充分参考、借鉴外企的一些先进经验和理念。如图17所示。

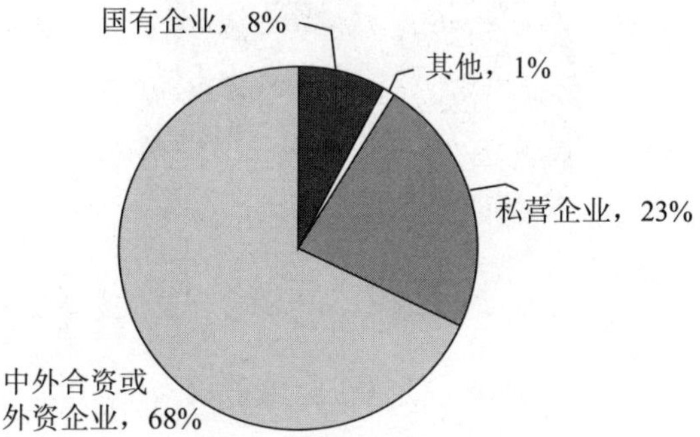

图17 受访企业类型

（4）受访人员范围。从受访者的职位类型来看，本次调查的群体与2014年一致，仍然涉及采购员、采购经理、采购总监及其以上级别，主要为企业采购部门的中高层管理者。具体比例如图18所示。

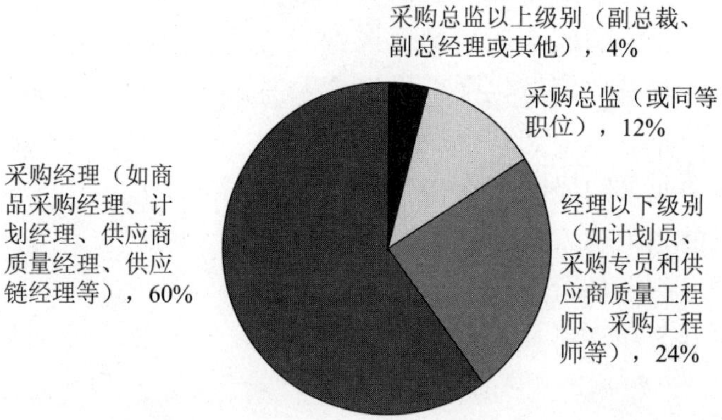

图18 受访人员范围

（5）受访企业销售收入。从受访者企业的年收入看，年销售收入达到3亿元以上的企业占比达64%。具体比例如图19所示。

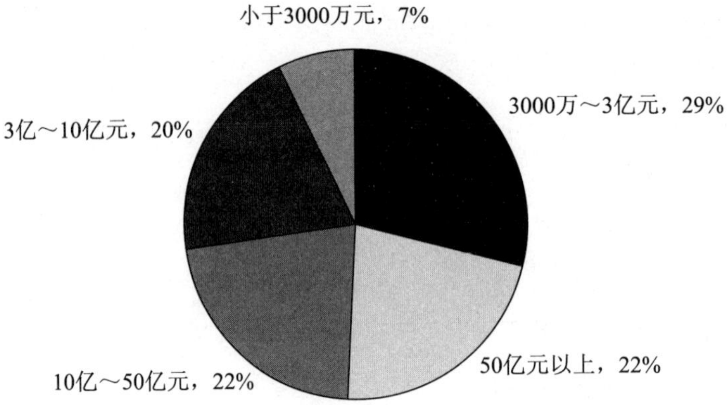

图 19　受访企业销售收入

三、调查报告结构

在调查数据的基础上，形成了本章节的九篇系列报告，分别如下。

2015 年中国企业采购组织和模式调查报告

2015 年中国企业供应商管理调查报告

2015 年中国企业采购成本控制调查报告

2015 年中国企业采购信息化调查报告

2015 年中国企业绿色采购调查报告

2015 年中国企业采购风险调查报告

2015 年中国企业采购人员薪酬调查报告

2015 年中国工业设备行业采购调查报告

2015 年中国电子和高科技行业采购调查报告

2015 年中国企业采购组织和模式调查报告

张　怡

一、采购模式

本次调查中，采用混合型采购的企业最多，约占 51%；其次是集中采购，约占33%；项目采购与分散采购的比例相当，分别为8%和7%（见图1）。但从企业的注册类型、行业归属以及经营规模来看，却表现出各自的特点。

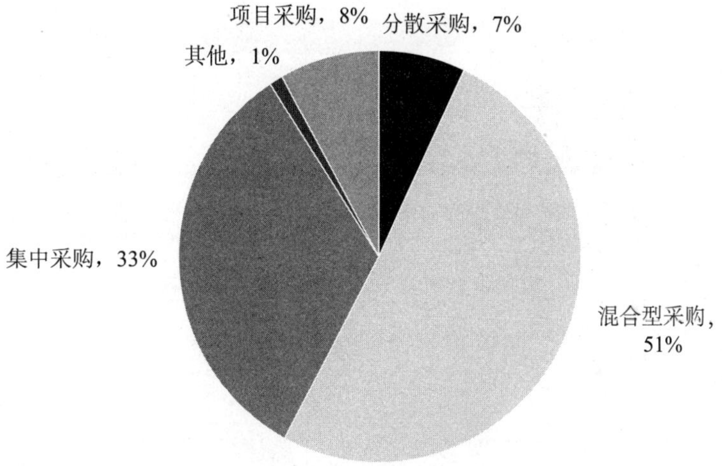

图 1　企业采购模式比例

从企业的注册类型来看，中外合资或外资企业更倾向于使用混合性采购模式，国有企业更倾向于使用集中采购模式；从企业的行业归属来看，电子和高科技企业的集中采购比例最低，约为 21%，汽车类企业的集中采购比例高达 56%；从企业的经营规模来看，小型企业采用集中采购模式的比例明显高于其他类型模式，而中型、大型企业更倾向于使用混合型采购。如图 2、图 3、图 4 所示。

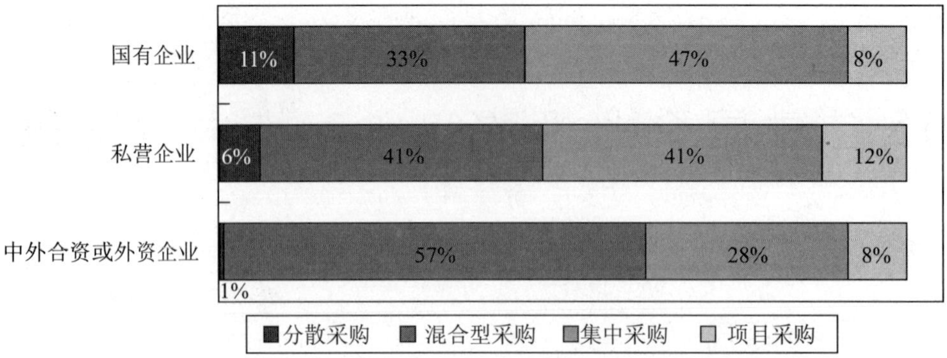

图2　不同类型企业的采购模式对比

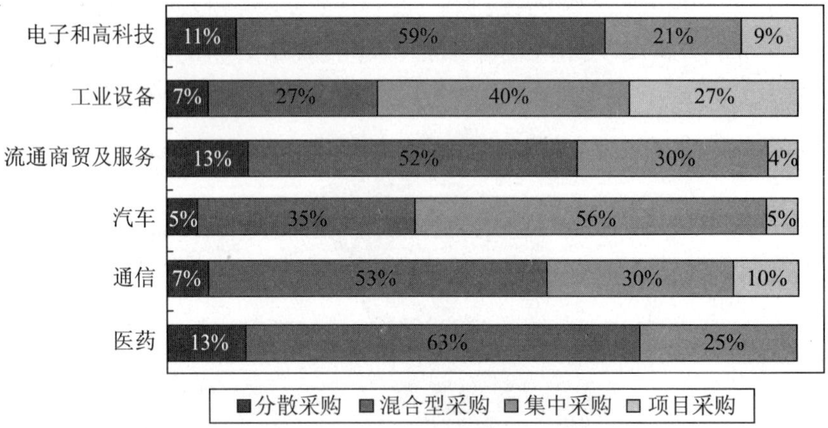

图3　不同行业采购类型对比

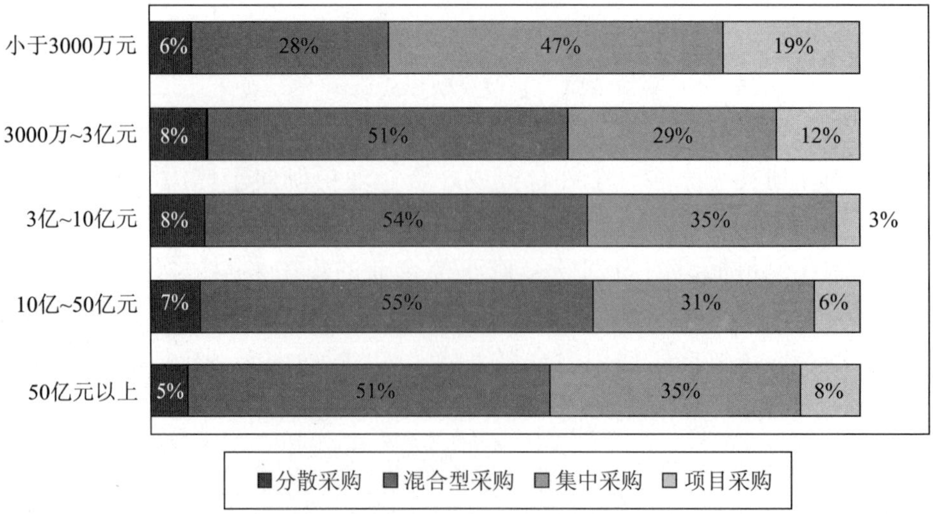

图4　不同规模企业的采购模式对比

本次调查仍然对直接物料、间接物料以及服务项目的采购模式进行了调查，通过调查可以直观地反映企业在各类采购物品上的集约程度。调查结果表明，直接物料以集中采购为主的数量约占调查总体的50%；41%的调查企业在进行间接物料时，采用分散与集中的比例大致相当。如图5所示。

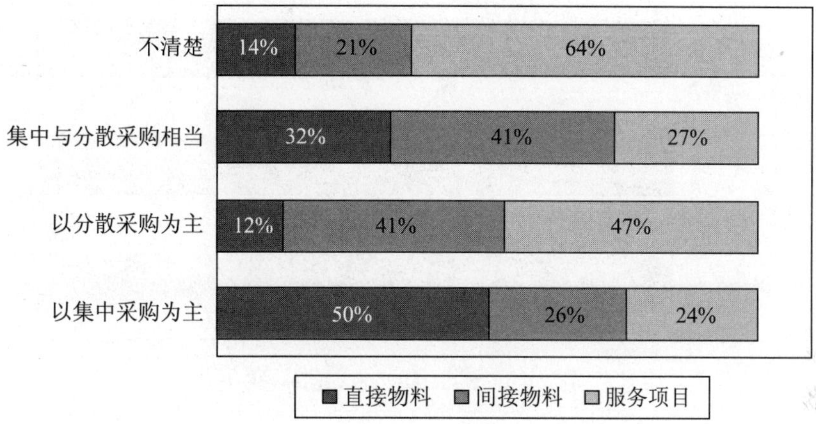

图5　不同品类采购模式对比

二、采购流程

根据企业流程的复杂和成熟程度，可以将其划分为六种等级，如图6所示。

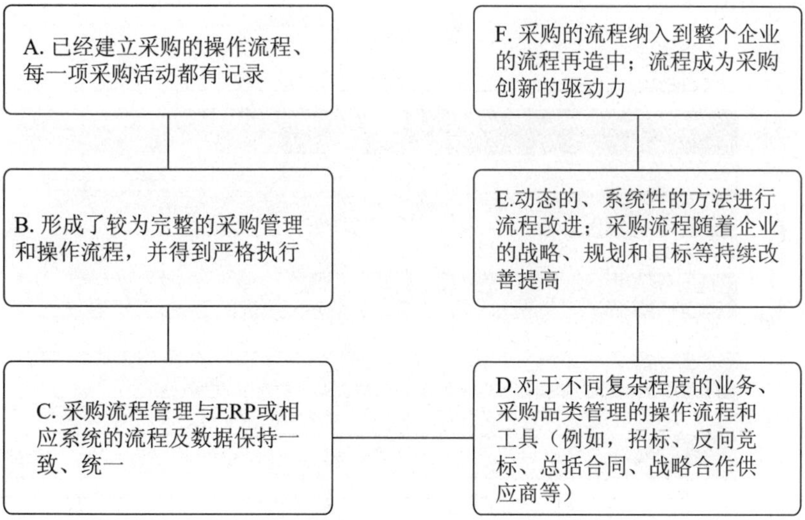

图6　采购流程等级划分

从企业的注册类型来看，中外合资或外资企业的采购流程成熟程度更高，其中采购流程处于C级以上（含C级）的比例为75%；国有企业的这一比例为70%；私营企业处于C级以上（含C级）的比例仅为60%，但也超过半数。说明2014年大多数企业已经建立完整的采购流程，并日渐成熟。如图7所示。

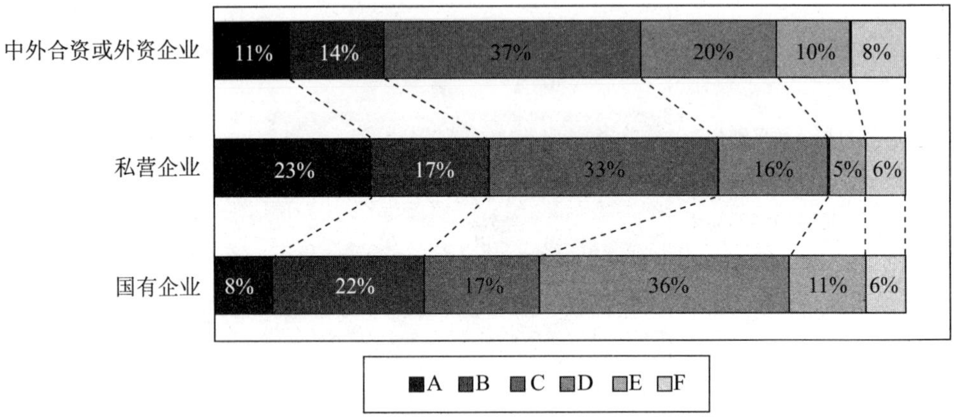

图7　不同类型企业的采购流程状况

从企业的经营规模来看，不同销售收入的企业在采购流程方面的差异较为明显。横向对比企业采购流程成熟度，可以看出，销售收入越高的企业，采购流程成熟度越高。例如，销售收入小于3000万元的企业，有近四成的采购流程处于A级，而这一比例在其他企业均在10%左右；销售收入50亿元以上的企业，选择F级的比例最高。本次调查数据整体呈现出了经营规模越大，企业采购流程越好的现状。如图8所示。

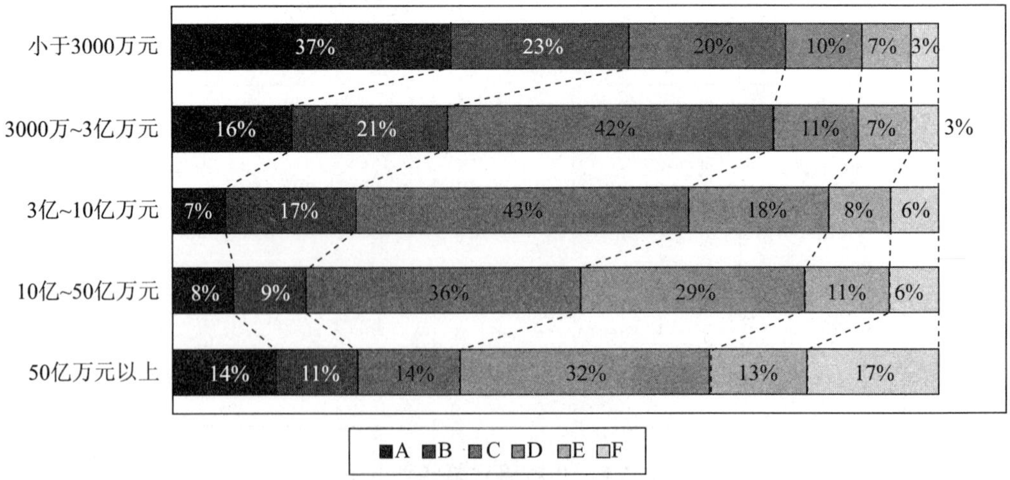

图8　不同规模企业的采购流程状况

三、采购绩效

根据本次调查数据可以看出，超过90%的调查者将成本控制列为2014年关键采购绩效指标，位居首位。成本控制、供应商管理、交付期、质量控制以及寻源仍然是企业采购绩效的五大指标，在企业在本年工作目标和上一年工作完成情况的基础上，各个指标的权重都会发生变化。具体如图9、图10所示。

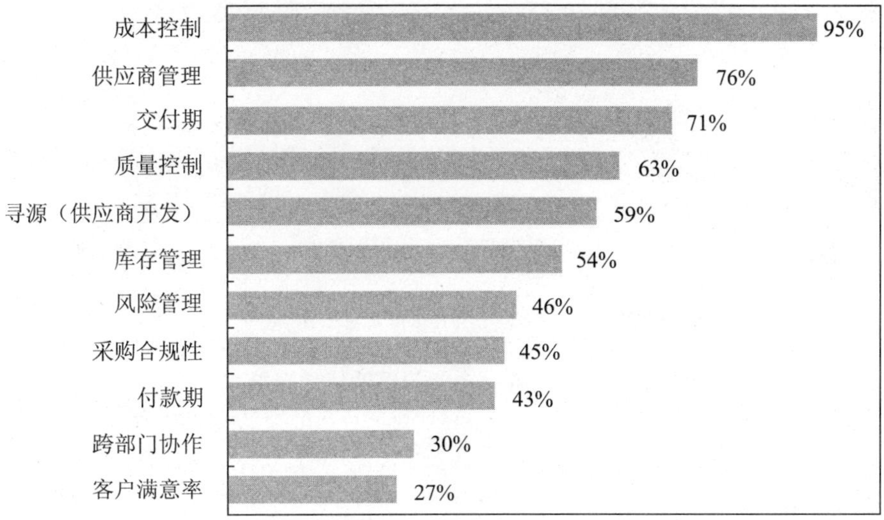

图9　2014年采购绩效考核指标

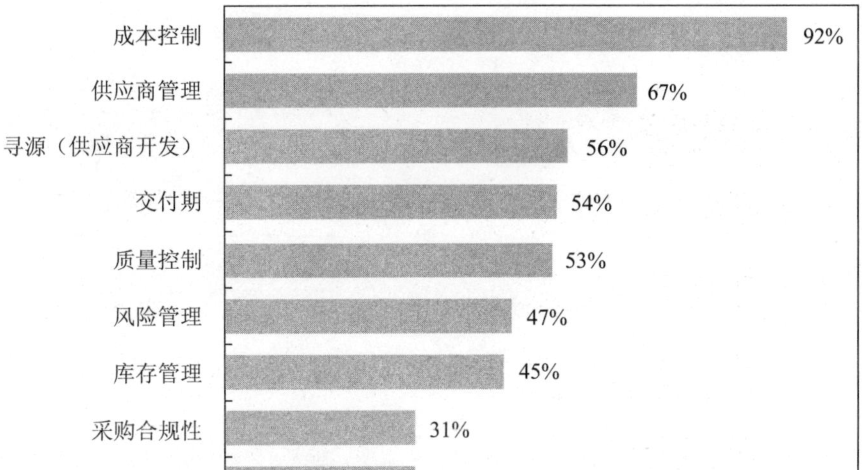

图10　2015年采购重点工作

从企业注册类型来看，2014 年关键绩效考核指标在各类企业的权重程度不同，但成本控制占的比重都比较高，表明不同类型企业对成本的关注都放在第一位，控制成本是王道。从本次调查中可以看出，国企对供应商管理及采购反观采购合规性两项指标相较其他类型企业所占比例更高，说明国有企业更注重采购的阳光性、透明性。调查结果如图 11 所示。

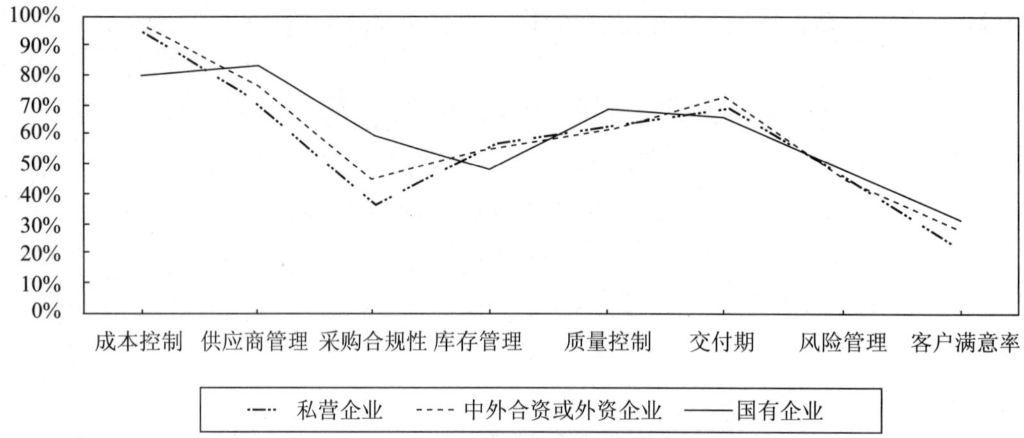

图 11　2014 年各类企业的采购绩效考核指标

2015年中国企业供应商管理调查报告

张　怡

供应商管理调查主要分析以下几方面：供应商管理现状、供应商绩效评估情况、供应商的支付情况、供应商的财务及数量情况、采购额、供应商的准入和淘汰机制、供应商数据分享、供应商的评估频率、供应商的来料水平、对二级供应商的质量要求、企业对供应商的要求、供应商质量评估的工具和方法。

一、供应商管理现状

企业供应商管理的内容主要包括供应商市场定位（分类）分析、供应商偏好分析、供应商开发培育管理流程、供应商质量管理流程、供应商关系管理流程、优秀供应商库建设、供应商年度评审计划、标准的供应商评审表格、供应商数据库维护。总体来看，目前供应商管理中做得最好的是标准的供应商评审表格，最需要提高的是供应商偏好分析。如图1所示。

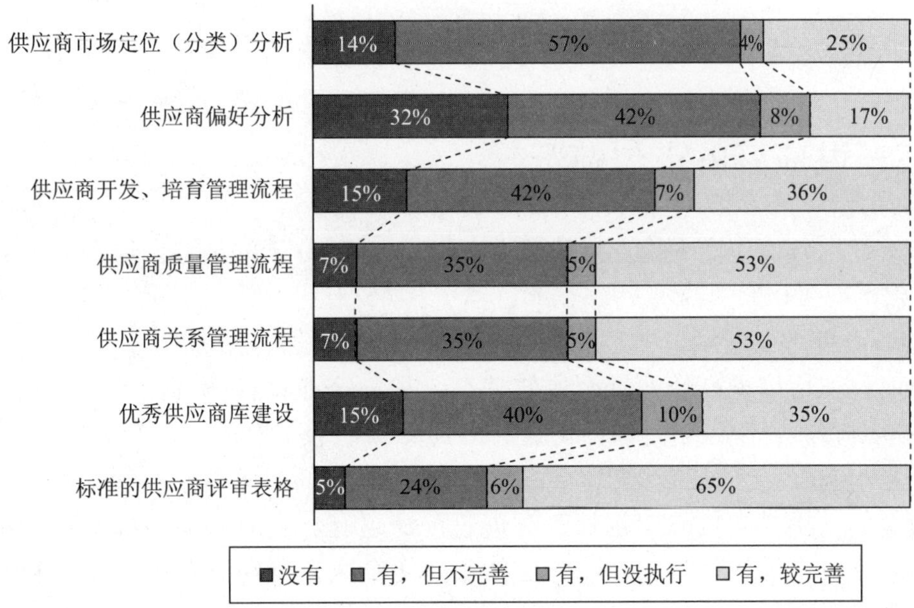

图1　供应商管理现状

二、供应商绩效评估情况

本次调查显示，企业对供应商绩效评估46%的企业建立了供应商评估体系与标准，并定期对供应商进行评估；33%的企业采用了定量的评估供应商的质量、成本、交期等基本参数；21%的企业能够利用评估结果推动供应商绩效不断改善和提升，评估体系紧跟企业的战略发展、客户和市场要求。这说明目前46%的企业对供应商的绩效评估还处于初级阶段，对供应商的绩效评估仍有待改善。如图2所示。

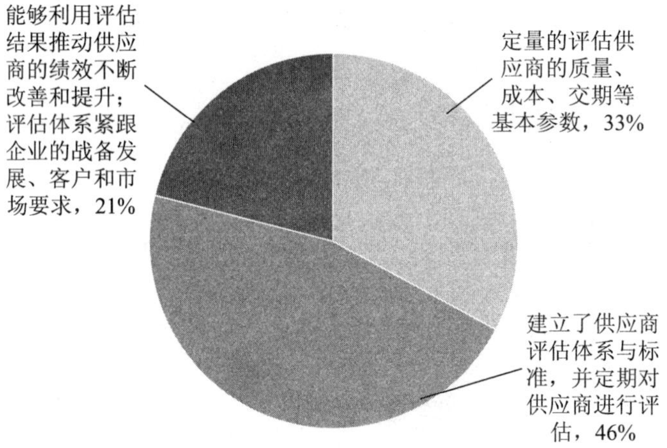

图2　企业对供应商绩效评估

三、供应商的支付情况

调查显示，供应商平均支付账期为60（含）~90天的最多，约占32%；其次是40（含）~60天，约占29%，30（含）~45天约占21%，90（含）~120天约占14%。如图3所示。

准时付款可以提高企业现金周转速度，促进企业良性循环。调查显示，69%的企业准时付款，晚三个月以内付款的占到29%，仅有2%的晚三个月以上付款。这个结果与2013年的调查结果大致相同。支付账期的本质是企业利用时间差对供应商资金的占用，支付账期越长，对企业自身越有利，对供应商越不利。所以最好能够建立一个更加稳定、合适的支付账期使企业自身和上游供应商的利益得到平衡。如图4所示。

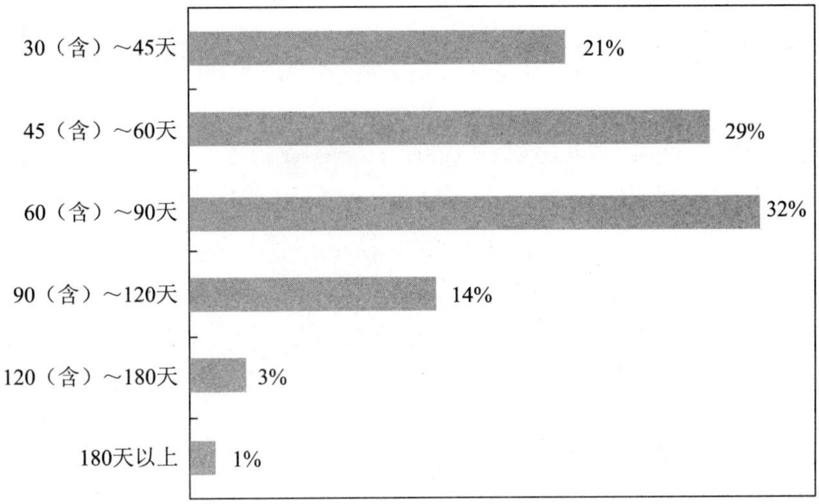

图 3　供应商平均支付账期

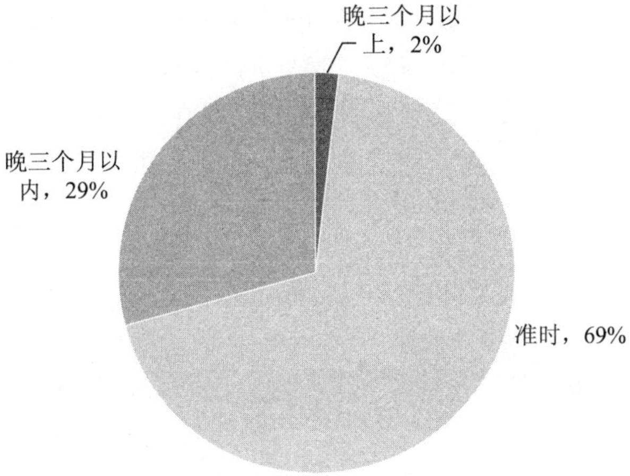

图 4　供应商付款时间

四、供应商的财务及数量情况

调查显示，超过 60% 的企业会考察供应商的财务情况，其中 41% 的企业对供应商会进行不定期的交流和考察，21% 的企业对供应商会进行定期考察。21% 的企业对于选定的供应商不再考察，11% 的企业从不主动去了解供应商的财务状况。总体来说，绝大多数的企业都会关注供应商的财务状况。如图 5 所示。

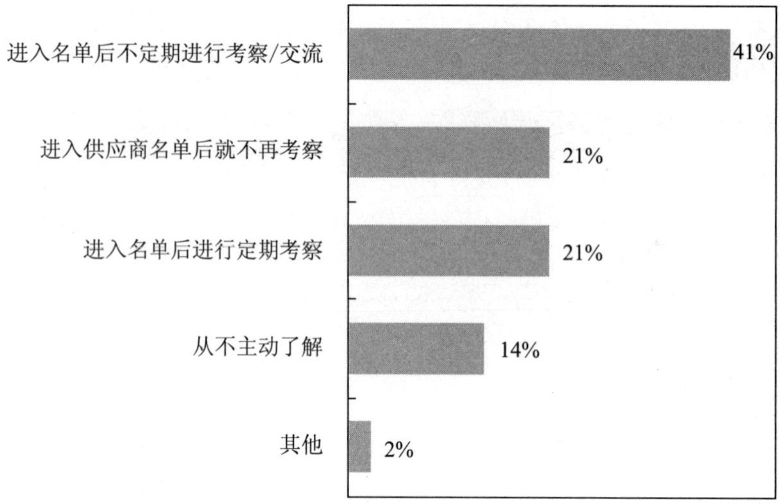

图5　企业考察供应商的财务状况

调查显示，3%的企业拥有10家以内的供应商，2%的企业拥有10～19家供应商，11%的企业拥有20～49家供应商，15%的企业拥有50～99家供应商，21%的企业拥有100～199家供应商，13%的企业拥有200～299家供应商，9%的企业拥有300～499家供应商，11%的企业拥有500～699家供应商，3%的企业拥有700～999家供应商，12%的企业拥有1000家以上家供应商。调查结果如图6所示。

图6　供应商数量

五、采购额

公司前五大供应商的采购额占公司采购额30%以内的公司有33%；采购额占公司采购额30%～49%的公司有30%；采购额占公司采购额50%～69%的公司有21%；采购额占公司采购额70%以上的公司有16%。公司前五大供应商的采购额占公司采购额50%以上的占到37%，这一接近40%的比例说明公司有可能被前五大供应商影响，甚至发展受到制约。因此要注意处理好与前五大供应商的关系。调查结果如图7所示。

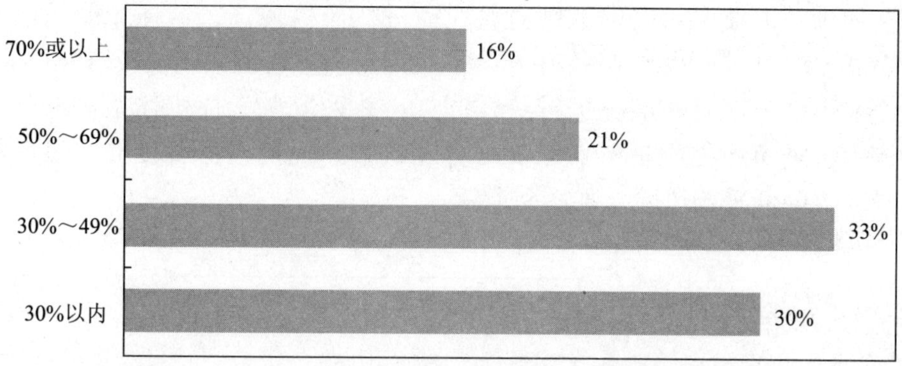

图7　公司前五大供应商的采购额占公司采购额的比例

调查显示，5 家以内的供应商占公司 80% 以上采购额的比例为 16%，5 ~ 9 家的供应商占公司 80% 以上采购额的比例为 23%，10 ~ 49 家的供应商占公司 80% 以上采购额的比例为 41%，比例最大，50 ~ 99 家的供应商占公司 80% 以上采购额的比例为 11%，100 家或以上的供应商占公司 80% 以上采购额的比例为 8%。总的来说，没有出现几个供应商垄断的局面。具体调查结果如图 8 所示。

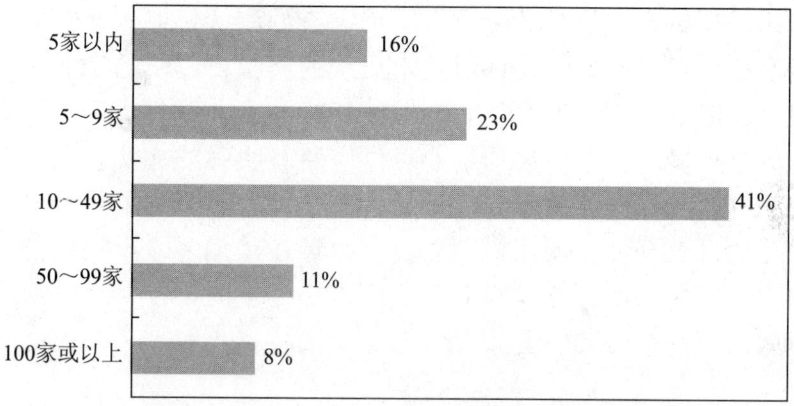

图8　占公司 80% 以上采购额的供应商数量

六、供应商的准入和淘汰机制

本次调查显示，54% 的企业对供应商是有完整的准入机制；27% 的企业对供应商有明确的准入机制，但是主要针对技术质量的门槛；8% 的企业对供应商有明确的准入机制，但是主要是业务配合上的；4% 的企业对供应商有明确的准入机制，但是主要是通过公开招标的；只有 5% 的企业对供应商是没有明确的准入机制。这个结果显示，绝大多数的企业对供应商有明确的准入机制，这表明了这些企业都意识到必须根据明确的准则对供应商进行严格挑选，这样才能保证企业持续健康发展。要对供应商生产条件、设备状况、质量保证体系、财务指标、银行信誉、企业业绩等方面的情况进行综合调查，并采取科学评价体系，综合评估供应商的实力，进而选择质量可靠、价格合理、服务优良、信誉良好的供应商，确立其名录，以降低采购风险。如图9所示。

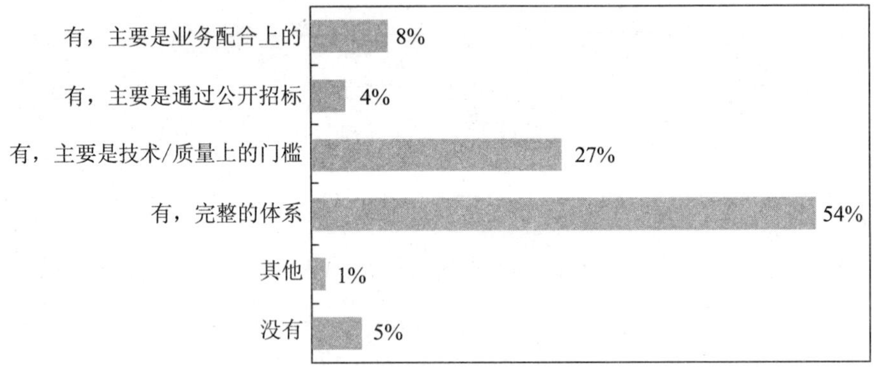

图9　企业对供应商是否有明确的准入机制

调查显示，37%的企业对供应商有明确完整的淘汰机制；26%的企业对供应商有明确的淘汰机制，但是主要针对技术质量的门槛；17%的企业对供应商有明确的淘汰机制，但主要是业务配合上的；有18%的企业对供应商还没有明确的淘汰机制。这个结果显示，大多数的企业对供应商有明确的淘汰机制，表明了大多数企业都意识到要对供应商质量进行严格控制，并通过明确的机制进行淘汰。但与准入机制相比，没有设立淘汰机制的企业数量还是偏多，反映出部分企业对供应商采取只进不出的态度，并没有对供应商进行完整的把控，对供应商没有起到应有的激励效果。调查结果如图10所示。

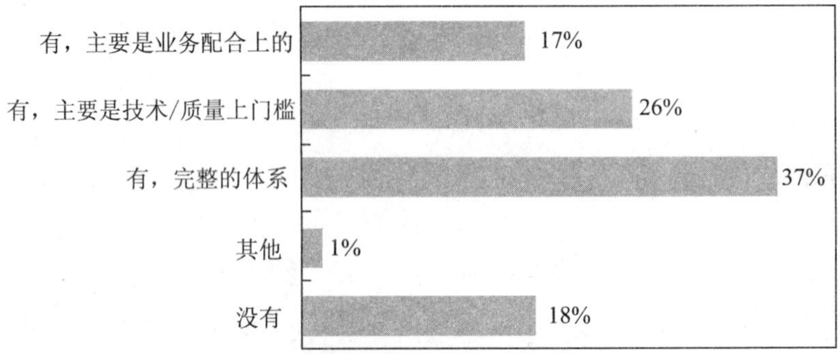

图10　企业对供应商是否有明确的淘汰机制

七、供应商数据共享

调查显示，73% 的企业与上游供应商分享生产预测计划的数据，这表明企业普遍认为对供应商提供生产预测计划能够提高供应商的供应准确度及速度，减少因信息不明确而导致的缺货、延迟等，从而提高生产效率。7% 的企业与供应商分享产品库存数据，说明这些企业很注重库存管理，与供应商共享库存数据有利于供应商准确地知道企业的库存状况，从而根据企业库存的变化动态地调整货物的供给量。但是在本次调查中，与供应商分享产品库存数据的企业的比重偏低，这说明很多企业在这方面还有很大的改进空间。21% 的企业与上游供应商分享产品运输在途的数据，产品运输在途数据有利于企业清楚地知道货品的运输状态，并及时地安排好接收货品的工作，便于更快地转入生产阶段。16% 的企业与上游供应商没有分享任何数据，这部分企业没有充分利用上下游环节中的共性，没有很好地进行统筹管理。如图 11 所示。

整体来说，我国企业在供应商数据共享方面还有很大的提升空间。

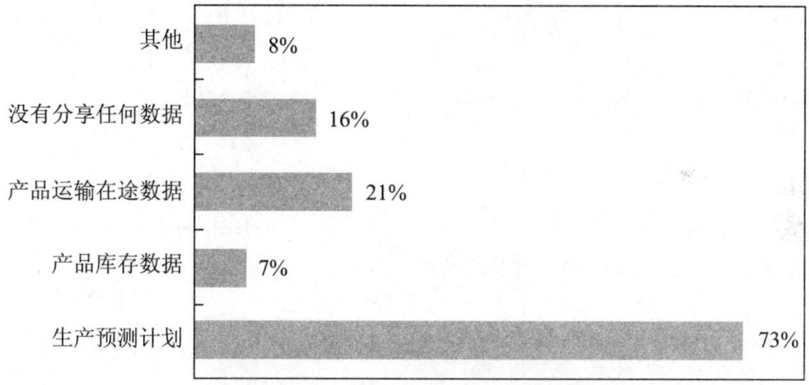

图 11　企业与上游供应商的数据分享

八、供应商的评估频率

市场变化加剧使企业对采购管理的要求加高，企业需要稳定供货质量，同时不断降低采购成本，这就需要对供应商进行评估。调查显示，绝大多数企业都会对供应商进行评估，约占 96%，但是评估频率各不相同。52% 的企业对供应商一年进行一次评估的，占到多数，其次为半年一次及不足 3 个月一次。只有少数 4% 的企业对供应商不进行评估。如图 12 所示。

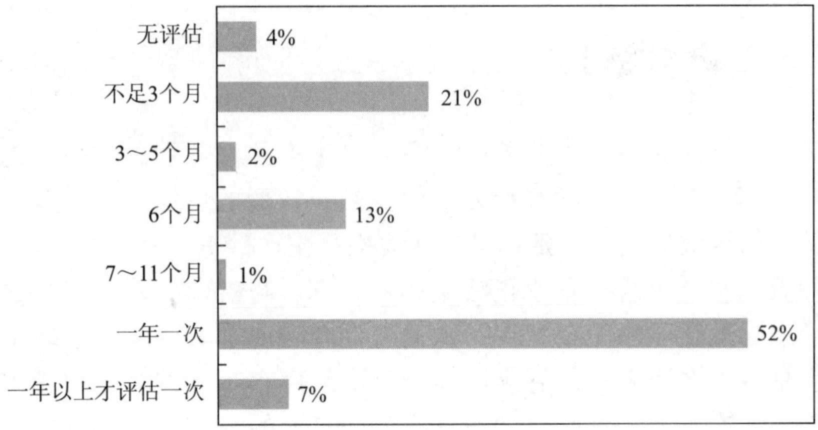

图 12　对供应商评估的频率

九、供应商的来料水平

调查显示，超过 85% 来料都能达到公司要求的供应商占 80% 左右，基本免检的供应商占 10%，超过 50% 来料都能达到公司的要求的供应商占 4%，完全不能达到公司要求的供应商基本为 0。这说明企业在选择供应商时，还是比较慎重，对供应商的来料质量比较关注，有严格的把关，以确保企业产品的质量，如图 13 所示。

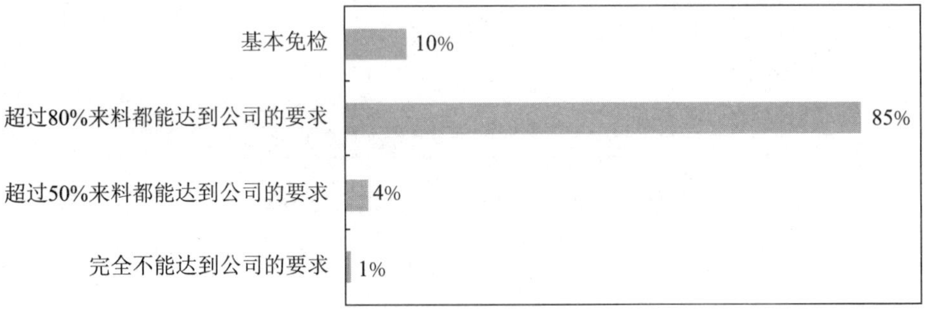

图 13　供应商的来料水平

十、对二级供应商的质量要求

调查显示，绝大多数公司对于重要的二级供应商的质量是有明确的要求的，审核方式有三种：一级供应商审核，一级供应商提供证明和公司自己审核。公司通过要求一级供应商审核二级供应商质量的占 30%，通过要求一级供应商提供证明的占

33%，通过公司自己审核的占25%，13%的企业对二级供应商的质量是没有要求的。普遍来说，企业对重要的二级供应商的质量问题非常注重。如图14所示。

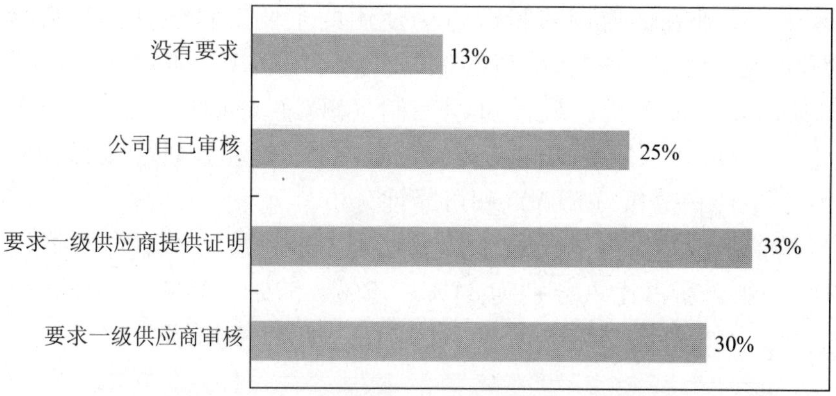

图14 公司对于重要的二级供应商的质量要求

十一、企业对供应商的要求

调查显示，企业对供应商在绿色采购、社会责任和可持续发展方面要求最高，都超过了50%，其中绿色采购达到53%，社会责任达到51%，可持续发展达到52%。对低碳排放与可追溯方面，企业对供应商的要求只占到39%。未来3～5年企业将会要求更多的供应商实行绿色采购、低碳排放与可追溯、社会责任以及可持续发展。如图15所示。

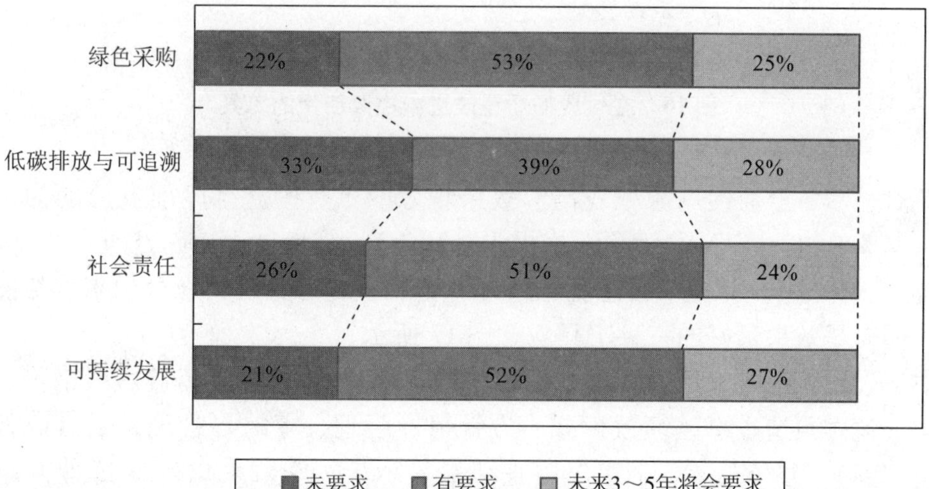

图15 企业对供应商的要求

十二、供应商质量评估的工具和方法

一般来说，企业在供应商质量改进中使用的主要工具包括：来料检验、不合格报告、8D、现场辅导、QC（质量控制）小组、PDCA（质量环）流程、质量老7种工具、质量新7种工具、统计过程控制（SPC）、标杆对比（Benchmarking）、看板可视化（Kanban）、质量功能展开、防错技术、试验设计、失效模式和影响分析（FMEA）、故障树分析（FTA）和可靠性分析。

调查显示，排名前5位的质量工具分别为：来料检验、不合格报告、8D、现场辅导、QC小组，所占比重分别为84%、72%、52%、38%、37%。来料检验因为简单、直观、可行性高被绝大多数企业采用。如图16所示。

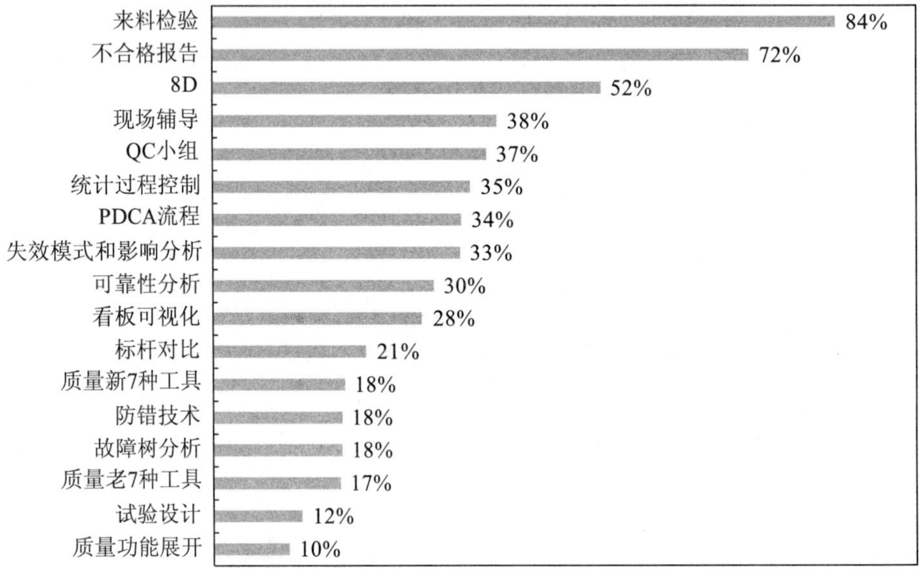

图16　在供应商质量改进中主要使用的工具

调查显示，企业使用频率较高、效果较好的工具中，排序前五位的为：来料检验（34%）、8D（32%）、不合格报告（19%）、统计过程控制（SPC）（12%）、现场辅导（12%）。其中来料检验、8D、不合格报告三种工具在全国来看是使用最多的，同时是效果最好的三种工具。如图17所示。

供应商质量改进采用的管理方法有精益管理、六西格玛/精益六西格玛、合理化建议、流程再造、卓越绩效模式、方针目标管理、零缺陷管理、全员设备维护管理（TPM）、5S/6S、QC小组。调查结果显示，实施效果最好的三种方法分别是：精益管理（34%）、六西格玛/精益六西格玛（23%）和合理化建议（14%）。精益管理由于其以最小投入带出最大产出的思维，能创造更多的价值，得到较高的回报率，实施起来也比较简单，仍然是使用频率最高、效果最好的管理方法。如图 18 所示。

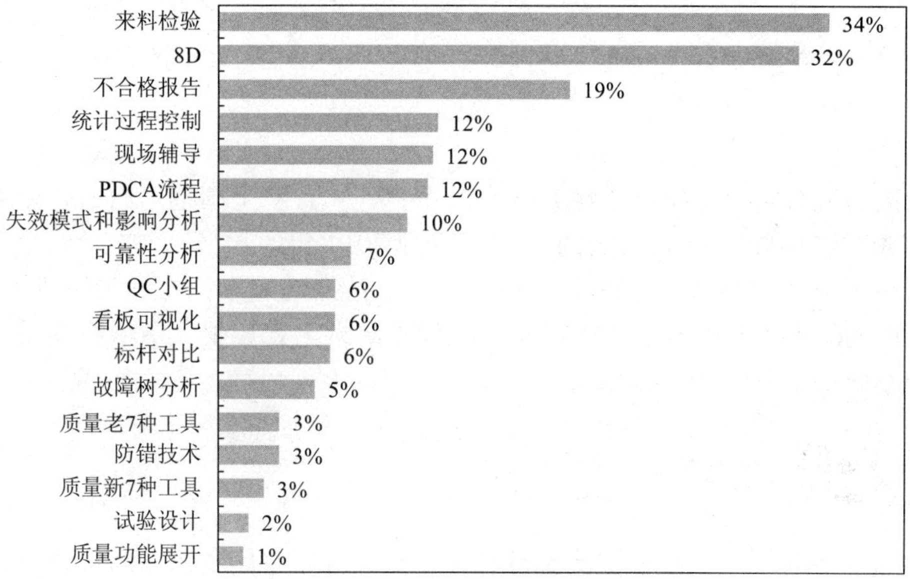

图 17　使用频率较高、效果较好的工具

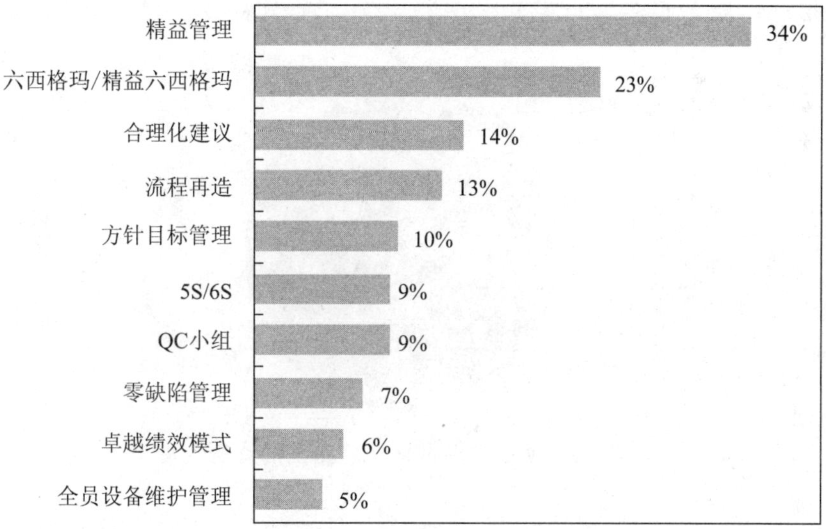

图 18　实施效果较好的供应链质量改进管理方法

2015 年中国企业采购成本控制调查报告

吕　振

中国物流与采购联合会采购委于 2015 年 3— 4 月在全国范围内的企业展开企业采购成本控制调查，调查结果主要基于企业 2014 年的数据。本次针对企业的采购成本控制调查主要从以下两个方面进行：一是采购成本；二是采购成本控制。由于回收的样本主要来源于大中型企业，调查结果主要反映大中型企业采购成本情况，小微型企业可借鉴参考。

一、采购成本

企业采购支出主要由三大部分构成：直接物料采购支出、间接物料采购支出、服务项目采购支出，本次针对企业不同采购项目支出占总采购支出比例的调查结果如图 1 所示：其中直接物料采购支出占总采购支出的比例最高为 69%，这一比例在间接物料、服务项目采购支出的比例依次为 19%、12%。

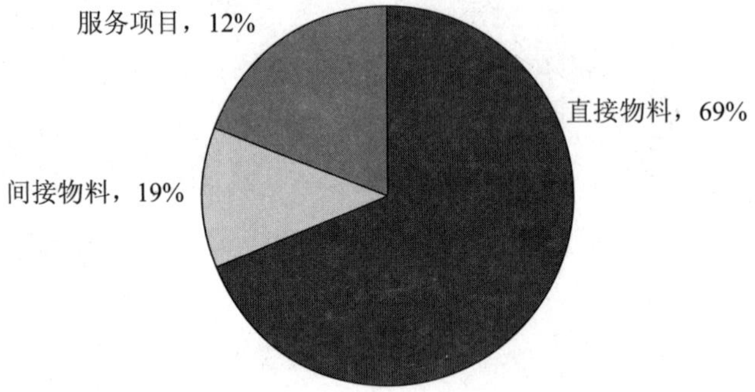

图 1　项目支出占采购总支出的比例

调查显示，2014 年企业使用招标采购模式占整个采购金额比重均值 24%。招标采购模式包含公开招标、邀请招标、议标三类方式，本次针对企业招标采购使用不同招标方式的调查结果如图 2 所示：有 64% 的企业使用邀请招标方式进行招标采购，这一比例在三种招标采购方式中最高；使用议标和公开招标的企业分别占比为 30%、23%。

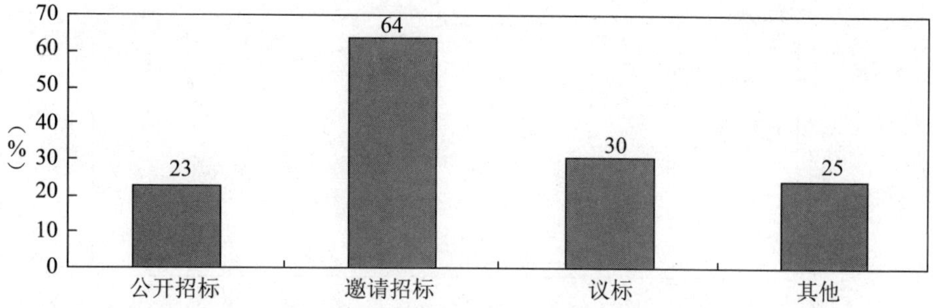

图 2　企业使用不同招标方式比重

另外，调查结果显示，不同类型的企业在邀请招标、公开招标、议标三种招标采购方式的使用上有所偏重，调查结果如图 3 所示：其中，只有 14% 的私营企业在招标采购中会使用邀请指标，而这一比例在国有企业和中外合资（或外资企业）中占比分别达到 71%、64%，中外合资（或外资企业）中使用公开招标的占比仅为 19%，而这一比例在国有企业中达到 60%；三种类型的企业在使用议标这一招标采购方式上差异不是太大，其中国有企业为 40%，私营企业为 32%，中外合资（或外资企业）这一比例稍低为 28%。

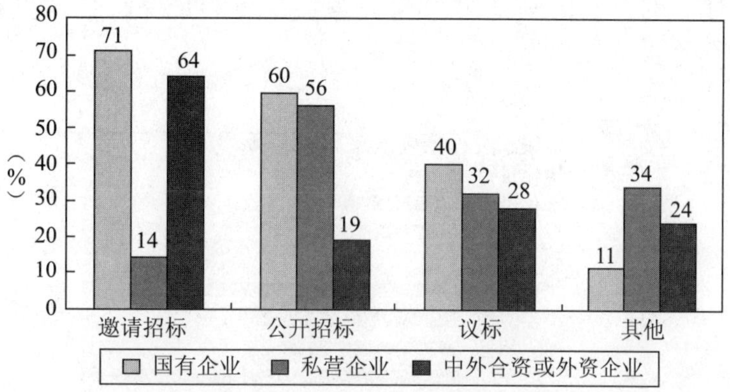

图 3　不同类型的企业使用不同招标模式的比重

二、采购成本控制

调查结果显示，2014 年企业采购总支出的减控目标均值为 7.9%，比 2013 年多出 0.05 个百分点。对比 2012—2014 年企业采购总支出减控目标均值（2012 年、2013 年企业采购总支出减控目标数据来源于 2012 年、2013 年中国采购发展报告）可以看出，企业对控制采购总成本的信心在逐渐增强。如图 4 所示。

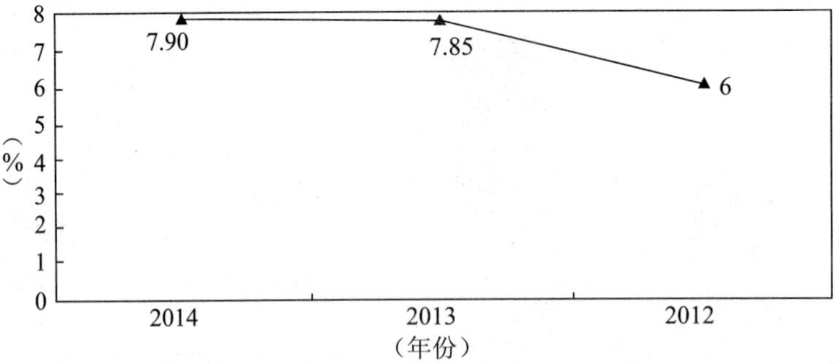

图 4　2012—2014 年企业采购总支出减控目标均值变化

另外，调查结果分析后显示，不同类型的企业在采购总支出减控目标差异不大，在此就不加以赘述。

在企业采购降本这一方面上，本次主要就 21 种降低采购支出的方法在企业的使用情况进行了调查，结果如图 5 所示：利用期货套期保值等金融方法进行控制、联合采购、回收、模块化设计这四种降本方法在企业中使用较少，比例均小于 10%，其中企业“利用期货套期保值等金融方法进行控制”这一采购降本方法使用的企业最少，仅仅有 4% 的企业会使用；而引入竞争供应商这一降本方法为大多数企业青睐，使用的企业比例高达 78%；紧随其后的是寻找替代物料和谈判降本方法，使用的企业比例分别为 60%、55%。

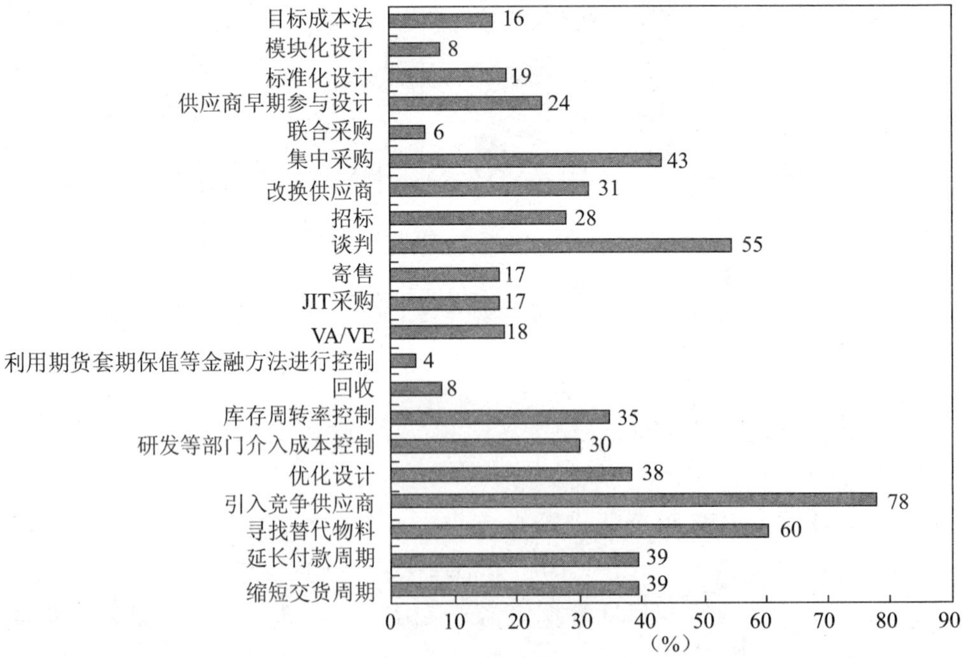

图 5　企业主要使用的降低成本方法

调查结果如图6所示：有68%的企业已经建立成本数据库，同时有高达84%的企业有明确的年度降低采购成本考核指标。

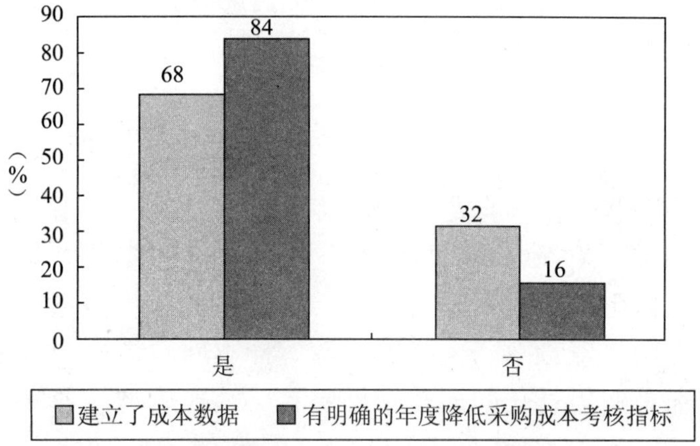

图6　企业成本数据库、采购成本考核指标建设情况

财务部门在企业采购审批流程中充当的角色这一调查的结果如图7所示：财务部门主要充当着四种角色，其中参与度最高的是参与采购价格审计，这一比例占到所调查企业的38%，紧随其后的是有35%的企业财务部门在采购审批流程中充当着采购价格审核的角色，另外有23%的企业财务部门参与制订并提供采购价格基准，参与较少的角色是参与采购价格谈判，占比只有13%。

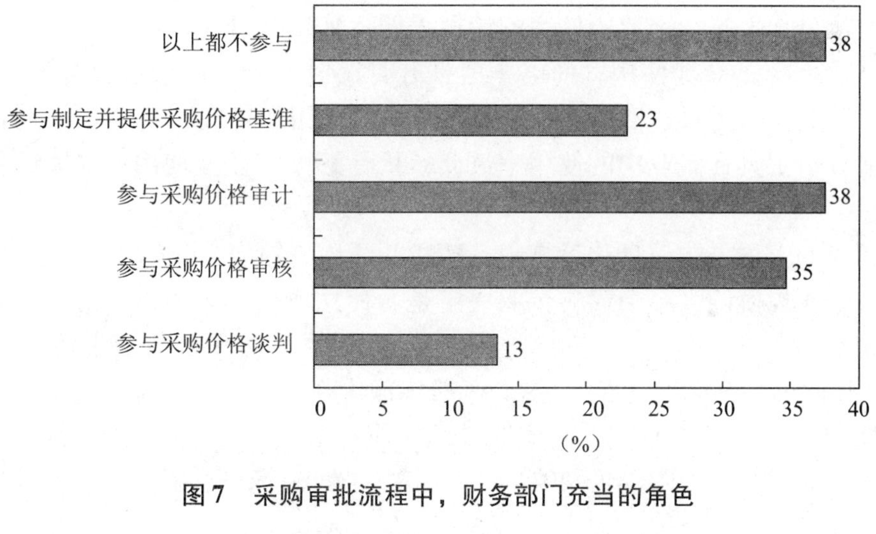

图7　采购审批流程中，财务部门充当的角色

2015 年中国企业采购信息化调查报告

吕　振

中国物流与采购联合会采购委于 2015 年 3—4 月在全国范围内的企业中展开企业采购成本控制调查，调查结果主要基于企业 2014 年的数据。本次针对企业采购信息化调查主要从以下两个方面进行展开：一是企业采购信息化现状；二是企业在采购信息化方面的投资预算与上年的比较。样本回收情况中大中型企业占比较大，因此针对企业采购信息化的调查结果主要反映大中型企业状况，小微型企业可参考借鉴。

一、企业采购信息化现状

本次企业采购信息化现状调查，分别对企业使用诸如趋势分析工具、电子合同、WMS 等十种信息化工具的使用率，企业现有的信息采购技术使用的效果进行了调查，结果如下。

1. 企业采购信息化工具的使用率

采购活动中使用的信息化辅助工具因企业不同而有所偏重，在本次所调查的十种采购信息化工具在企业中使用的情况表明：MRPⅡ/ERP 在企业中的使用率最高，有高达 85% 的企业使用；而电子票据开具、电子合同、全过程电子化采购交易系统、开支分析工具这四种采购信息化工具的使用率皆在 50% 以上；与此同时，市场智能分析工具在企业中的使用率最低，只有 19% 的企业使用；具体结果如图 1 所示。

所调查的十种采购信息化工具中，MRPⅡ/ERP 的使用率最高，而经过数据分析可知，企业规模的大小会影响企业决定是否使用 MRPⅡ/ERP。如图 2 所示：企业年度销售额低于 3000 万元的企业中只有 48% 的会在采购活动中使用 MRPⅡ/ERP，而与此形成鲜明对比的是在年度销售额大于 3000 万元的企业中，MRPⅡ/ERP 的使用率高达 80% 以上，而根据《国家统计局关于印发统计上大中小微企业划分办法的通知》（国统字〔2011〕75 号）的划分标准，企业年度销售额大于 3000 万元的为大中型企业，从图 2 的统计结果很明显看出，MRPⅡ/ERP 的使用率与企业规模成正相关，这与 MRPⅡ/ERP 的使用成本有很大关系。

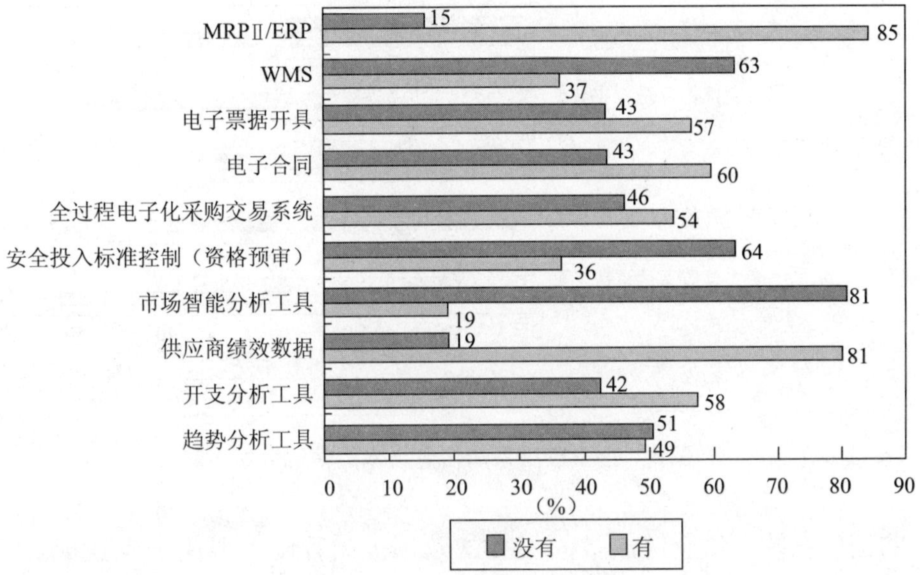

图1　企业采购信息化现状

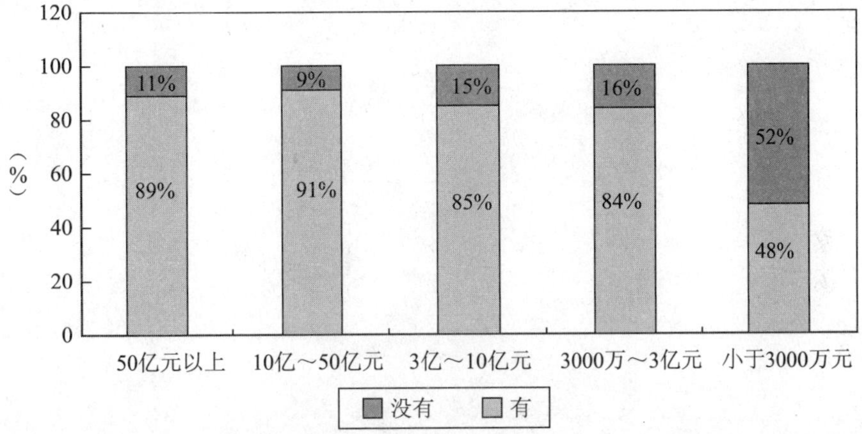

图2　不同规模的企业使用 MRPⅡ/ERP 的情况统计

2. 企业应用采购信息技术的效用

调查结果显示，一方面，企业现有的采购系统在直接采购上发挥的功效最佳，占到所调查企业的57%，有44%的受访企业表示现有的采购系统能有效支持间接采购，而这一比例在支持服务性采购上只有35%，说明企业现有的采购系统能在支持直接采购和间接采购上发挥的效果比服务性采购好；另一方面，有33%的受访企业表示现有的采购系统能支持物料总成本分析，44%的企业表示能支持物料持有成本分析，具体情况如图3所示。

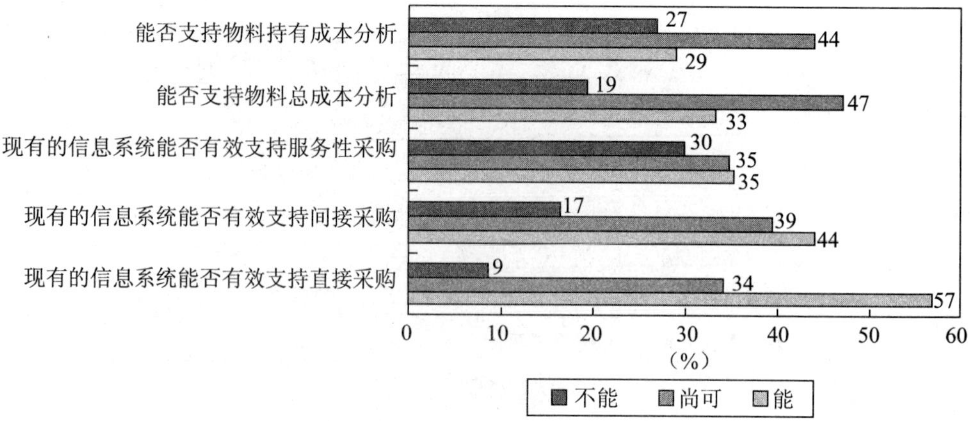

图3　企业应用采购信息技术的情况分析

采购信息系统在供应链成员间发挥的效用很大程度上取决于企业成员间数据的兼容性，本次针对企业成员间数据的兼容性调查结果如图4所示：结果表明有78%的企业受访者表示成员间的数据能兼容，同时仍有1/5的企业的数据不兼容，说明企业仍需在采购信息系统上努力改进以减少成员间信息数据交换的障碍。

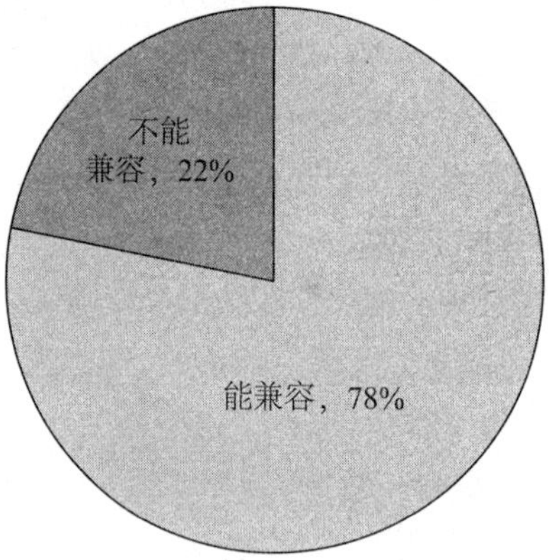

图4　企业成员间的数据兼容性

物料需求的预测与实际结果的偏差影响着生产成本，物料需求预测不准确，将导致物料短缺、生产延缓或者物料浪费、库存积压。针对企业对物料需求预测的调查结果如图5所示：有24%的企业表示不能准确预测物料需求，而有51%的企业可以相对准确地预测物料需求，与此同时有18%的企业可以准确预测物料需求。结果表明我国企业在物料需求预测方面表现尚可，物料需求预测做得不够好的企业亟须提高预测水平。

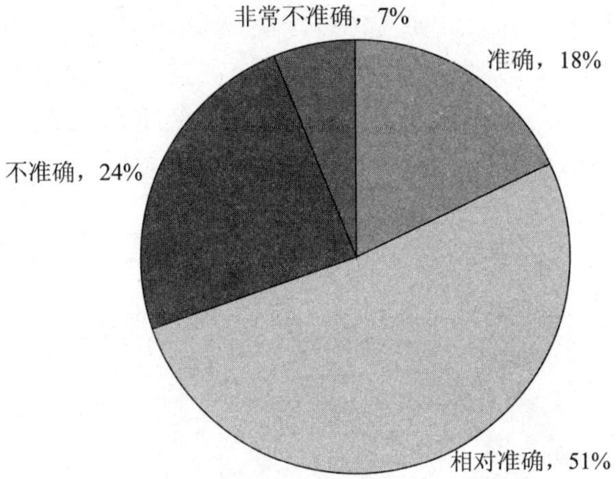

图 5　对企业需求预测准确率的分析

二、企业在采购信息化方面的投资预算与上年的比较

调查结果表明，与 2014 年相比，企业在采购信息化方面的投资预算上有 41% 的企业表示增加了预算，而有 49% 的企业持平。同时 10% 的企业减少了在采购信息化方面的预算。总体而言，在采购信息化建设上，大部分公司表现出了足够的重视。随着“互联网 +”、工业 4.0 时代的到来，数字能力对公司创造价值或者流失价值的影响力日益增强。如图 6 所示。

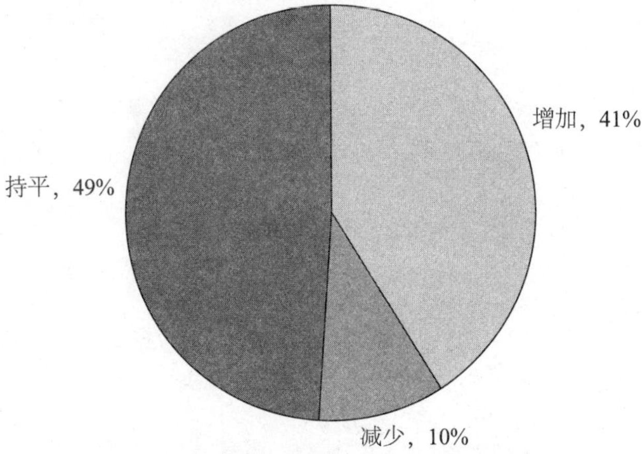

图 6　2015 年企业在采购信息化方面的投资预算较 2014 年的变化

不同类型的企业在采购信息化建设上表现出的重视程度有所差异，如图 7 所示：国有企业相对于私营企业和中外合资（或外资企业）更加重视采购信息化建

设，这一结果表明了我国国有企业转型升级的决心，但另一方面国有企业中减少采购信息化建设预算的比例比私营企业和中外合资（外资公司）高，这也说明国有企业在采购信息化建设上两极分化较为严重，从平衡发展的角度来看，对国有企业整体的健康长远发展有一定影响，需要引起注意。

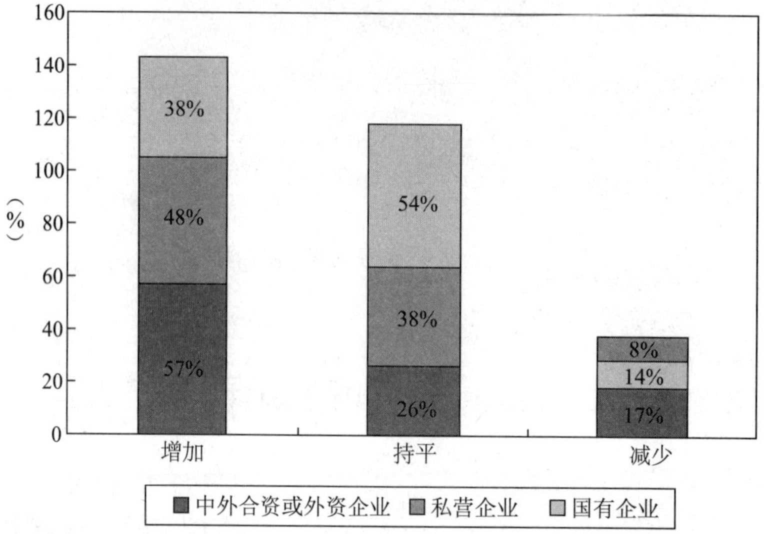

图7　不同类型企业采购信息化的投资预算较上一年的变化

2015 年中国企业绿色采购调查报告

吕　振

中国物流与采购联合采购委于 2015 年 3—4 月在全国范围内的企业中开展绿色采购调查，调查数据主要基于企业 2014 年的数据。绿色采购调查主要从以下几个方面进行考察：一是企业绿色采购发展现状；二是绿色采购的实施现状、存在的问题；三是企业实施社会责任审核的指标；四是供应商的绿色认证。

一、企业绿色采购发展现状

绿色采购对于发展循环经济具有环保导向作用，是构筑可持续消费模式的重要举措和突破口，对于树立政府机构和企业组织的环保形象、提高全社会的环境意识、推动企业技术进步、引导社会绿色消费、实现可持续发展有十分重要的意义。然而本次中国企业绿色采购调查结果表明，中国企业绿色采购发展现状不尽人意。

1. 企业层面形成绿色、可持续发展等理念的现状

如图 1 所示，调查结果显示，从企业层面来看，已经形成绿色、可持续发展等理念的企业占到总样本的 37%；尚在形成的绿色、可持续发展理念的企业占 41%，说明未来将会有更多的企业加入到绿色采购实践中；另外，未形成绿色、可持续发展理念的企业占比仍有 22%。

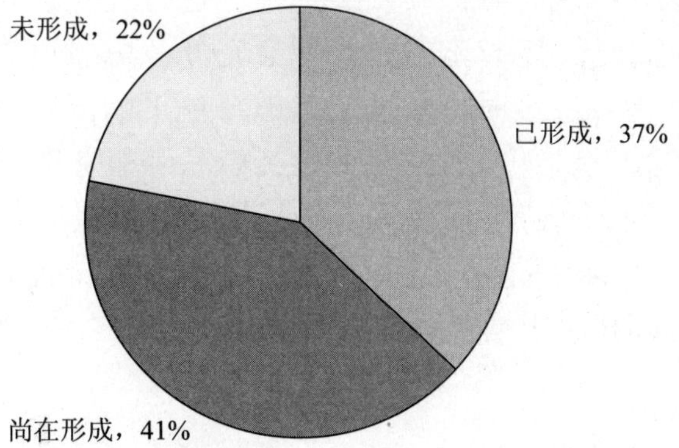

图 1　企业层面形成绿色，可持续发展等理念的比例

如图 2 所示：对比不同类型企业在企业采购实践中融入绿色采购理念的情况来看，中外合资（或外资企业）整体好于私营企业和国有企业，调查结果显示：中外合资（或外资企业）已经形成绿色、可持续发展等理念的占比达到 42%，而这一比例在私营企业中只有不到 19%，国有企业稍高于私营企业，为 32%；同时，中外合资（或外资企业）尚在形成绿色、可持续发展等理念的占比也达到了 42%，只有不到 16% 的未形成，欣慰的是国有企业和私营企业尚在形成的占比与中外合资（外资企业）基本持平约 41%；另外值得注意的是，调查结果显示私营企业中有 41% 的企业仍未形成绿色、可持续发展等理念，这与我国私营企业过于追求企业中短期经济效益，未建立可持续发展经营理念有很大关系，我国私营企业绿色采购普及任重而道远。

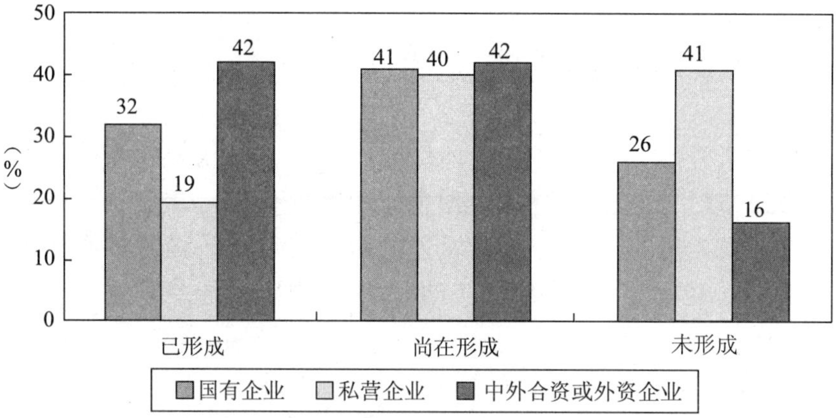

图 2　不同类型企业绿色采购理念形成情况

2. 绿色采购在各个环节中的现状

如图 3 所示，只有 37% 的企业形成具体的绿色采购和采购可持续发展量化指标；有 34% 的企业会对绿色、可持续发展等指标进行量化，并添加到采购绩效整体考核中；选择供应商时，有 47% 的企业不会充分考虑绿色采购和采购可持续发展，另外有 48% 的企业在决策时仍未开始考虑绿色采购的影响力；与此同时在所调查的企业中超过半数（52%）的企业在购买产品和服务时绿色采购未被重点指出；企业层面存在绿色、可持续发展等理念，但对采购没有具体要求的企业占比达到 42%。总体而言，绿色采购理念在企业中的普及有待提高，这需要政府、企业、供应商、消费者等利益相关者的共同努力。

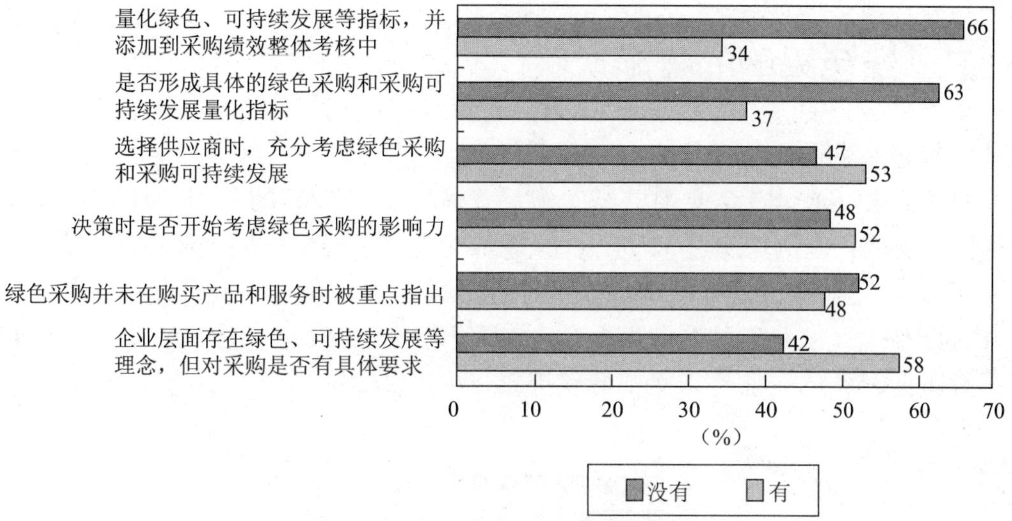

图3　绿色采购理念在各环节中的现状

对企业绿色采购是否形成量化指标的调查结果如图4所示：整体而言，中外合资（或外资企业）在绿色采购形成量化指标这一方面比国有企业和私营企业做得好。有41%的中外合资（或外资企业）绿色采购已经形成量化指标，高于私营企业13个百分点，高于国有企业17个百分点。形成绿色采购理念是绿色采购形成量化指标的前提，而我国企业在绿色采购理念的形成上还处在艰难的转型过程中，未来我国企业要实现大规模的绿色采购，应从国企、私企着手，起到示范效应从而带动各类型企业走上绿色采购的可持续发展之路，另外，企业可以充分借鉴中外合资（或外资企业）在绿色采购方面的成功实践，降低试错成本。

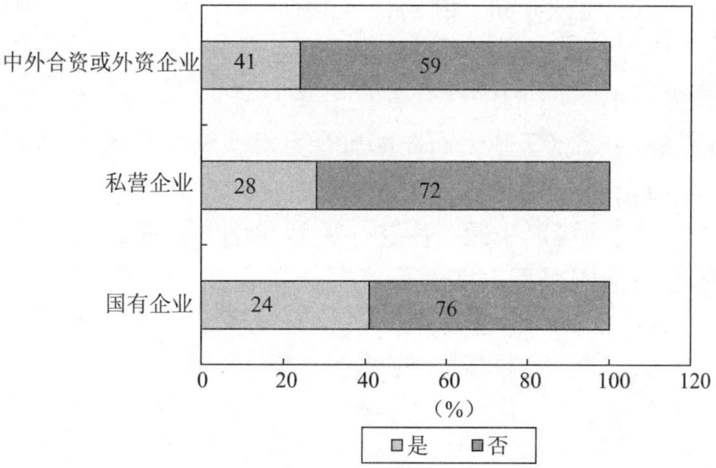

图4　绿色采购是否形成量化指标

二、绿色采购的实施现状

1. 绿色采购的实施现状

调查结果显示，在企业中已经实施且普遍化程度最高的分别是社会责任方面和可持续发展，比例均超过52%；在绿色采购方面已经实施的企业占比只有35%，未来3～5年实施得也只有36%，说明绿色采购在我国企业实施覆盖率不高，有待各方的努力；只有36%的企业准备在未来3～5年实施绿色采购、低碳排放与可追溯；另外有35%的企业仍未实施低碳排放与可追溯，如图5所示。

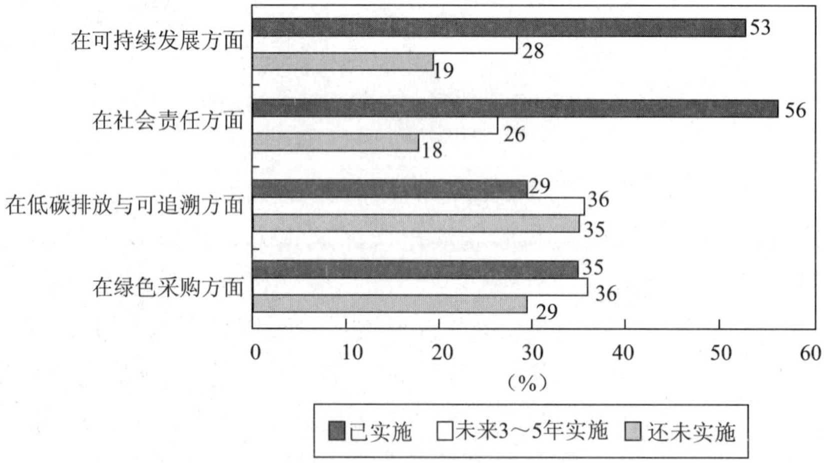

图5 绿色采购实施现状

如图6所示：在绿色采购的实施上，国有企业、私营企业、中外合资（或外资企业）的表现不一。在这三种类型的企业中，中外合资（或外资企业）在绿色采购方面做得较好，有41%的中外合资（外资企业）已经实施了绿色采购，并且有32%的计划未来3～5年实施，而在国有企业已实施绿色采购的只有23%，在私营企业这一比例更低，只有16%。但另一方面，国有企业中有超过半数的企业正在计划未来3～5年实施绿色采购，而这一比例在外资企业中为32%，这一趋势表明国有企业大有迎头赶上外资企业之可能。

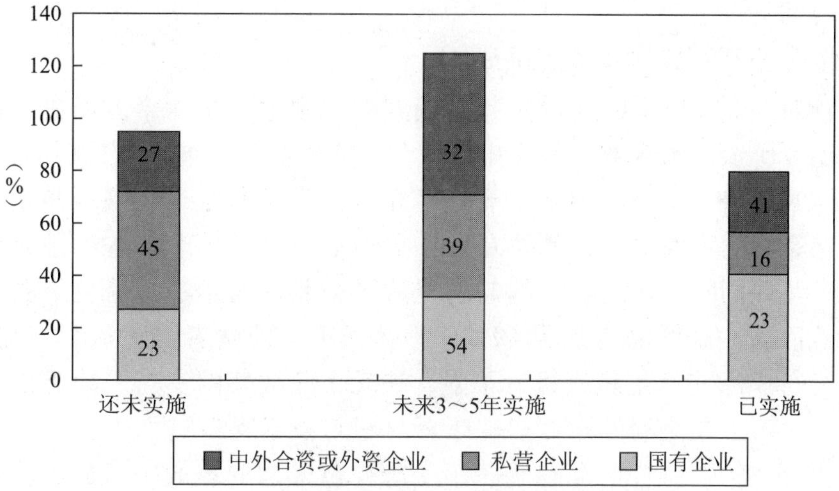

图 6　不同类型企业绿色采购的实施现状

2. 实施绿色采购对成本的影响

中国物流与采购联合会在 2015 年企业采购调查问卷中针对企业实施绿色采购的障碍这一问题的调查结果表明有 67% 的受访者认为成本支出是阻碍绿色采购的最主要原因。由这一调查结果可以看出阻碍政府、企业绿色采购实施的最大障碍是成本。为了梳理清楚实施绿色采购对成本的影响到底有多大，本次特别进行了"企业实施了绿色采购对成本的影响"这一调查，调查结果如图 7 所示：32% 的受访企业认为实施了绿色采购成本是明显增加的，认为成本稍许增加的企业占比也达到了 44%，综合来看实施绿色采购确实增加了企业成本；另外也有将近 21% 的企业认为实施绿色采购不会增加成本，同时有不到 3% 的企业认为实施绿色采购会降低成本，这一占比虽然很小，但也说明实施绿色采购有成为企业降本增效的可选方式的潜能。

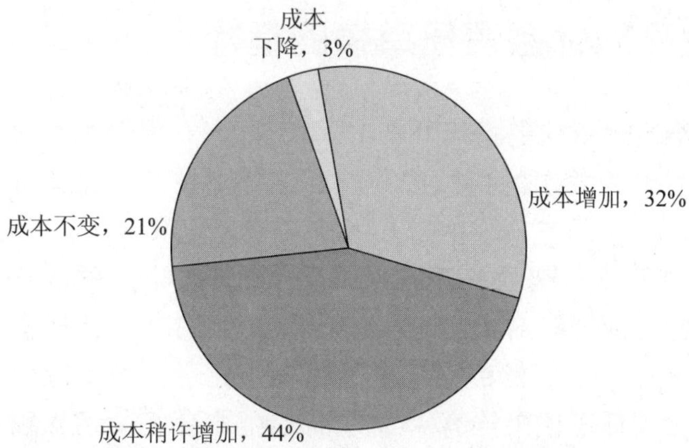

图 7　企业实施绿色采购的成本支出影响

3. 绿色采购实施过程中存在的问题

本次针对企业绿色采购实施过程中遇到的问题主要从六个方面进行调查，调查结果如图 8 所示：消费者绿色认知与需求不够是企业实施绿色采购的最大障碍，这一比例达到了 68%，紧随其后的有 68% 的企业认为缺乏新材料与技术支持是企业实施绿色采购的重大阻碍，另外有 66% 的企业将生产工艺流程的限制列为主要障碍之一；与此同时，缺乏企业战略的支持被企业认为是实施绿色采购影响最小的障碍，然而这一比例也达到了 49%。整体而言，消费者绿色认知与需求不够、相关法规与行业标准不完善或执行不强、缺乏企业战略的支持、缺乏供应商的理解与配合、生产工艺流程的限制、缺乏新材料与技术支持这六大类企业在实施绿色采购过程存在的障碍普遍存在于各个实施绿色采购的企业中，这也从侧面说明大规模实施绿色采购的道路是艰难而漫长的，需要各个利益相关方的共同协作。

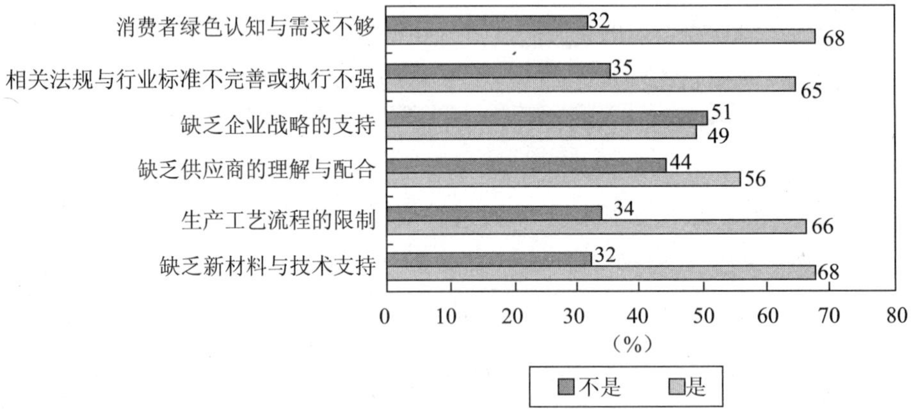

图 8　企业实施绿色采购存在的问题

三、企业实施社会责任审核的指标

企业实施社会责任审核的指标共有 12 类指标，本次调查结果显示，企业在实施社会责任审核时最为关切的指标按其重要性分别是：环保、可持续发展、道德规范和商业道德、劳工保护，这些指标占比均超过 60%，其中环保指标在社会责任审核中占比达到 79%，这也契合了我国推行可持续发展的战略，重视绿色环保理念的国情；与此形成鲜明对比的是只有不到 20% 的企业会选择公司治理这一指标作为企业社会责任审核指标；安全生产和职业健康保障、道德和廉政建设这两类指标在企业社会责任审核中均有 45% 左右的企业会将其纳入审核指标之中。如图 9 所示。

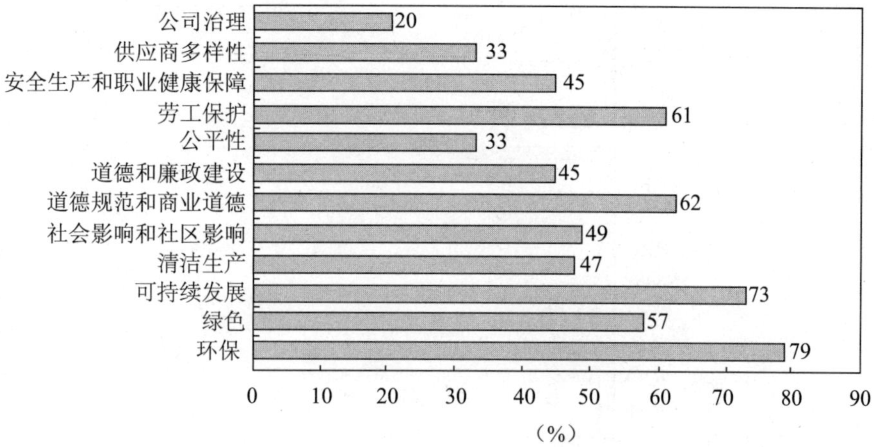

图 9　企业实施社会责任审核的指标

四、供应商的绿色认证

目前国际通行的供应商绿色认证有 20 种，分别是：ISO14000 环境管理体系标准、ISO 50001 能源管理体系、EMAS 欧盟生态管理和审核计划、FSC 森林认证、SA8000 社会责任标准、OHSAS 18000 职业健康安全管理体系标准、WRAP 环球服装生产社会责任、ICTI 国际玩具工业理事会商业行为守则、EICC 电子行业行为准则、BSCI 商业社会标准认证、Sedex 供应商商业道德信息交流、BRC 英国零售商协会认证、RoHS 欧盟强制性标准、WEEE《报废的电子电气设备》指令、Reach 欧盟规章《化学品注册、评估、许可和限制》、欧盟电池环保指令、EUP 用能源产品生态设计框架指令、欧盟包装和废弃包装物指令、产品碳足迹。

本次对我国企业要求其供应商的需具有何种绿色认证的调查结果如图 10 所示：有高达 86% 的企业要求其供应商需具有 ISO 14000 认证，充分说明 ISO 14000 认证在我国企业中的高认同感；与此同时，RoHS 欧盟强制性标准、OHSAS 18000 职业健康安全管理体系标准这两种认证在我国企业对供应商要求具备的认证中权重也较高，分别有约 43% 和 44% 的企业认为这两种认证是重要的；另外，企业认为 BRC 英国零售商协会认证最不重要，只有约 1% 的企业在选择供应商时会考虑这一绿色指标认证，另外 ICTI 国际玩具工业理事会商业行为守则、WRAP 环球服装生产社会责任这两种认证在我国企业对供应商的绿色认证中的重视程度也非常低，两者皆只有 1% 的企业会选择这个认证。如图 10 所示。

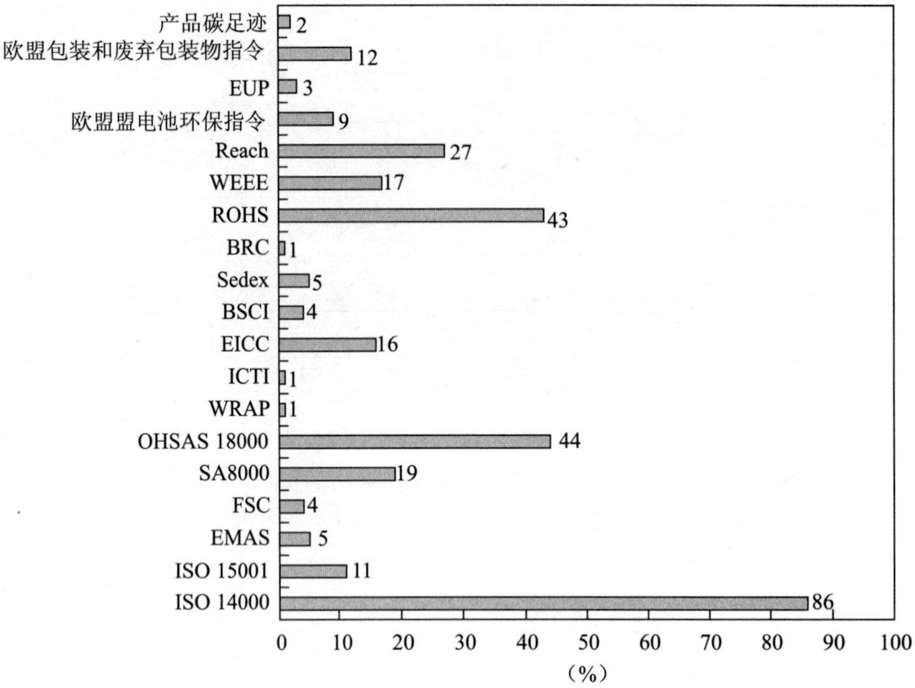

图 10　供应商的绿色认证

2015年中国企业采购风险调查报告

中国物流与采购联合会于2015年3—4月在全国范围内展开采购风险调查，该次调查采用电子问卷形式，调查结果主要基于各企业2014年的数据。采购风险调查主要着眼于以下几个方面：一是采购风险管理所面临的问题、管理现状；二是供应链风险管理存在的问题；三是采购风险管理成熟度。另外，由于参与调查的企业样本关系，调查结果主要反映大中型企业的现状。

一、采购风险管理所面临的问题

采购风险是采购过程中可能出现的与预期的偏差，其结果可能是影响采购预期目标的实现。采购风险存在于采购活动的各个环节中，按照引起风险的主体属性，可将采购风险划分为三大类：人为风险、经济风险、自然风险。这些风险或大或小地反映在各个企业采购活动中。如图1所示，本次所调查的企业在采购风险管理上存在的问题是多种多样的，总体而言，人为风险和经济风险表现得较为突出。其中，企业采购风险管理中最为普遍，影响最大的问题是原材料数量/价格的变化，其比重高达68%。据统计，原材料采购成本一般在企业总成本中的占比为50%~70%，这一结果也从侧面很好地佐证了这一事实；紧随其后的是过度依存单一或有限供应商为61%，这一采购管理风险不容小觑；值得注意的是劳动成本上升这一风险因素比重也占到了44%，这与我国人口红利逐渐消失，用工成本显著上升不无关系；企业面临的其他的采购管理风险诸如市场需求波动、汇率的变化、法规/政策的应用遵循和变动占比分别为34%、31%、35%。

另外，从企业类型、企业所在行业属性来看，其采购风险管理中所表现的问题也各有其特点。

如图2所示，一方面，不同类型的企业对某些风险源的敏感度有所差异，调查结果表明，有53%的国有企业认为供应商的质量与履约情况不佳将给采购带来较大的不确定性，影响采购目标的实现，与此形成鲜明对比的是只有38%的中外合资（或外资企业）对此类风险高度关切，同时这一比例在私营企业中为42%；另一方面，在汇率的变化这一风险因素中，中外合资（或外资企业）关切度显著高于私营、国有企业，达到了35%，而私营、国有企业分别只有15%、17%，这一差异与外资企业结算体系有很大关系；供应商的的财务风险如破产、供应商所在国家和地区的政治动荡和战争风险、市场需求波动、供应商的技术风险这四因素的比例大致相同，故不再在图中标注。

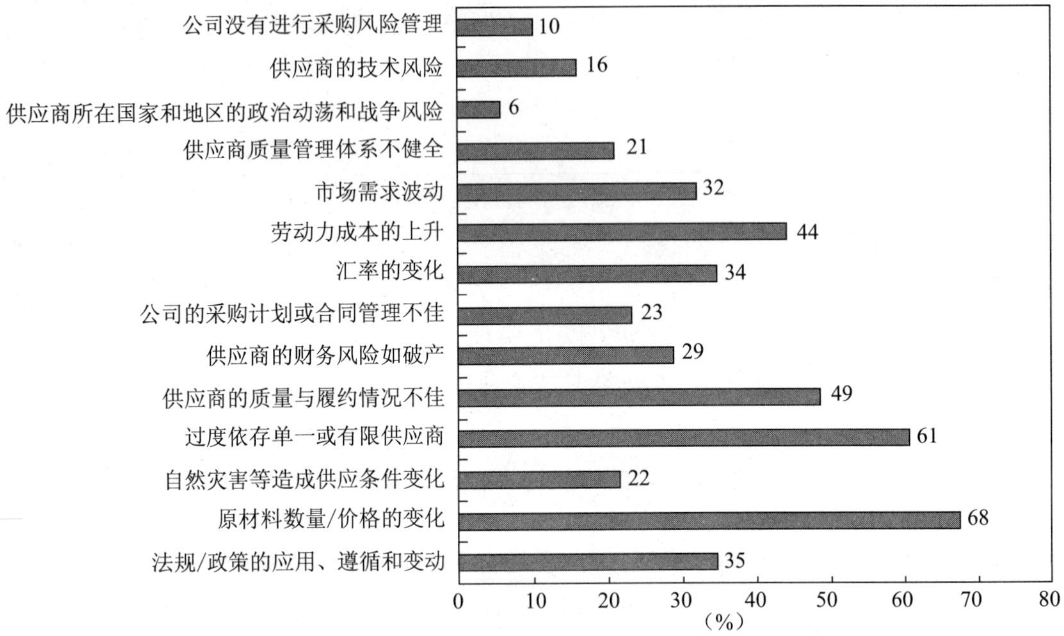

图 1　企业采购风险管理面临的问题

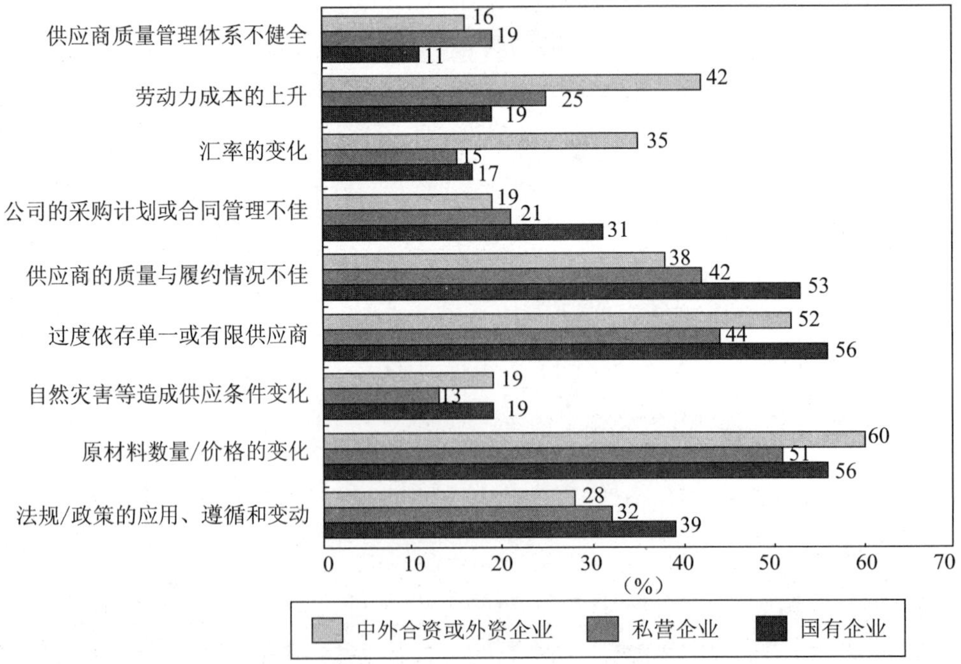

图 2　不同注册类型企业采购管理面临的问题

如图3所示，不同的行业对采购活动中出现的不同种类的风险表现出差异化的关切度。着重对比了各行业对采购计划或合同管理不佳、法规/政策的应用遵循变动、劳动力成本上升这三种风险的反应。在电子和高科技行业，有48%的受访者认为劳动力成本上升威胁着采购预期目标的实现，而在工业设备行业这一比例仅为23%；法规政策这一风险因素对不同行业的采购活动影响大体相当，这一比例在各行业调查对象中占比均在37%左右，可以看出，法规政策的影响与行业的相关性不大。

鉴于以上调查结果，企业应该根据自身所处行业属性的不同有针对性的给予不同种类采购风险因素以关注，灵活用好80/20法则，调拨资源，做好预案应对风险。

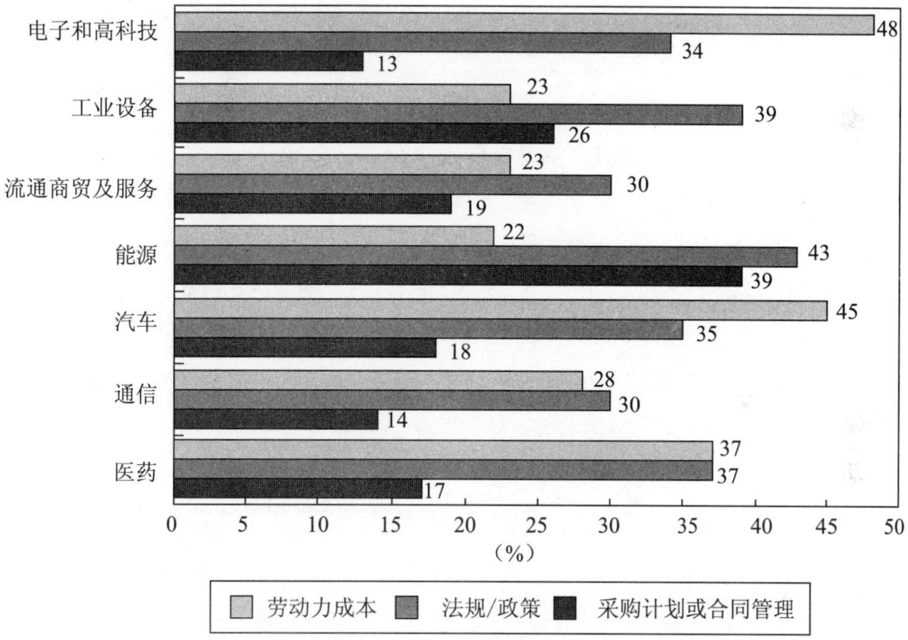

图3　不同行业采购管理面临的风险

二、供应链管理存在的风险

供应链上各个企业之间存在着目标的差异，供应链所处的外部环境也在不断发生变化，这就使供应链本身具有不稳定性，供应链管理过程中面临的风险性也随之产生。分析和防范供应链中存在的风险是供应链管理中重要的环节。如图4所示：在所调查的企业中有58%的企业认为风险防范不健全是导致供应链不稳定的重大因，36%的企业将风险防范措施不健全归结于供应链不稳定的元凶之一；

公司资源不够也是导致供应链风险的又一重大原因，这一比例达到了45%；而只有不到25%的受访企业认为供应商不配合是他们在日常供应链管理中遇到的问题，27%的企业认为风险应对的措施没有针对性，这一结果也提醒供应链管理者在制订风险应对措施时应有的放矢，另外，措施应随具体情况灵活修正。

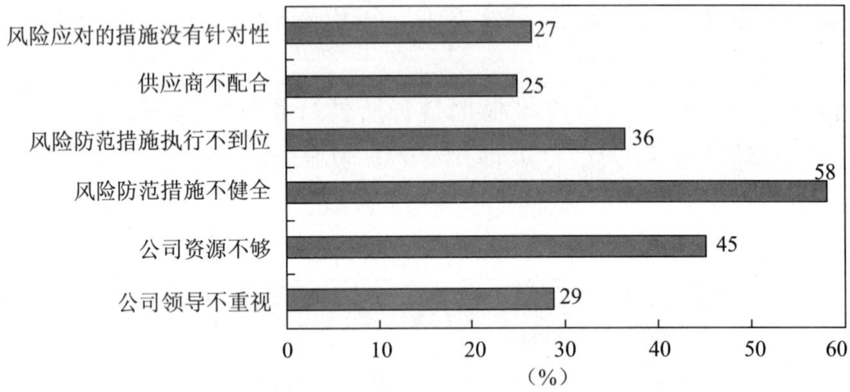

图4　供应链管理中存在的风险

另外，本次调查统计了企业在2014年遭受重大供应链风险事件的数量，以期直观地反映企业供应链管理现状。如图5所示：在所调查的企业中，超过半数的企业未发生重大的供应链风险事故，而同时发生1～3起的企业数量也不容乐观，这一比例为45%，另外有3%的企业发生了4～6起，不到1%的企业发生7～10起。

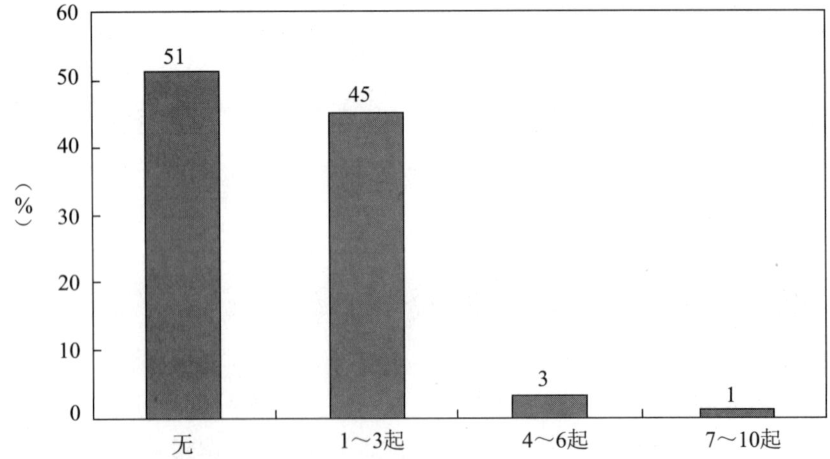

图5　2014年企业遭受的重大供应链风险事件统计

供应链风险管理策略调查显示：企业采用风险防范、风险转移、风险承受三种策略来处理供应链风险的比例依次为 64%、24%、11%，如图 6 所示。

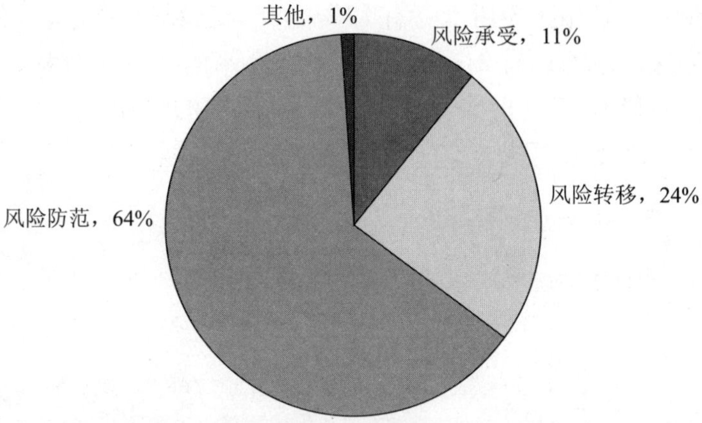

图 6　企业处理供应链风险的策略

另外，从企业类型来看，不同的企业类型在应对供应链风险时所用策略有所相似，如图 7 所示：中外合资（或外资企业）和私营企业采取风险防范策略处理供应链风险的比例皆在 63% 左右，在采用风险承受这一策略上中外合资、私营企业、国有企业皆在 11% 左右。调查结果说明在应对供应链风险时，企业的风险应对策略具有相似的偏好。

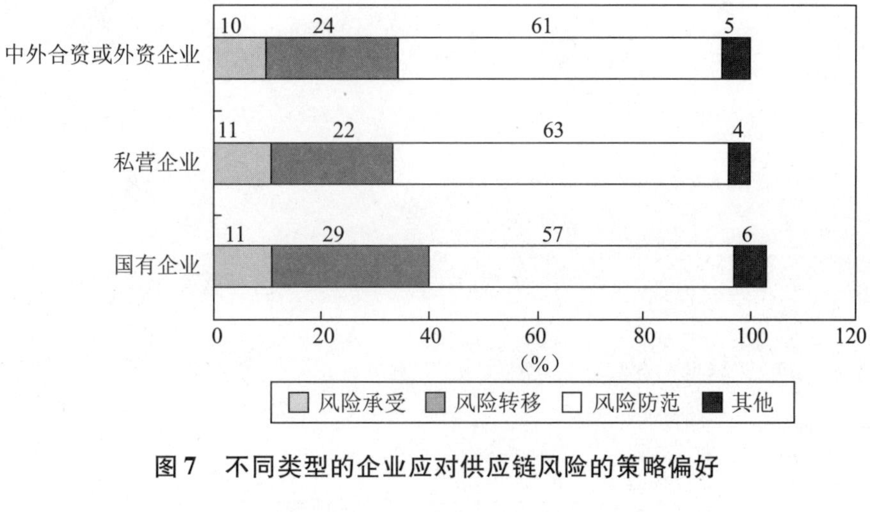

图 7　不同类型的企业应对供应链风险的策略偏好

三、企业采购风险管理成熟度

不同的企业，其采购风险管理水平参差不齐，而采购风险管理成熟度是评估企业风险管理现状，分析企业采购风险管理薄弱环节，评价企业风险管理水平并为企业风险管理指明改进方向和实施途径提供指导的有力工具。本次企业采购风险管理成熟度调查结果如图 8 所示：有 52% 的企业已经建立风险评估与应对流程，但尚无正式风险管理组织；有 21% 的企业有风险评估与应对流程，并且有正式的风险管理组织；而仍有 27% 的企业未建立风险管理的机制流程，也无正式组织，出现风险问题才会被动去解决。

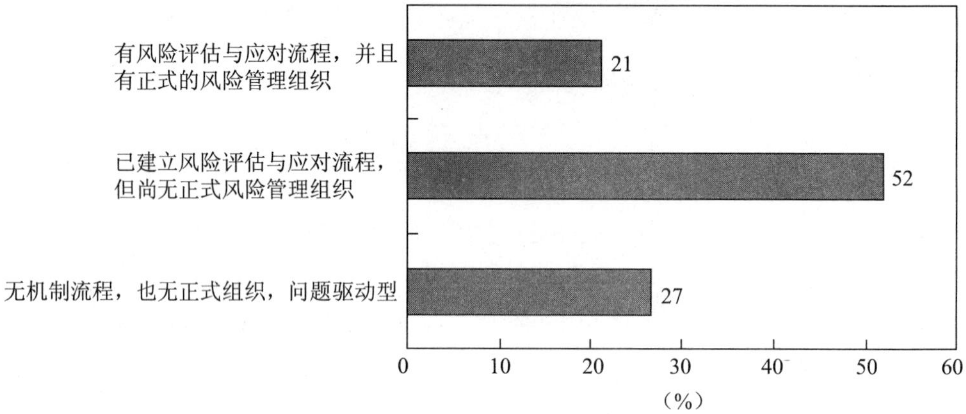

图 8　采购风险管理成熟度

2015年中国企业采购人员薪酬调查报告

张　怡

企业采购人员薪酬报告主要反映采购人员2014年的基本现金收入、福利和总薪酬等重要薪酬信息。

一、工作年限分析

本次调查工作年限的统计数据与2014年数据大致相近，但仍有一些变化。调查中有近半数的被调查者工作年限是6～10年，其次是11～12年的群体。如图1所示。在工作年限1～5年中，采购经理（如商品采购经理、计划经理、供应商质量经理、供应链经理等）所占比例最高，为52%，其次是经理以下级别（如计划员、采购专员和供应商质量工程师、采购工程师等）占到了34%，而2014年该工作年限中占比例最高的为经理以下级别，这说明采购人员的升职时间在缩短，基层管理岗位有年轻化的发展趋势。在前三个年限阶段中，经理以下级别所占比例逐渐降低，采购经理所占比例逐渐增加。20年以上工作年限中，采购总监以上级别（副总裁、副总经理或其他）所占比例最高，为63%。如图2所示。随着工作年限的增加，采购人员专业知识和工作经验不断积累，工作能力不断提高，职位也相应得到提升。

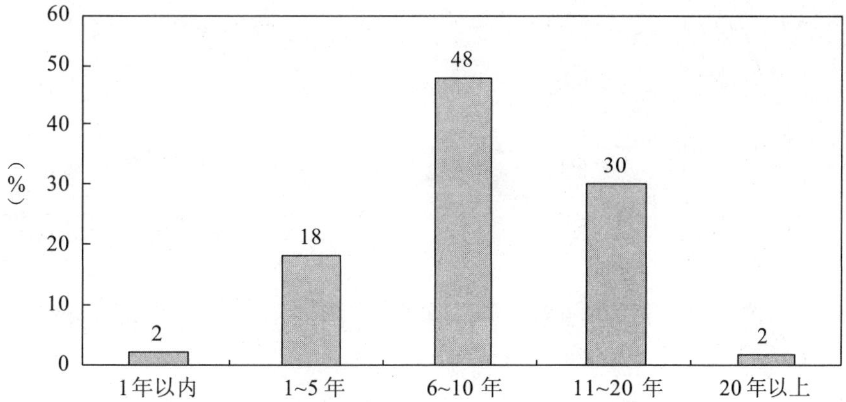

图1　受访者工作年限

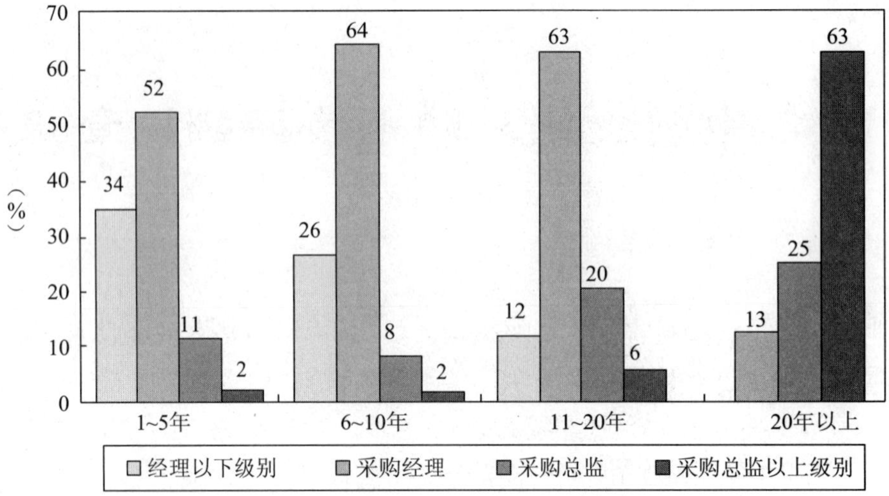

图 2　不同工作年限中职位分布情况

二、薪酬状况分析

如图 3 所示，2014 年采购岗位的年薪主要分布在 10 万～15 万元，20 万～30 万元所占比例位列第二。2014 年与 2013 年两年的趋势线相似，但可以明显得看到 10 万～25 万元的所占比例更大，而 15 万～20 万元及 20 万～30 万元两个区间的比例有所下降。如图 4 所示。

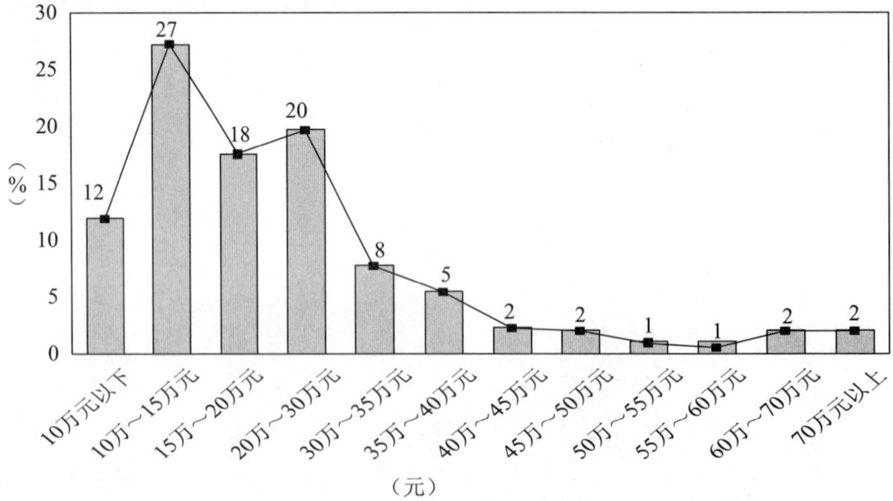

图 3　2014 年采购岗位整体薪酬状况

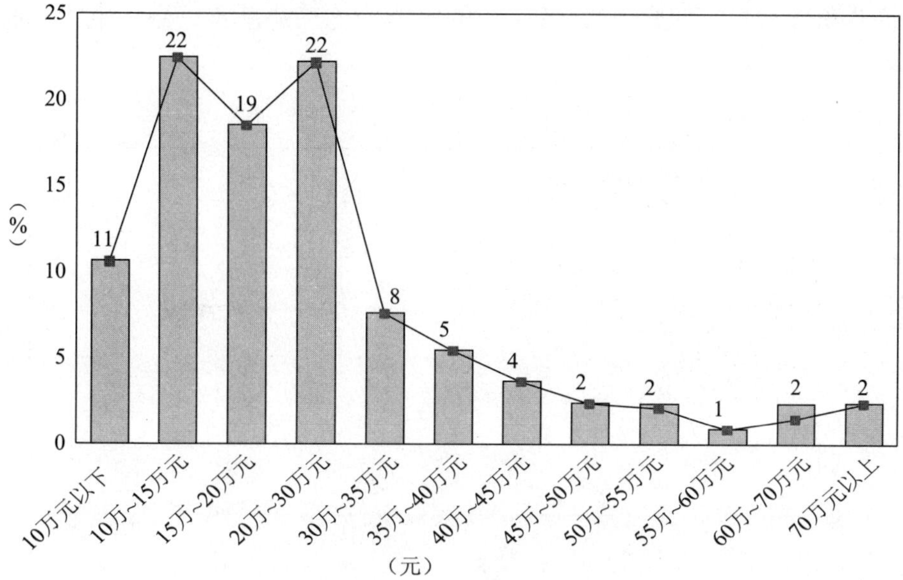

图 4　2013 年采购岗位整体薪酬状况

具体到每个岗位上来看（见图5），经理以下级别的采购人员薪酬以 15 万元以下居多，从 15 万元以后所占比例逐渐减少；采购经理的薪酬状况呈现正态分布，随着采购经理人的专业知识和经验的积累，薪酬水平逐渐提升并在 20 万～30 万元达到峰值，之后根据采购经理的工作能力获得薪水提升或职位提高的机会；采购总监的薪酬状况与 2014 年大致相似，呈现微笑曲线型；采购总监以上级别在 60 万～70 万元有一个比较明显的峰值，反映了 2014 年采购总监以上级别的薪酬水平。

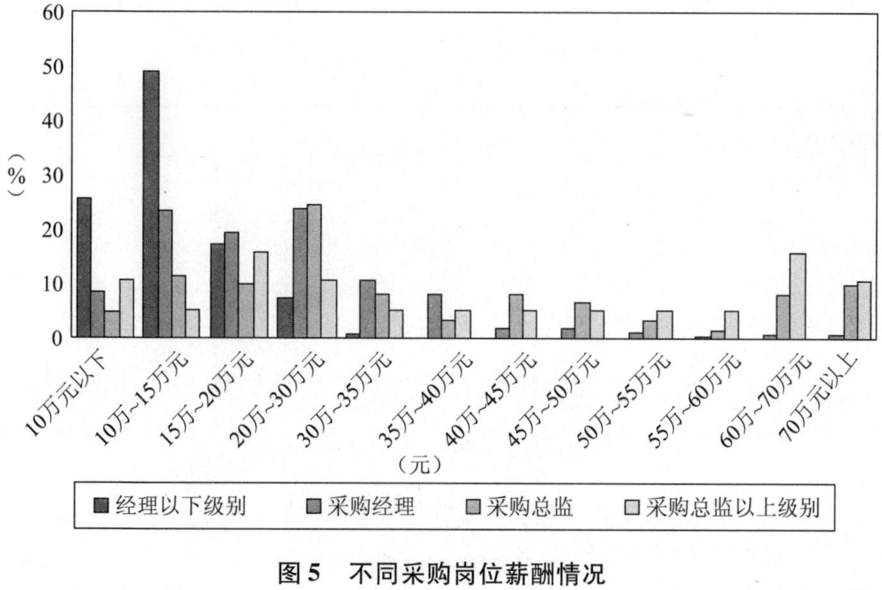

图 5　不同采购岗位薪酬情况

从行业角度来看（见图6），各行业的薪酬变化趋势基本一致，电子和高科技、工业设备、通信行业波动较大。

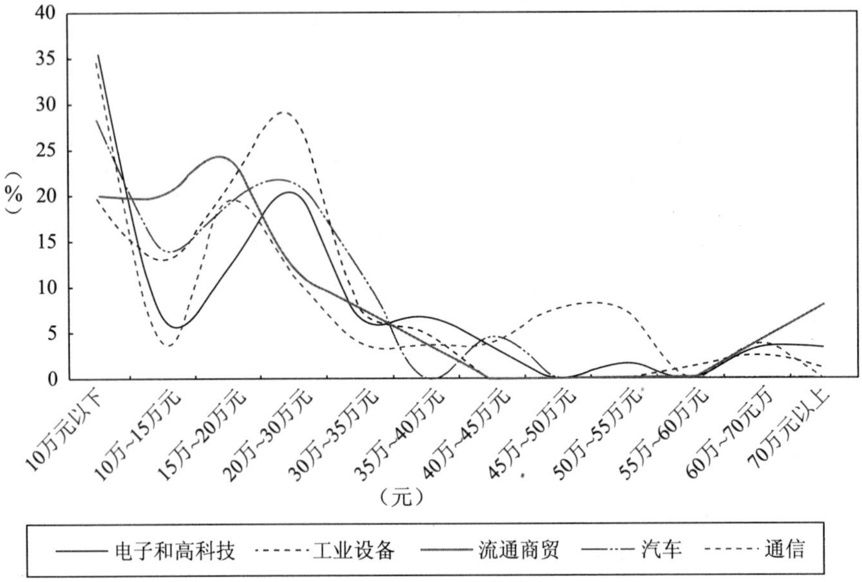

图6　不同行业采购人员薪酬情况

2014年采购人员薪酬满意度与2013年的情况基本一致，如图7所示。仅有1%的采购人员对自己的薪酬情况非常满意，6%的采购人员非常不满意自己的薪酬情况，比2013年的8%略低。38%的采购人员对目前的薪酬不太满意，说明在绝大多数对薪酬满意/可接受的情况下，仍有一大部分采购人员希望薪酬得到提高。

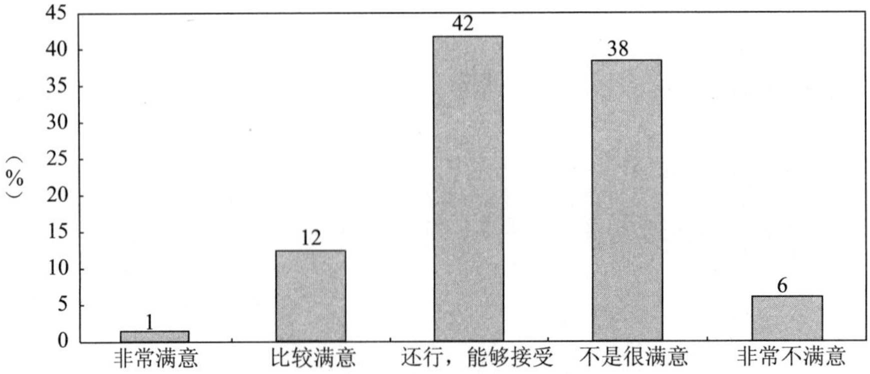

图7　2014年采购人员薪酬满意度

针对不同类型企业的采购人员薪酬满意情况的分析（见图8），发现国企及其他类型的企业表现出对薪酬不是很满意的居多，而2014 年国企采购人员选择“还行，能够接受”的最多，这有可能与2015 年的国企运行情况有关。

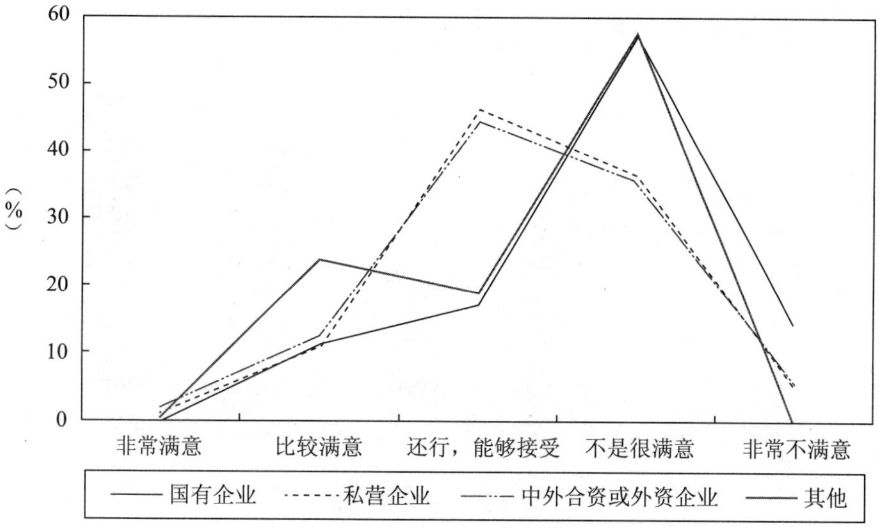

图8　不同类型企业的采购人员薪酬满意情况

如图9 所示，44% 的采购人员在企业没有提供一定的上升成长通道的情况下会通过跳槽来改善自己的职场生存环境，也说明了大部分采购人员更多地关注个人的上升成长渠道。25% 的采购人员更加关注企业的文化氛围，这提醒企业的管理人员更多地关注企业文化建设，提高企业的凝聚力。另外，也有部分人希望得到更多薪酬以外的福利。

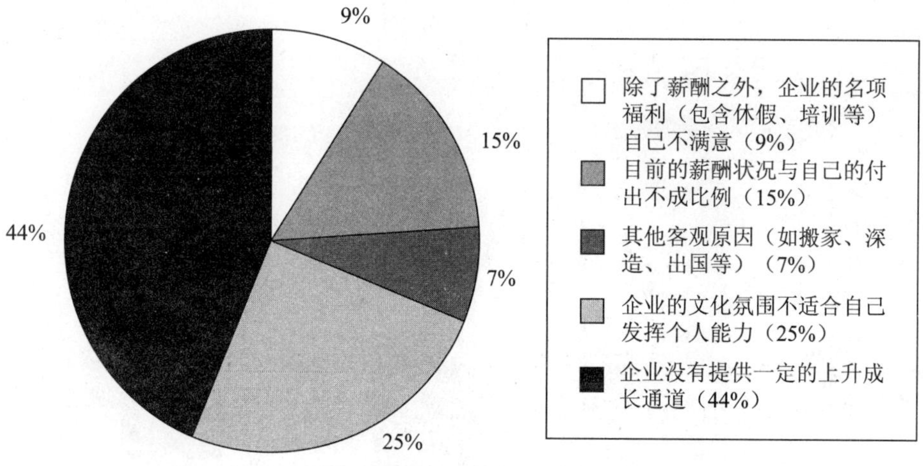

图9　促使员工跳槽的原因

绩效评估结果能够直接反映员工的工作成绩。图 10 表示的是企业对员工绩效考核的频率，32% 的企业每年对员工进行一次考核，仅有 3% 的企业不对员工进行绩效评估。

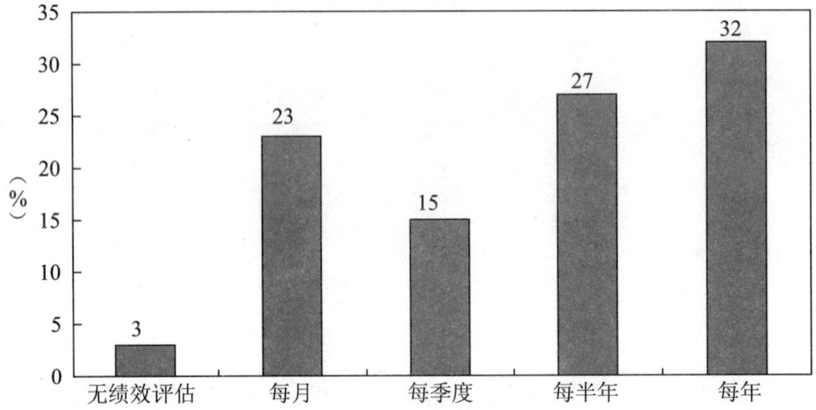

图 10　企业对员工绩效考核的频率

三、人员培训情况分析

企业培训是为了员工和企业双方的利益，是企业文化落实人心的最佳选择，是一个学习型组织习惯养成的需要，也是企业保持竞争优势的需要，对员工来说是提升职业素质的最佳路径。本次调查数据显示，2014 年与 2013 年相比，大部分企业的培训时间基本持平，也有少部分企业的培训减少，如图 11 所示。

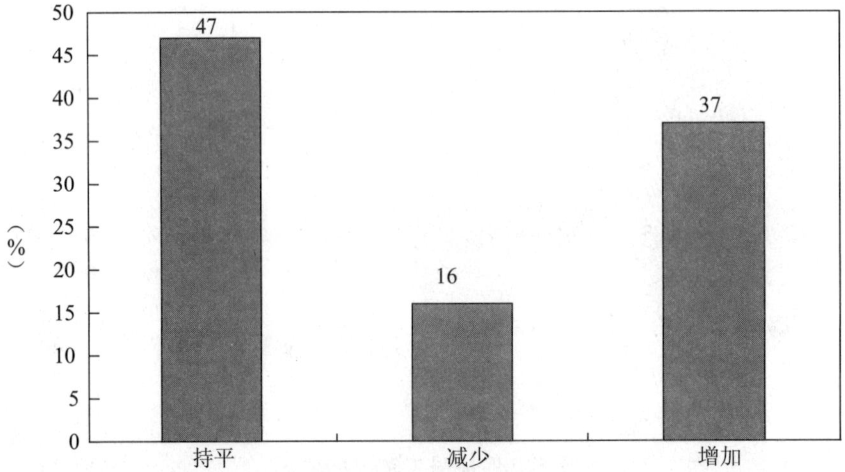

图 11　企业培训时间（2013—2014 年）

不同类型企业的培训时间如图 12 所示，2014 年国企对员工的培训得到重视，培训时间显著增加，主要在 25 ~72 小时。外企的培训时间主要在 9 ~24 小时。

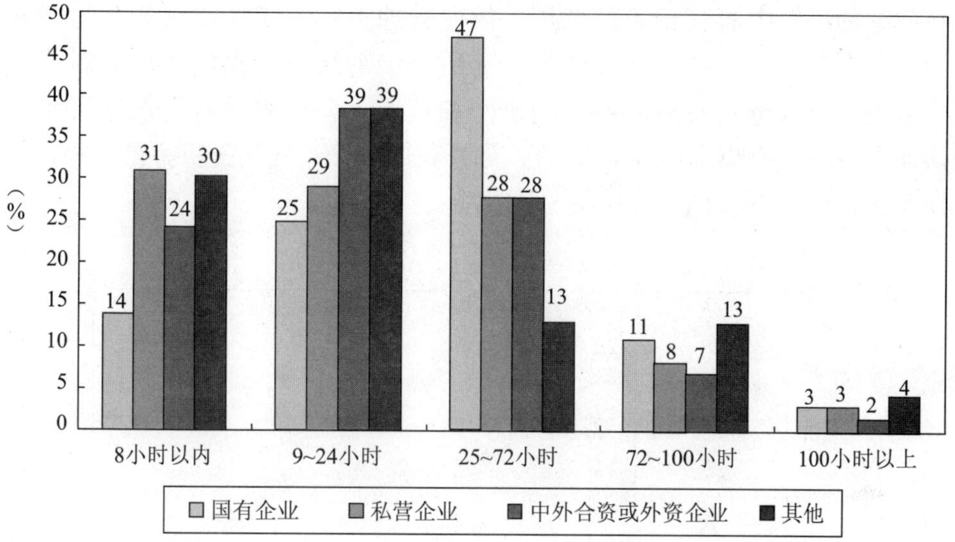

图 12　不同类型企业的培训时间

如图 13 所示，经理以下级别的采购人员培训时间上的分布比较均匀，总监以上级别的人员培训时间比较集中。

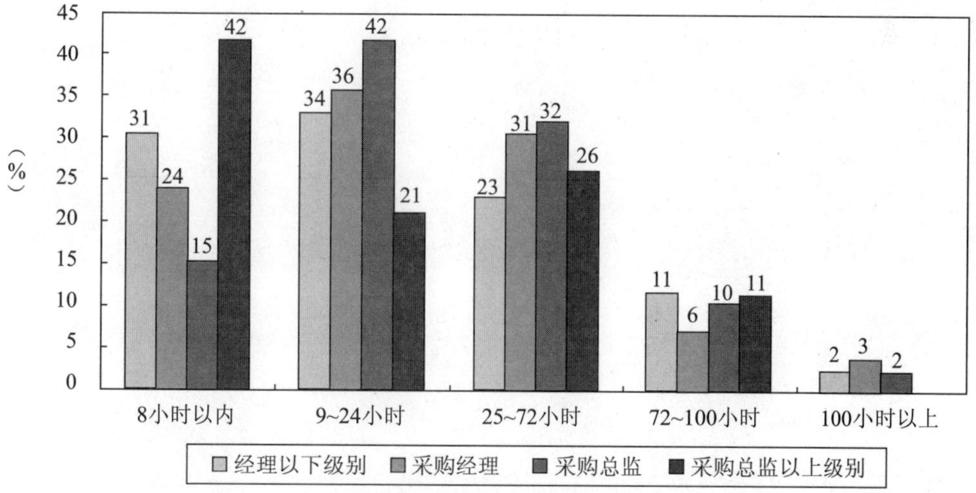

图 13　不同职位的培训时间

在培训内容的选择上，有 52% 的采购人员选择了 CPSM（供应管理专业认证），如图 14 所示。CPSM 认证涉及多层次的供应管理角色，包括战略采购、物流管理、供应关系管理、供应来源多元化等，采购与供应专业人士将从该认证中获得很多收获。

CPSM 认证资质可以使专业人士清晰理解所在组织的供应管理运作，让经理人能够在关键的决策中起到积极的作用。供应管理贯穿于每个组织产品生产和服务提供的每一个环节，当今专业发展趋势表明，整个组织的供应管理创新战略的高效执行需要专业人士具备战略高度的水平和资质。调查表明获得认证资质者比未获得认证资格者拥有更高的年薪报酬。努力获得 CPSM 认证资质将是采购人员在职业化发展过程中提升知识和经验的一大机会。

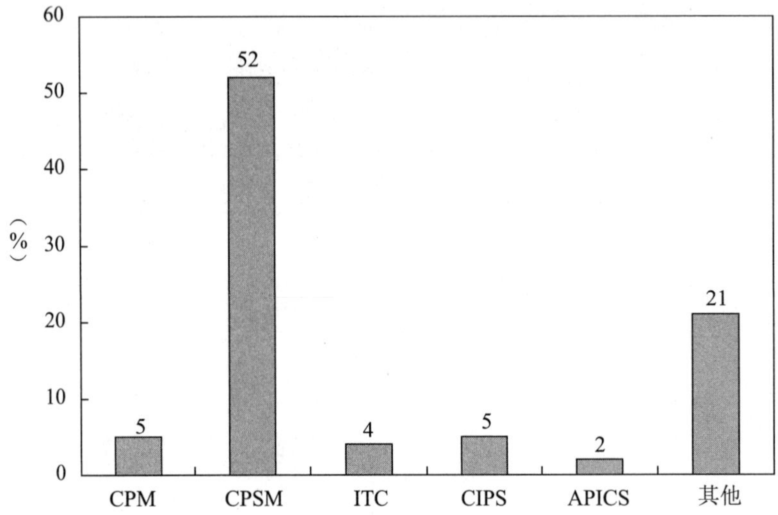

图 14　培训内容情况

2015 年中国工业设备行业采购调查报告

张　怡

一、采购组织现状

集中采购的优势就是分散采购的劣势，分散采购的优点也正是集中采购的不足。当然，集中和分散采购并不是完全对立的，仅靠一种采购方式并不能满足生产需要。大多数公司在两个极端之间进行平衡：在某个时候它们会采用集中采购模式，而在几年以后也许会选择更加分散的采购形式。混合性采购结合了集中采购和分散采购的优点。项目采购是以项目为中心进行的采购。在实际采购中企业要趋利避害、扬长避短，根据企业自身的条件、资源状况、市场需要，灵活地做出制度安排，并积极创新采购方式和内容，使企业在市场竞争中处于有利的地位。

调查显示，在工业设备行业中，59% 的企业选择混合性采购，21% 的企业选择了集中采购模式，11% 的企业选择分散采购模式，9% 的企业选择了项目采购模式。结果表明，大部分企业在实际操作中，并不会采用单一的采购模式，更倾向于使用混合性采购来避免集中采购和分散采购的不足。如图 1 所示。

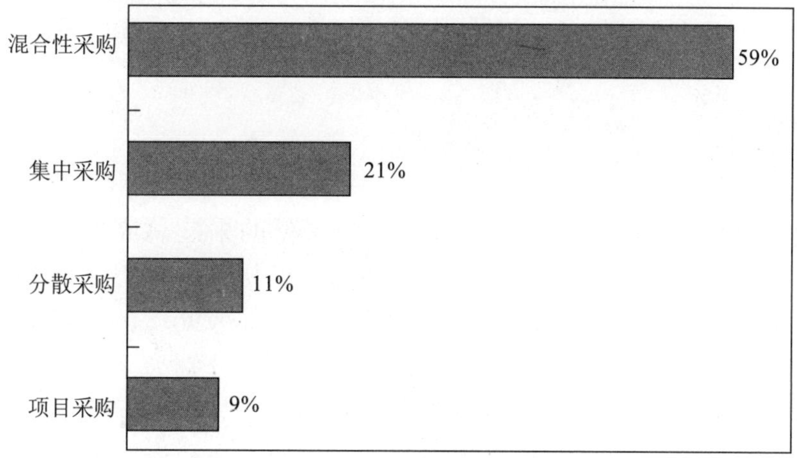

图 1　采购组织模式

本次调查显示，10% 的企业已经建立采购的操作流程，每一项采购活动都有记录。17% 的企业形成了较为完整的采购管理和操作流程，并得到严格执行。24% 的企业的采购流程管理与 ERP 或相应系统的流程及数据保持一致、统一。18% 的企业能够对不同复杂程度的业务、采购品类管理的操作流程和工具（例如，招标、反向竞标、总括合同、战略合作供应商等）准确使用。8% 的企业能够利用动态的、系统性的方法（例如，PDCA、流程再造等手段）进行流程改进；采购流程随着企业的战略、规划和目标等持续改善提高。8% 的企业把采购的流程纳入到整个企业的流程再造中，使流程成为采购创新的驱动力。

如图 2 所示，从左到右是采购部门流程状况逐渐进阶的过程，最多的企业选择第三个阶段，约占到 37%，这表明工业设备行业的采购部门流程状况尚属于中间的水平，对流程的管控仍有很大的提升空间。

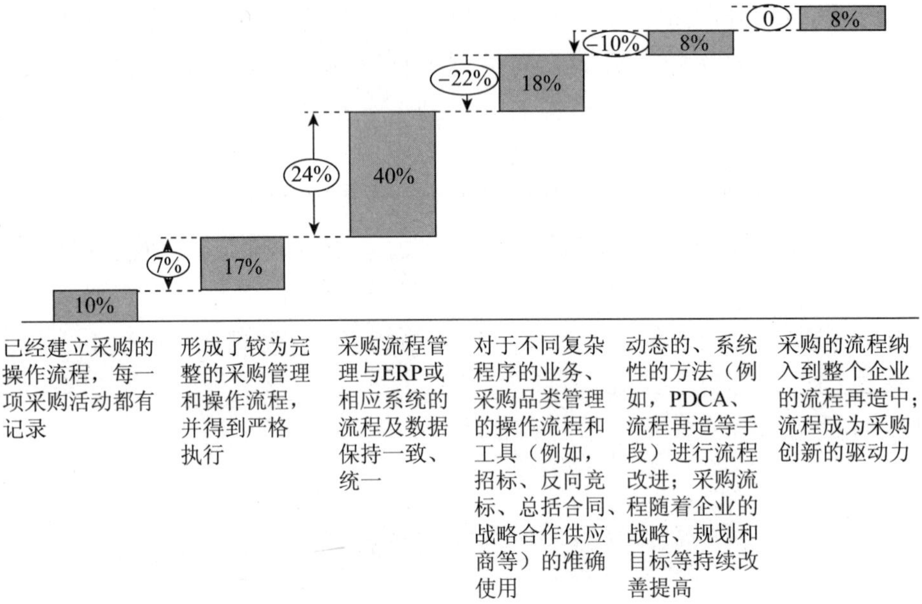

图 2　采购部门的流程状况

作为生产活动的前端工作，采购工作要以最低的采购总成本为生产部门提供满足质量、数量、交货期三大条件的原材料和辅助材料。在工业设备行业中，成本控制是采购部门考虑的首要问题，本次调查中有高达 96% 的企业把成本控制放在采购重点工作的的第一位，供应商管理和质量控制分别为采购重点工作的第二位、第三位，约占 68% 和 66% 的企业选择了这两项。如图 3 所示。

企业外包可以让企业通过整合利用外部优秀的专业化资源，从而降低本企业的成本，提高生产效率。企业可以更加关注自身发展，充分发挥自身核心竞争力。企业外包是增强企业对环境的迅速应变能力的一种管理模式。

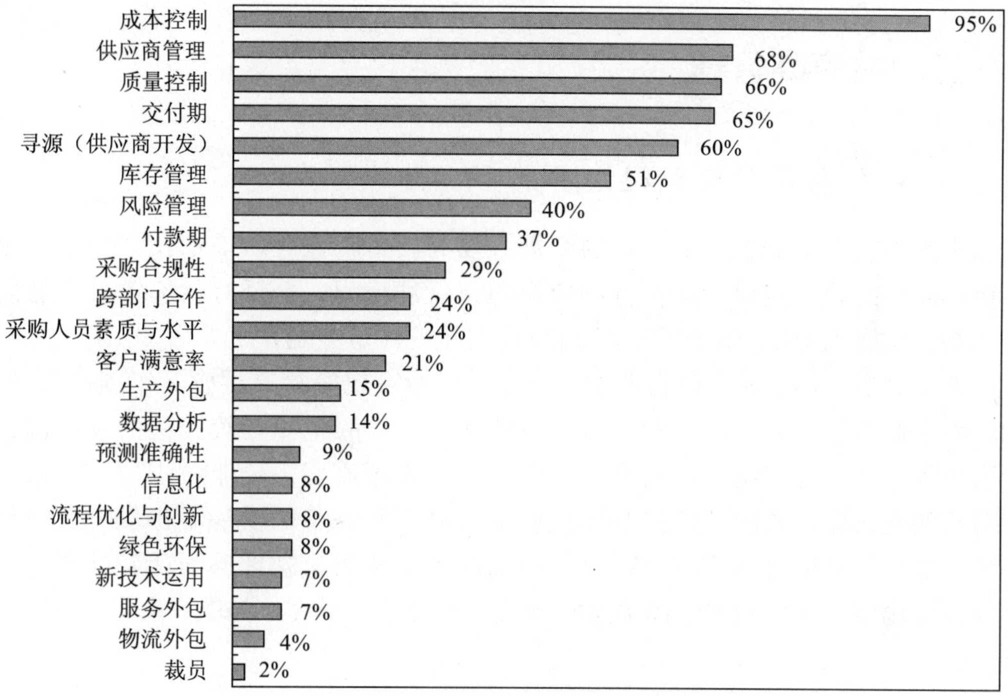

图 3　采购的重点工作

在工业设备行业中，企业外包时最先考虑的是外包对企业的直接和间接成本有何种影响，其次考虑该流程或功能活动是否为组织的核心能力，再次考虑供应商应当提供怎样的交付、质量价格和服务水平，所占的比例分别是 68%、55% 和 50%。调查结果反映，工业设备行业的企业在外包时考虑最多的依然是成本。如图 4 所示。

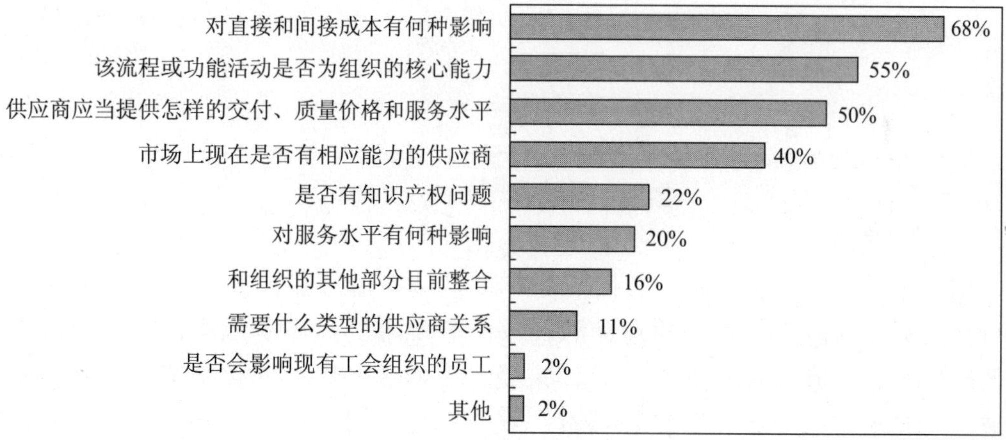

图 4　外包时主要考虑的因素

二、供应商管理

（一）供应商管理现状

本次调查涉及企业对供应商的管理主要有：是否包含供应商市场定位，是否有供应商开发管理流程，是否有供应商质量管理流程，是否有供应商关系管理流程，是否建有优秀供应商库和是否有供应商年度评审计划几个方面。

调查显示，在工业设备行业中，53%的企业有较完善的供应商年度评审计划，52%的企业有较完善的供应商质量管理流程，33%的企业有较完善的供应商开发管理流程，26%的企业有较完善的供应商关系管理流程，企业对供应商的市场定位分析的完善度不太高，只有19%的企业选择有较完善的供应商市场定位分析这一项。这个结果反映出该行业在对供应商的评审和质量管理方面比较注重，而在供应商市场定位分析和供应商关系管理流程方面有待提高。如图5所示。

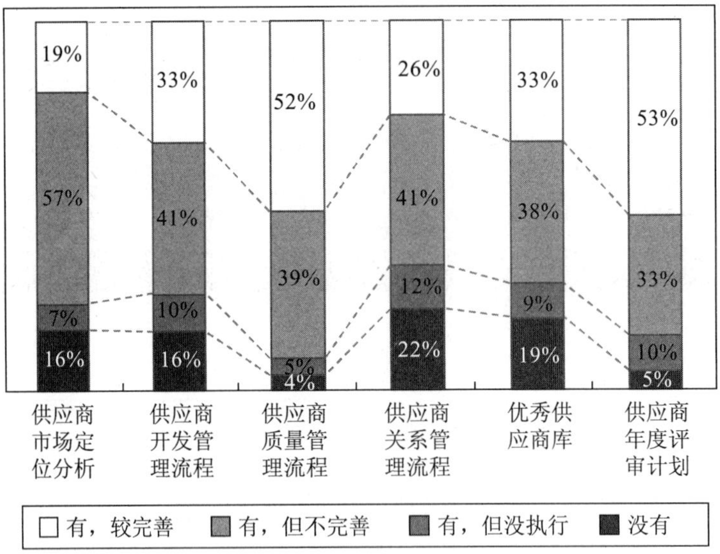

图5　企业对供应商管理现状

调查显示，该行业企业要求供应商有可持续发展理念的占52%，考量供应商履行社会责任的占50%，对供应商绿色采购有要求的占44%，要求供应商生产过程低碳排放和可追溯的占29%。总体来说，工业设备行业对供应商是否具备这四个方面的要求与全行业数据趋势基本一致，但目前对供应商在绿色采购、低碳排放与可追溯要求方面比全行业数据偏低。如图6、图7所示。

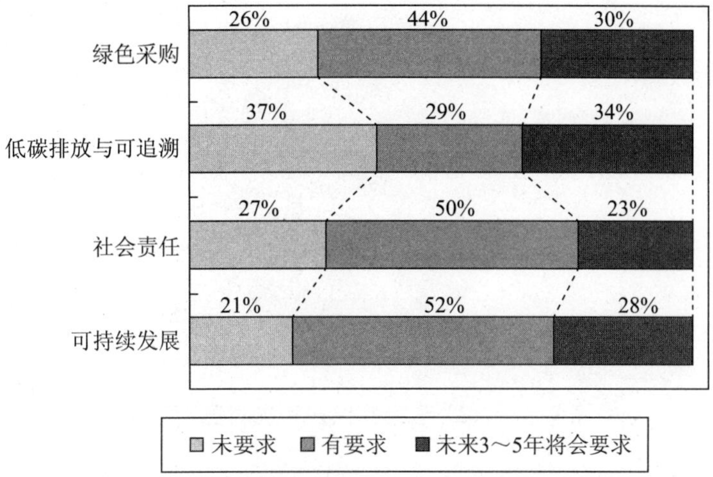

图6　工业设备行业企业对供应商的要求

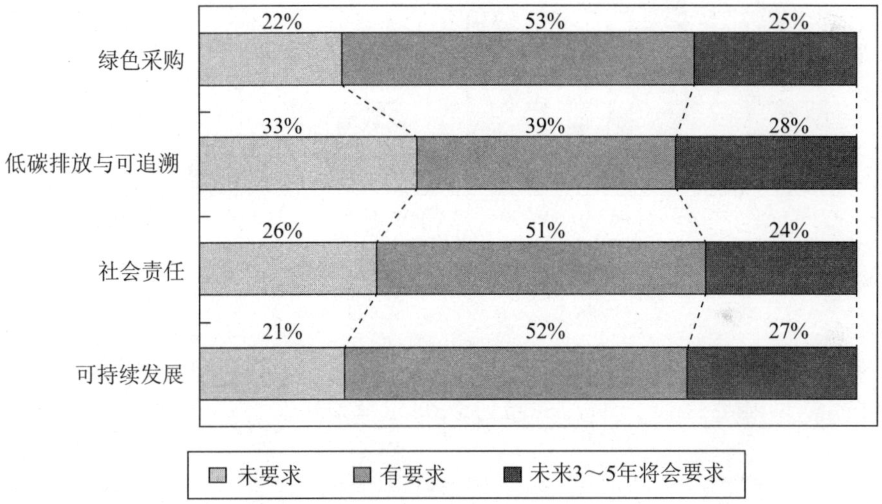

图7　全行业企业对供应商的要求

（二）供应商支付情况

如图8所示，与2013年相比，工业设备行业中半数企业供应商支付账期不变，有43%的企业供应商支付账期有所延长，8%的企业供应商支付账期缩短。如图9所示，工业设备行业对供应商的平均支付账期在60～90天的比重最大，达到31%，其次为45～60天，比重为25%。与2014年该行业数据基本一致，企业对其供应商的平均支付账期主要集中在1～3个月，支付账款时间相对其他行业（例如电子和高科技行业）较短。

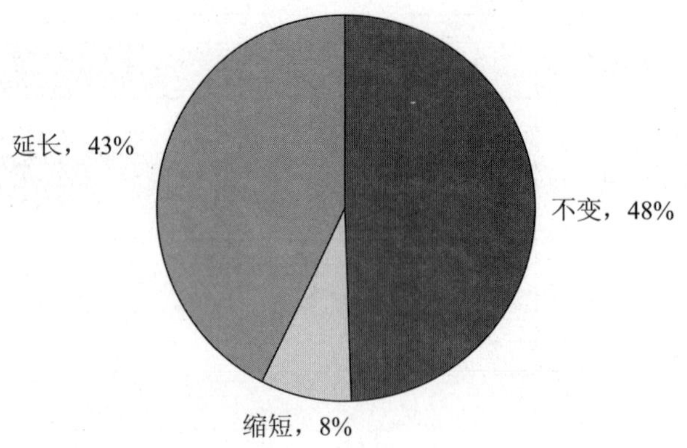

图 8　与 2013 年相比供应商支付账期变化

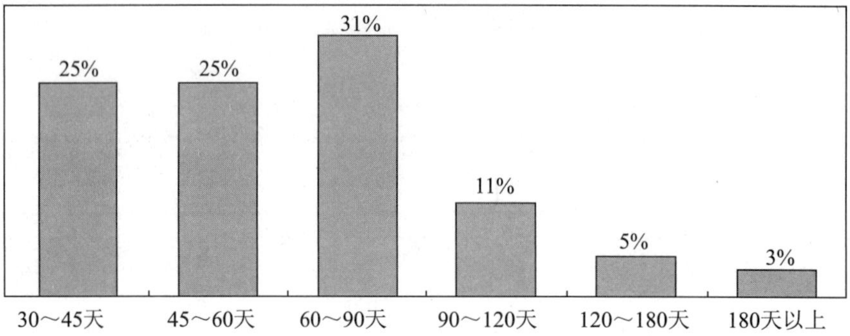

图 9　供应商支付账期对比

通过图 10 可以看出，与 2013 年相比工业设备行业企业对供应商付款时间的数据与全行业数据基本保持一致，准时付款的企业达到 69%。

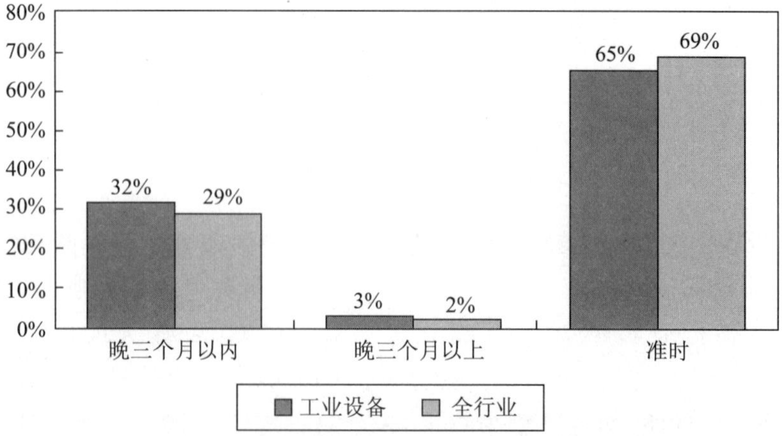

图 10　与 2013 年相比企业对供应商付款时间变化情况

（三）供应商的数量及供应商采购额的比重

调查显示，工业设备行业中，27%的企业供应商数量为100～199家，比重最大；18%的企业供应商数量为50～99家；9%的企业供应商数量为20～49家；9%的企业供应商数量为200～299家。如图11所示。

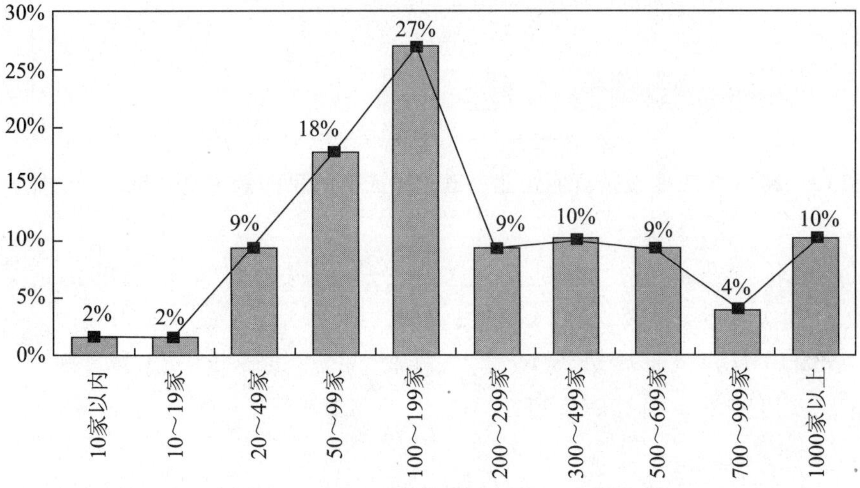

图11　供应商数量

如图12所示，对于工业设备行业而言，前五大供应商的采购额占企业采购额30%～49%的企业有39%；占企业采购额30%以内的企业有28%；采占企业采购额70%或以上的企业有17%；占企业采购额50%～69%的企业有16%。与2014年调查数据比较，前五大供应商的采购额比重在降低，说明2014年企业加入了更多的供应商竞争，注重改善供应商垄断的状况，同时也可以降低由于供应商变动对企业造成的影响。如图13所示。

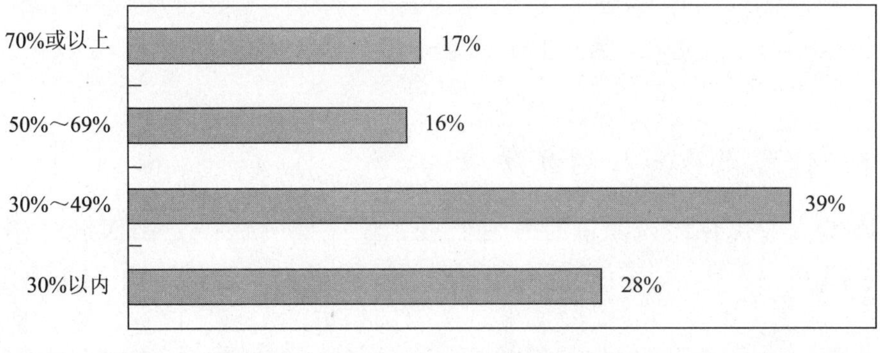

图12　2014年工业设备行业企业前五大供应商的采购额占公司采购额的比例

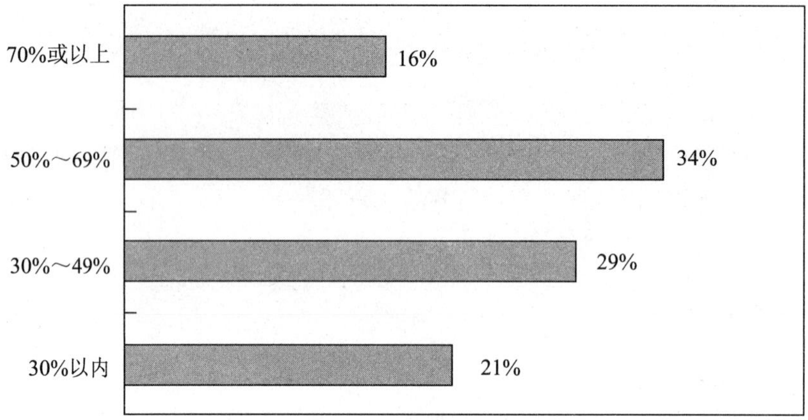

图 13　2013 年工业设备行业企业前五大供应商的采购额占企业采购额的比例

对工业设备行业而言，大部分企业的占总采购额 80% 以上的供应商总数为 10 ~ 49 家，其次为 5 ~ 9 家。总体来看，如图 14 所示，占企业 80% 以上采购额的供应商在 5 家以内的企业数量为 16%，说明工业设备行业中很少出现几个供应商垄断的局面，利于企业的健康发展。

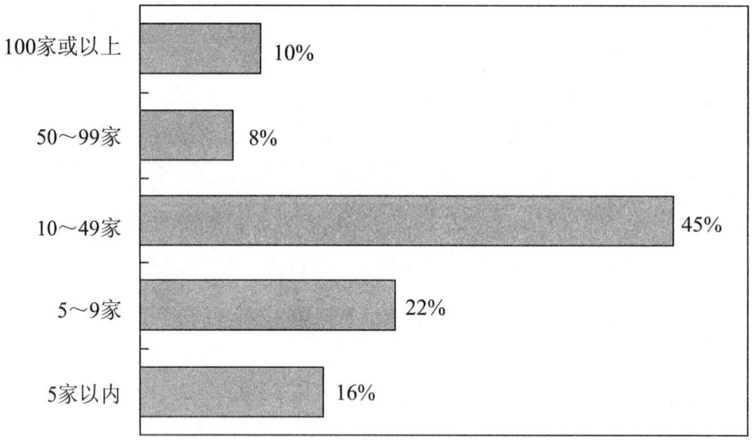

图 14　占企业 80% 以上采购额的供应商总数

（四）优化供应商群的方法

图 15 为企业优化供应商群时开发低成本供应商（国外寻源区域转移）的情况。从图 15 可以看出，东南亚仍然是企业寻源的重点，这与该地区的劳动力、资源成本低有很大关系，同时东南亚也是离中国最近的区域，因此选择该地区的比例占到 57%。

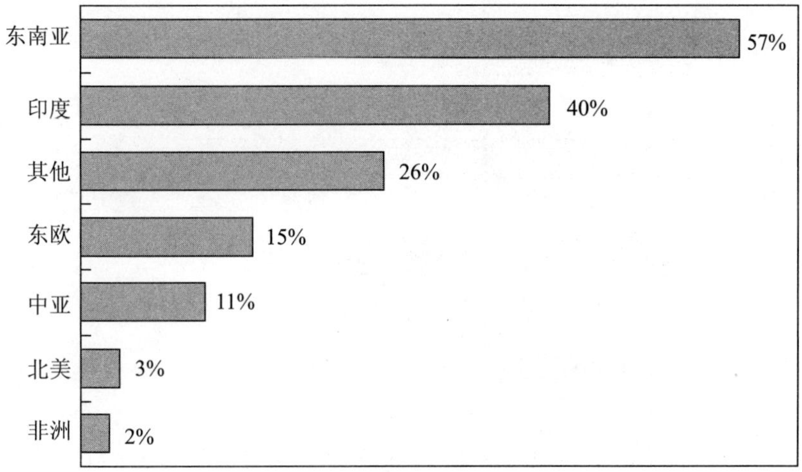

图 15　供应商的寻源开发重点

图 16 是企业优化供应商群时开发低成本供应商（国内寻源区域转移）的情况。从图 16 可以看出，更多的企业将寻源重点放在南方沿海地区，约占到 67%，这一直是国内寻源的重点区域，主要是因为南方沿海地区有便利的物流，生产原料资源、人力资源丰富，并且该区域经济实力较强。今年的调查数据中，中西部地区的比例有所提升，由 29% 上升为 36%，这可能跟国家大力发展中西部地区的政策有很大关系。

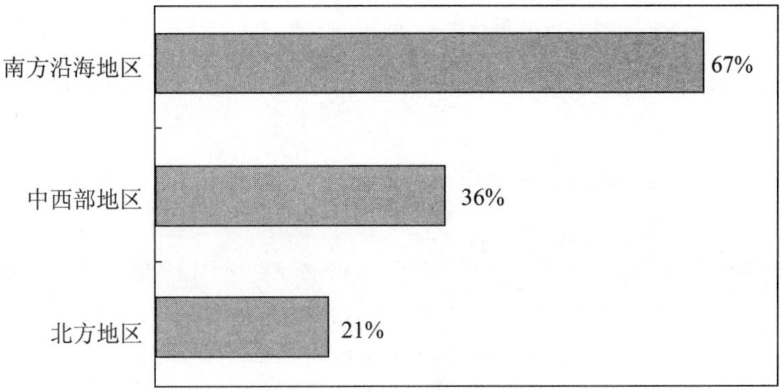

图 16　国内寻源重点区域

如图 17 所示，69% 的企业希望自己的供应商是伙伴型供应商，66% 的企业希望供应商是伙伴型供应商，41% 的企业通过利用多家供应商为企业服务来优化供应商群，33% 的企业与供应商是交易型的关系，还有 16% 的企业通过独家供应商为企业服务来优化供应商群。从数据上来看，大部分企业还是希望与供应商建立一种互利共赢的合作关系，这种合作能让双方收益最大化，也能保持合作关系的持有性，降低由于更换供应商造成的时间、金钱的损失。

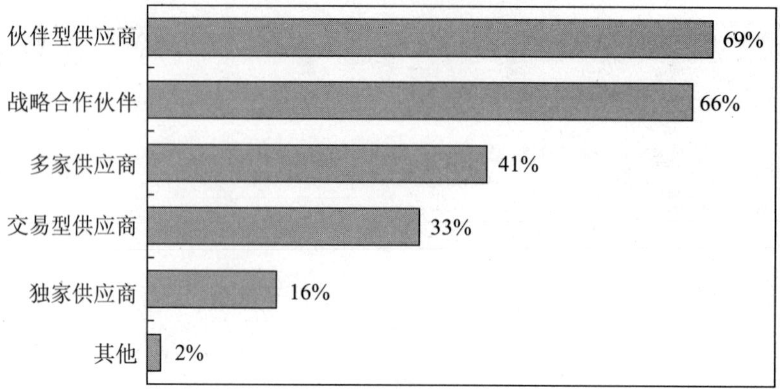

图 17　供应商结构调整

（五）供应商的绩效评估

在经济全球化背景下，企业之间的竞争越来越激烈。采购功能直接影响企业的竞争能力。随着采购的重要性增加，企业和供应商的关系也日趋密切。由于寻找及评估新的供应商需要高成本，企业更希望与现有供应商合作，并定期进行绩效评估，以保证供应商处在可控的情况下。通过对供应商进行合理的绩效评估，制造企业可以逐步实现与供应商的一体化管理，越来越多的成功经验表明，在新的市场竞争环境下，制造企业更倾向于通过绩效评估提高供应链的整体实力。供应商绩效评估可以为供应商制定进入和淘汰机制，督促供应商提高供应水平，提高企业效率。

调查显示，企业对供应商的绩效评估中，27% 的企业采用了定量的评估供应商的质量、成本、交期等基本参数；57% 的企业采用了建立了供应商评估体系与标准，并定期对供应商进行评估；16% 的企业能够利用评估结果推动供应商的绩效不断改善和提升。大部分企业对供应商的绩效评估情况处于第二阶段。如图 18 所示。

随着企业越来越专注于核心竞争力的领域，企业与供应商的联系也将越来越密切。选择合适的供应商进行合作将会是企业能否取得成功的关键之一。通过供应商考核，企业可以了解供应商有哪些优点和缺点，并将考核结果作为选择供应商的依据。

分析工业设备行业的数据，有 8% 的企业对供应商不进行现场考核，92% 的企业进行现场考核。在进行定期考核的企业中，60% 的企业会定期考核，47% 的企业对供应商绩效评估后有奖惩制度。这表明工业设备行业的企业比较重视对供应商的考核，半数以上的企业对供应商绩效评估有定期考核。如图 19 所示。

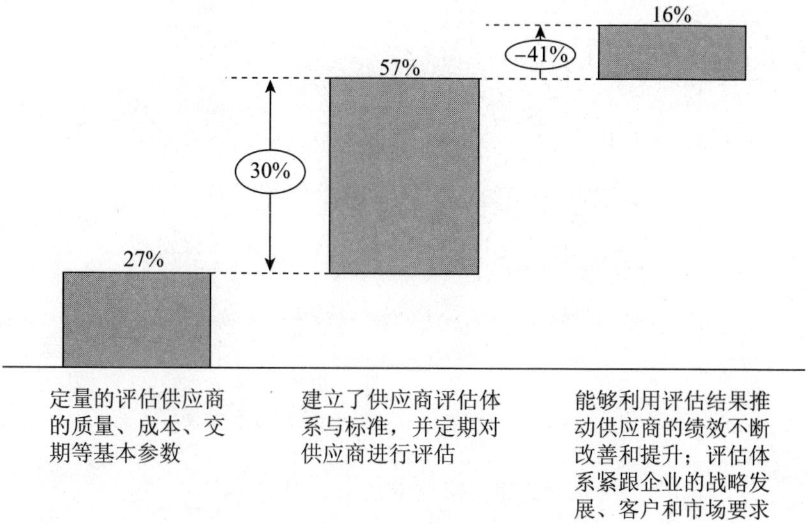

图 18 采购部门对供应商绩效评估情况

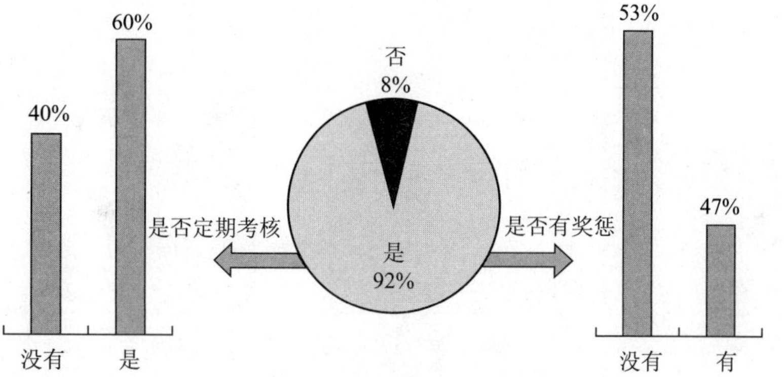

图 19 供应商现场考核情况

调查显示，绝大部分企业对其供应商有准入机制，大部分企业对其供应商有淘汰机制。其中有完整准入机制的企业占58%，而有完整淘汰机制的企业占29%，两者差距较大，这表明企业没有注重定期对劣质供应商进行筛选。如果没有及时发现供应商的严重问题，并淘汰这些供应商，必定会给企业日后的发展埋下隐患。只有良好的准入和淘汰机制才能促进企业良性发展。如图 20、图 21 所示。

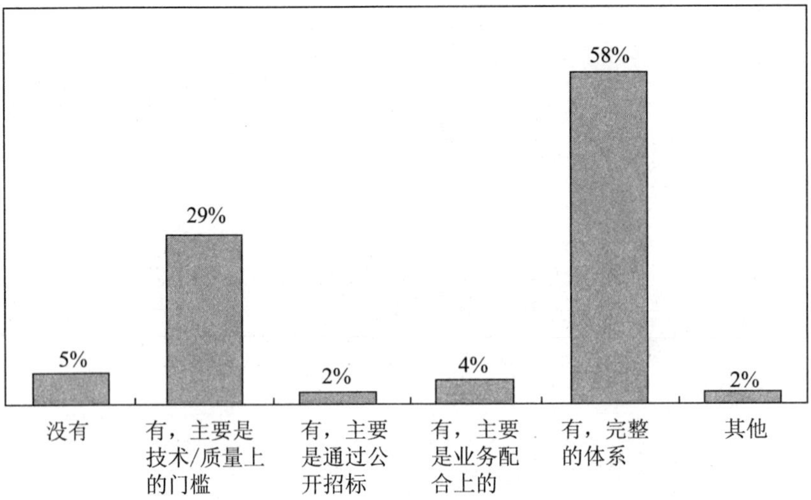

图 20　供应商的准入机制

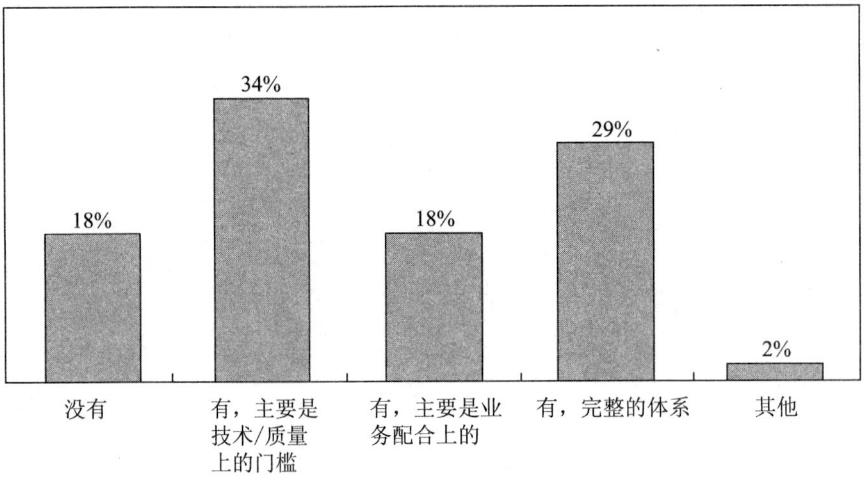

图 21　供应商的淘汰机制

三、采购成本控制

在绝大部分制造企业在采购过程中，首先关注度的是成本。如何把控好采购成本，对企业经营有着至关重要的作用。通过控制采购成本，并使之不断下降，将直接导致企业产品成本的下降，最终使企业的利润增加，企业的竞争力得到提高。

应付账款是企业应支付但尚未支付的手续费和佣金，它的发生意味着企业有一部分资金被客户占用。库存天数是指企业从取得产品入库开始，至消耗、销售为止所经历的天数。周转天数越少，说明存货变现的速度越快。

如图22所示，与2013年相比，工业设备行业应收账款天数持平的比重最大，达到55%；库存天数增加、持平和减少所占比重相差不大。由于过高的库存天数会导致过多的资金被占用，产品损耗、滞销，占用库存等风险，企业要根据自己的实际情况，尽量降低库存时间。

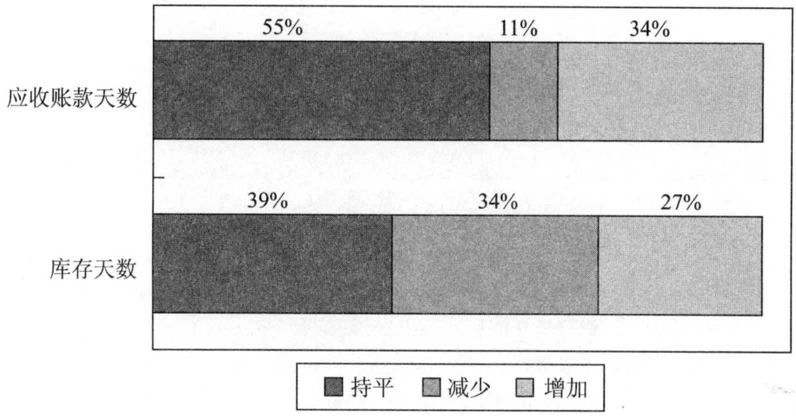

图22　企业的现金回收状况

企业降低成本可以提高赢利水平，增强产品的竞争力，扩大市场占有率。成本控制是一门花钱的艺术，如何将每一分钱花得恰到好处，将企业的每一种资源用到最需要它的地方，并产生最大的效力是企业生存的永恒话题。在企业中，降低成本的主要方法有引入竞争供应商、寻找替代物料、谈判、延长付款周期、集中采购、优化设计、缩短交货周期、改换供应商、库存周转率控制、研发等部门介入成本控制（担负成本责任）、招标、供应商早期参与设计、寄售、VA/VE（价值分析/价值工程）、标准化设计、JIT（准时制）采购、目标成本法、回收、（与其他企业）联合采购、模块化设计和利用期货套期保值等金融方法进行控制。

在工业设备行业中，80%的企业倾向于引进竞争供应商来降低成本，有竞争才会有价格更低、品质更好的货源以及服务更好的采购厂商；59%的企业通过缩短交货周期来降低成本，缩短交货周期可以让企业在更短的时间内达到目标，提高企业生产效率，实现生产与销售的同步；56%的企业通过寻找替代物料来降低成本，寻找替代物料可以分散风险，避免本企业的生产因外部供应的意外中断而被迫停产，也起到促进外部竞争的作用。如图23所示。

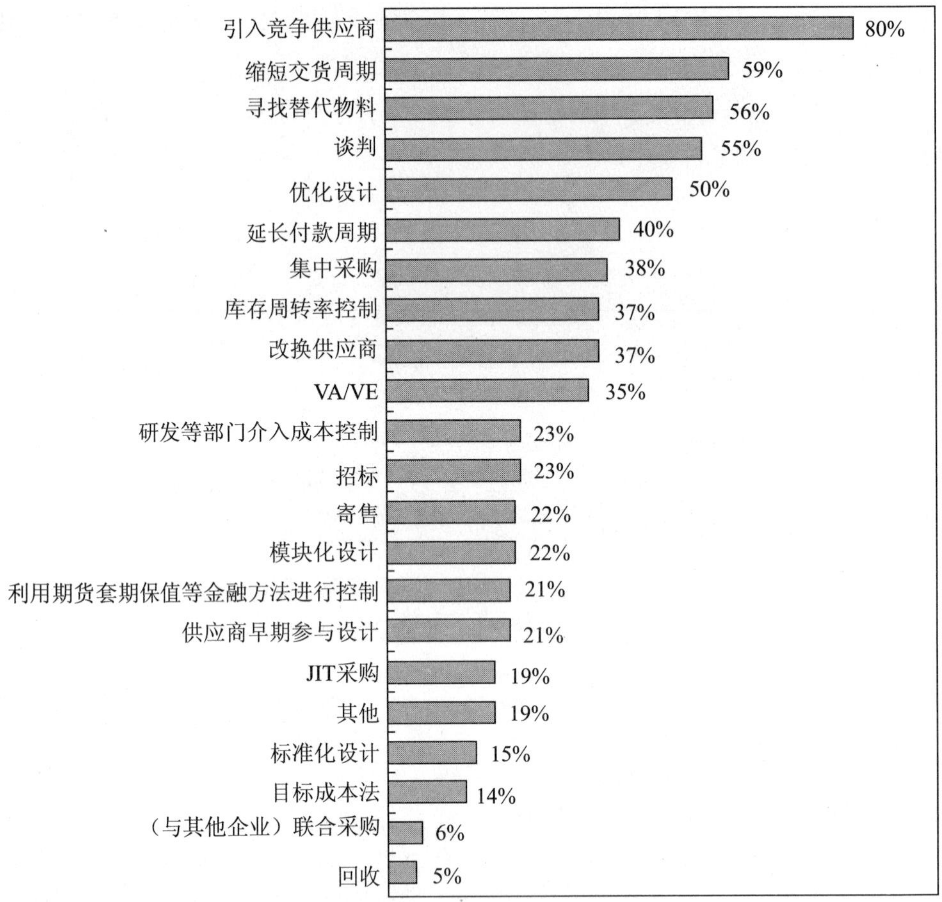

图 23　企业降低成本的主要方法

四、采购信息化

采购信息化主要是指采购用户利用现代信息技术和互联网通信技术，向广大供应商进行电子化采购。MRPII（Manufacturing Resource Planning）即制造资源计划，是对制造业企业的生产资源进行有效计划的一整套生产经营管理计划体系，是一种计划主导型的管理模式。ERP（Enterprise Resource Planning）即企业资源计划，是在 MRPII 的基础上扩展了管理范围，构建新的结构，把客户需求和企业内部的制造活动，以及供应商的制造资源整合在一起，体现了完全按用户需求制造的思想。供应商绩效数据是指企业通过采购信息化，使数据库里面收集了大量的供应商信息，包括产品质量、供应商信用、到货周期等信息，并对供应商这些信息进行了一定的绩效考核，企业选择供应商时，可以充分参考这些绩效考核数据。

在工业设备行业中，有 79% 的企业有 MRPII/ERP，71% 的企业有供应商绩效数据，61% 的企业有电子合同，50% 的企业有电子票据，45% 的企业有开支分析工具。MRPII/ERP 系统在工业设备行业中运用得最多，该行业的企业比较重视供应商绩效数据。如图 24 所示。

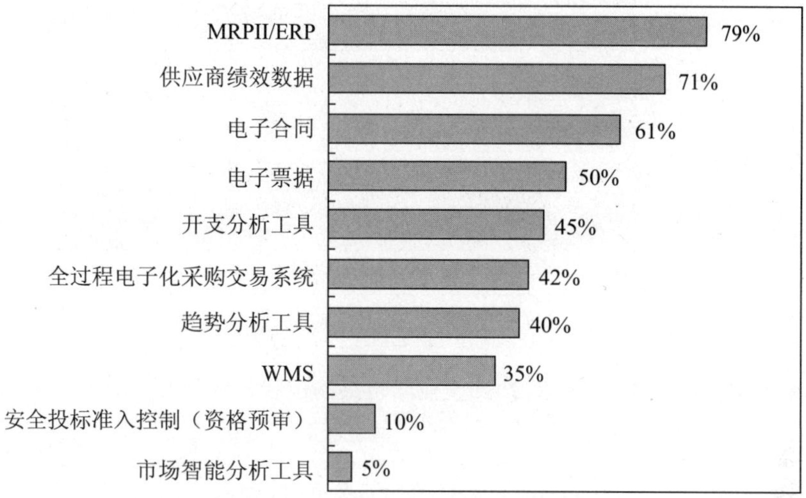

图 24　采购信息化状况

五、绿色采购

绿色采购是指政府和企业经济主体一系列采购政策的制定、实施以及考虑到原料获取过程对环境的影响而建立的各种关系，其中与原料获取过程相关的行为包括供应商的选择评价。低碳排放是指较低或更低的二氧化碳排放，可追溯是一种还原产品生产全过程和应用历史轨迹，以及发生场所、销售渠道的能力，以发现食品链的最终端。社会责任通常是指组织承担的高于组织自己目标的社会义务，社会责任包括企业环境保护、安全生产、社会道德以及公共利益等方面。可持续发展是一种注重长远发展的经济增长模式，可持续发展注重社会、经济、文化、资源、环境、生活等各方面协调发展。

调查显示，如图 25 所示，在工业设备行业中，28% 的企业已经实施了绿色采购，24% 的企业在生产过程中注重低碳排放与可追溯，58% 的企业已经履行了社会责任，55% 的企业关注企业可持续发展。企业在社会责任履行方面，执行率比较高，一半以上的企业都已经实施了。

如图 26 所示，企业实施绿色采购对成本影响的总体趋势是增加的，其中 41% 的企业认为成本稍许增加，33% 的企业认为成本明显增加。24% 的企业认为成本不变，2% 的企业认为成本下降。由于实施绿色采购会带来成本增加，所以工业设备行业在绿色采购方面的实施度偏低。

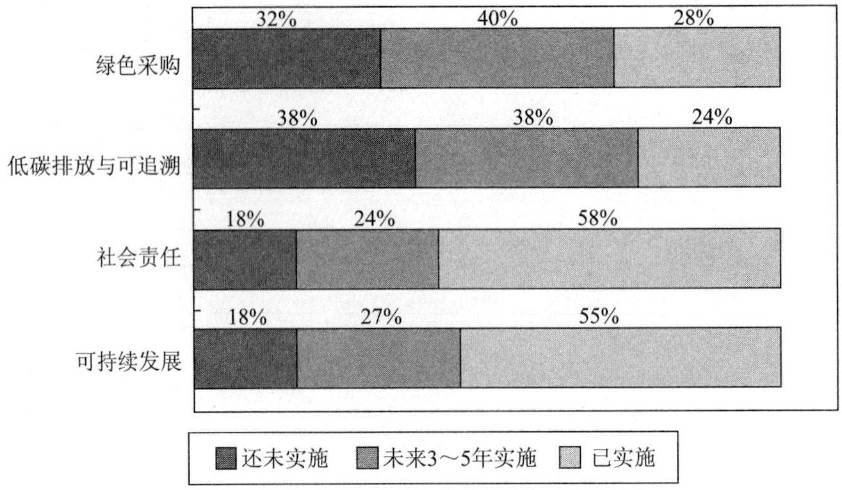

图 25　企业绿色采购现状

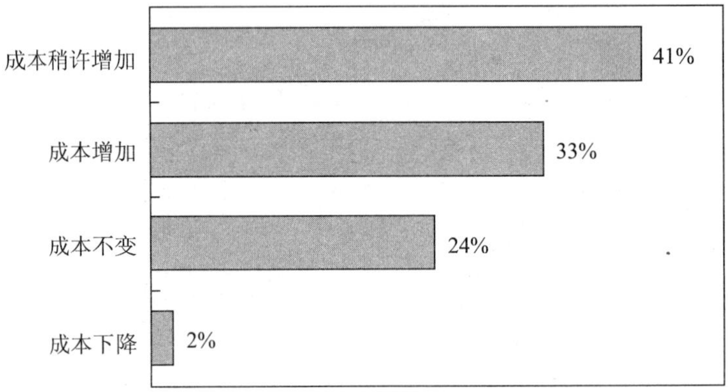

图 26　实施绿色采购对成本的影响

如图 27 所示，企业在实施绿色采购的过程中，遇到的障碍分别是消费者绿色认知与需求不够、相关法规与行业标准不完善或执行不强、缺乏企业战略的支持、缺乏供应商的理解与配合、生产工艺流程的限制、缺乏新材料与技术支持。71%的企业认为缺乏新材料与技术支持是首要障碍，70% 的企业认为阻碍是生产工艺流程的限制，69% 的企业阻碍是消费者绿色认知与需求不够，66% 的企业认为遇到的阻碍是相关法规与行业标准不完善或执行不强。相对而言，缺乏供应商的理解和配合是最弱的障碍，只有 54% 的企业认为其是实施绿色采购的障碍。我国在绿色采购的理论和实践方面尚处于起步阶段，还需要制定符合国情的政策，提升公众的绿色意识，引导采购者和供应商关注绿色化趋势。同时，企业在没有大幅提高成本的情况下，也应注重绿色采购。

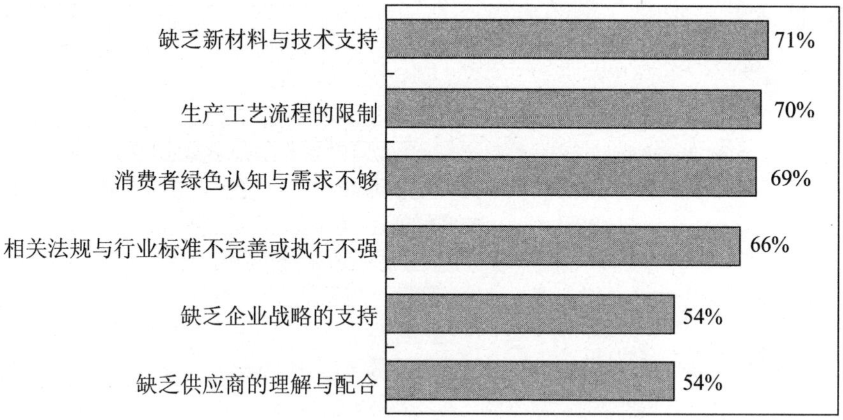

图 27　企业实施绿色采购的障碍

六、采购风险

采购风险是企业所面临的风险之一，指在采购过程中由于各种意外情况的出现，使采购实际结果与预期结果目标相偏离的程度和可能性，包括人为风险、经济风险和自然风险，具体包括：采购预测不准导致物料难以满足生产要求或超出预算、供应商群体产能下降导致供应不及时、货物不符合订单要求、呆滞物料增加、采购人员工作失误、和供应商之间存在不诚实甚至违法行为。

企业在风险管理上所面临的问题有过度依存单一或有限供应商、原材料数量/价格的变化、供应商的质量与履约情况不佳、劳动力成本的上升、法规/政策的应用和变动、供应商质量管理体系不健全、汇率的变化、市场需求波动、公司的采购计划或合同管理不佳、供应商的财务风险（如破产）、供应商的技术风险、自然灾害等造成供应条件变化、公司没有进行采购风险管理和供应商所在国家和地区的政治动荡和战争风险。

调查显示，2014 年工业设备行业的企业，在风险管理上所面临的主要问题是原材料数量/价格的变化、过度依存单一或有限供应商以及供应商的质量与履约情况不佳，这三大问题所占的比重分别是 73％、59％和 54％。如图 28 所示。

采购风险可以通过一定的手段和有效措施加以防范和规避。主要的手段有：慎重选择供应商，重视供应商的筛选和评级、加强过程跟踪和控制，发现问题及时采取措施以降低采购风险，采用多家供货策略、不定期去供应商现场考察、依赖于合同管理应对风险，建立采购授权和审批制度、对采购人员和管理人员进行风险管理培训、对供应商财务状况进行分析和依靠年度预算及策略规划。

如图 29 所示，在工业设备行业中，企业最常用来应对采购风险的方法是慎重选择供应商，重视供应商的筛选和评级，所占比重为 72％。说明供应商的好坏会对采购风险造成直接影响，企业通常会认真挑选供应商，防患于未然。

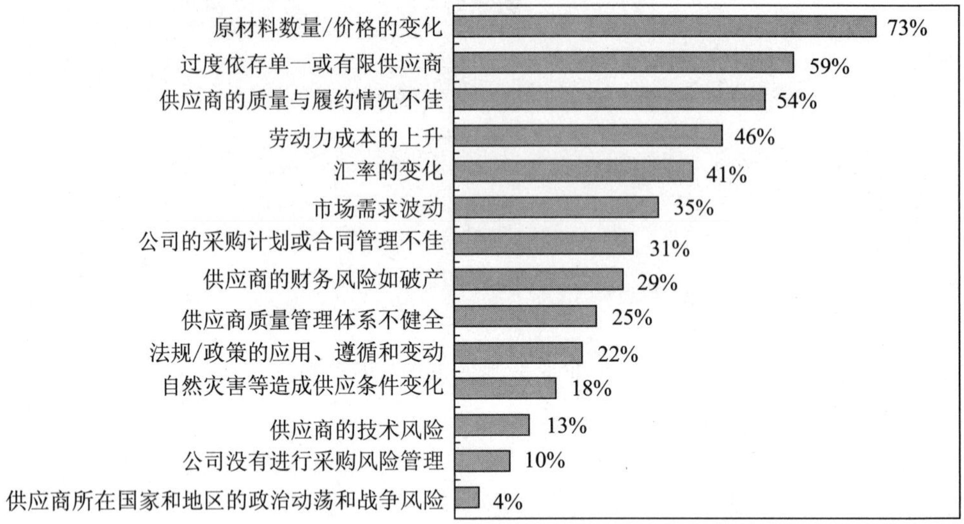

图 28　在风险管理上所面临的问题

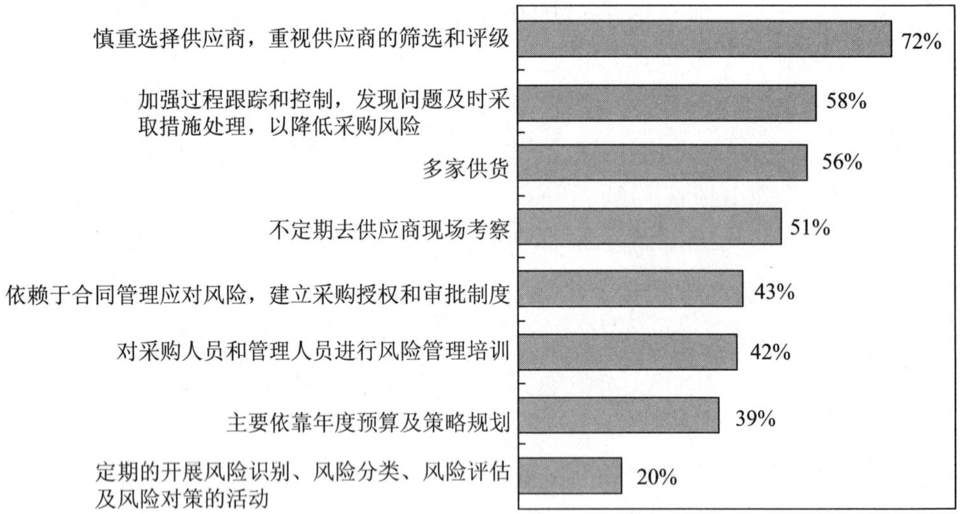

图 29　应对采购风险的方法

在实施采购风险管理时，企业一般都会遇到各种阻碍，主要有以下几种：风险防范措施不健全、公司资源不够、风险防范措施执行不到位、公司领导不重视、供应商不配合和风险应对的措施没有针对性。

如图 30 所示，在工业设备行业中，61% 的企业认为在实施采购管理时遇到最大的阻碍是风险防范措施不足。风险防范措施是有目的、有意识地通过计划、组织、控制和检查等活动来阻止防范风险损失的发生，削弱损失发生的影响程度，以获取最大利益，针对采购流程的不同阶段，其风险防范措施也有所不同。为了更好地实施采购管理，该行业仍需健全风险防范措施。

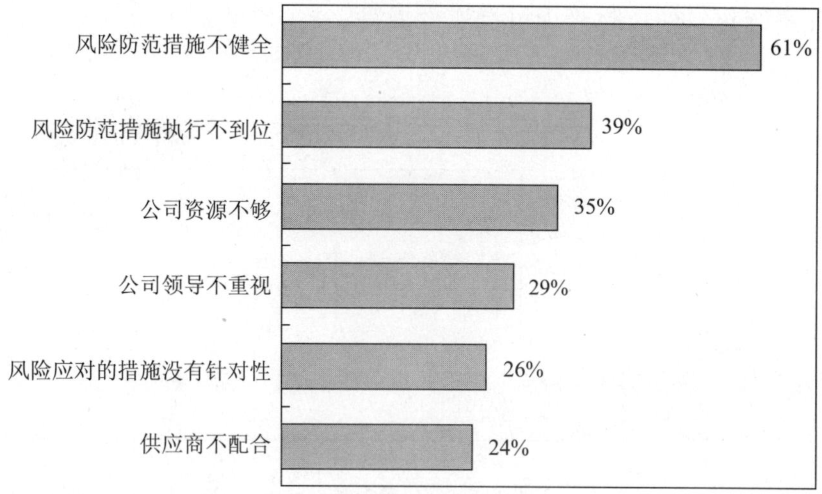

图 30　实施采购风险管理时遇到的阻碍

如图 31 所示，在工业设备行业中，2014 年半数以上企业遭受到重大采购风险事件，其中发生 1 ~3 起重大事故的企业占 49%，4 ~6 起重大事故的企业占 2%，7 ~10 起重大事故的企业占 1%。不过，仍然有 48% 的企业没有发生重大采购风险。企业应系统地分析本企业采购过程中存在的风险，采取有针对性的方法及策略，有效降低采购风险的发生率，使企业能够顺利进行采购活动，提高采购效率。

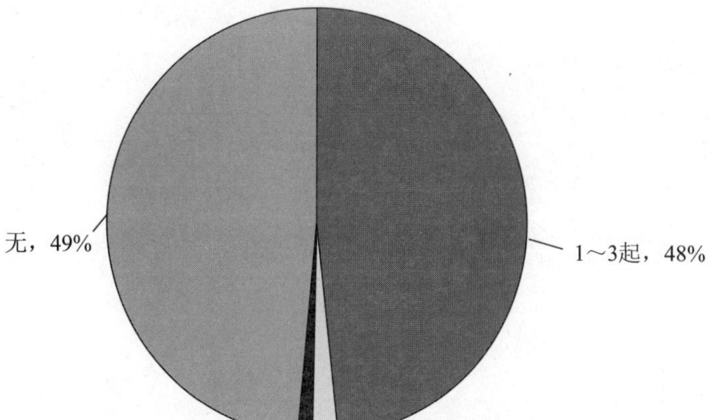

图 31　2014 年企业遭受几起重大采购风险

企业风险管理成熟度情况如图 32 所示，29% 的工业设备企业无机制流程，也无正式组织，属于问题驱动型；55%的工业设备企业已建立风险评估与应对流程，但尚无正式风险管理组织，16%的工业设备企业有风险评估与应对流程，并且有正式的风险管理组织。说明该行业大部分企业有风险管理的理念，一些企业已经将风险管理系统化，使风险管理可操作性更高。

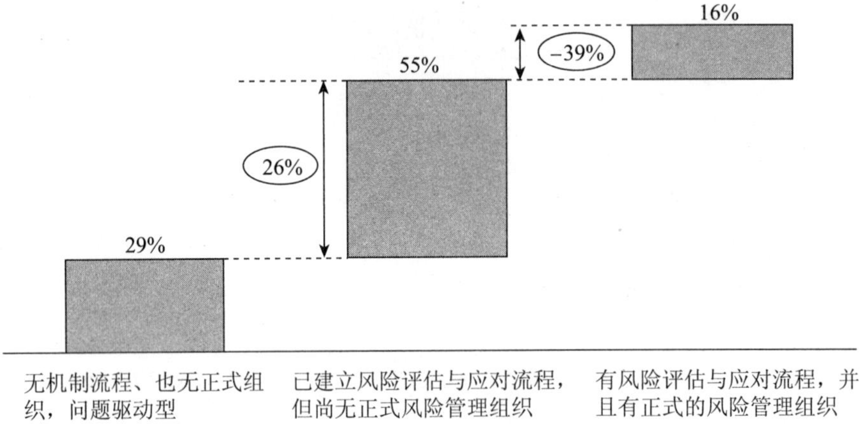

图 32　企业风险管理成熟度

2015 年中国电子和高科技行业采购调查报告

张　怡

一、采购组织现状

调查显示，在电子和高科技行业中，51% 的企业选择混合性采购，40% 的企业选择了集中采购模式，5% 的企业选择分散采购模式，4% 的企业选择了项目采购模式。如图 1 所示，电子和高科技行业采购模式主要是混合采购和集中采购。

集中采购具有较强的计划性，但时效性差。在这一点上，分散采购的灵活和迅速恰恰能弥补集中采购之不足。因此，一般来说，集中采购适于高价值和高风险采购，而分散采购则往往被用于小额采购。混合采购的基本原理就是根据规模经济效应决定需要集中采购或分散采购的产品或服务，这种方式可以利用不同市场的价格差异寻找套利的机会，减少国际市场的价格波动。随着环境波动性变大，企业倾向于采用多种采购模式，以更灵活地面对风险。

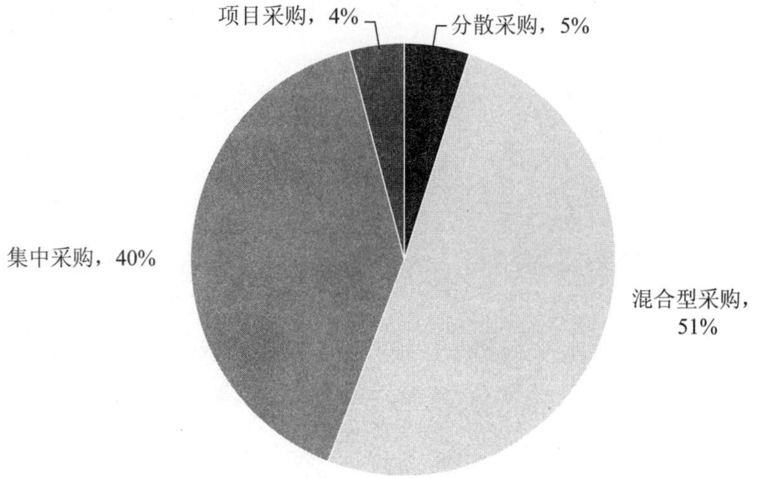

图 1　电子和高科技行业采购组织模式

调查显示，12% 的企业已经建立采购的操作流程、每一项采购活动都有记录。11% 的企业形成了较为完整的采购管理和操作流程，并得到严格执行。31% 的企业的采购流程管理与 ERP 或相应系统的流程及数据保持一致、统一。24% 的企业能够对不同复杂程度的业务、采购品类管理的操作流程和工具（例如，招标、反向竞标、总括合同、战略合作供应商等）准确使用。10% 的企业能够利用动态的、系统性的方法（例如，PDCA、流程再造等手段）进行流程改进；采购流程随着企业的战略、规划和目标等持续改善提高。3% 的企业把采购的流程纳入到整个企业的流程再造中，使流程成为采购创新的驱动力。

如图 2 所示，左边到右边是逐渐升级的过程，占比例最大的是处于图形中间的 31% 和 24%，说明电子和高科技行业的采购部门流程状况属于中等偏上的水平，采购部门的流程还是比较完善的。

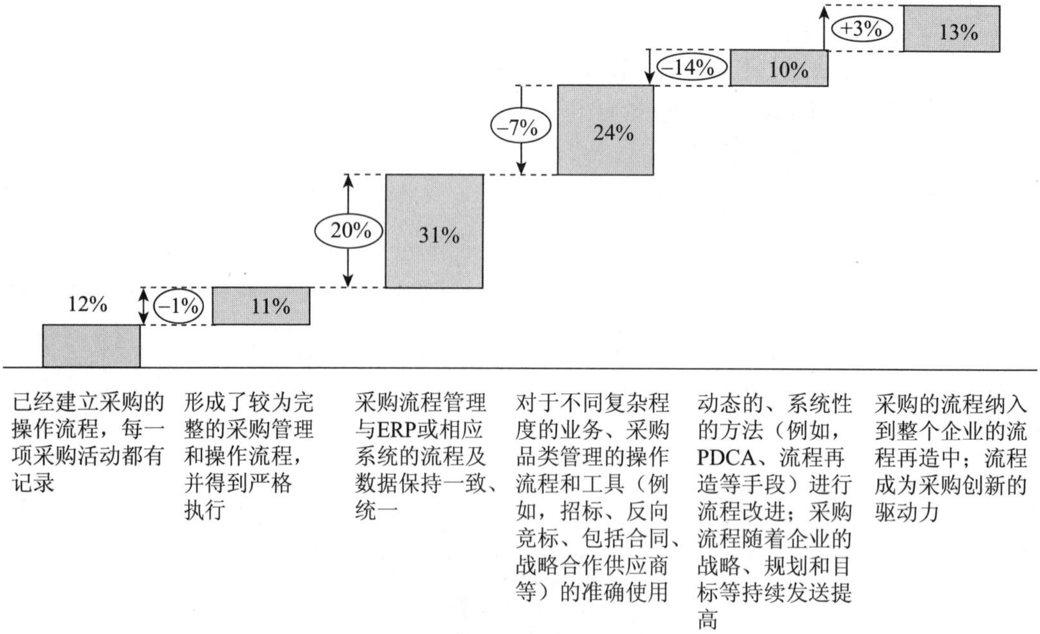

图 2　采购部门的流程状况

分析本次调查数据，成本控制是采购首要的工作重点，电子和高科技行业也是这样。高达 95% 的企业把成本放在采购的第一位置。其次是交付期、风险管理，分别占到 64% 和 60%。如图 3 所示。对于一般企业来说，服务于生产活动的采购工作，其任务目标就是以最低的采购总成本提供满足质量、数量、交货期三大条件的原材料和辅助材料。

外包是指企业动态地配置自身和其他企业的功能和服务，并利用企业外部的资源为企业内部的生产和经营服务。外包不仅能使企业更专注于其核心业务，而且外包伙伴也能发挥自己的特长业务，共同改善企业产品的整体质量。调查显示，电子和高科技行业中，企业考虑外包时，首先考虑的是外包对企业的直接成本和间接成本有何种影响，其次考虑供应商应当提供怎样的交付、质量价格和服务水平，再次考虑该流程或功能活动是否为组织的核心能力，占的比例分别是58%、58%和56%。这三个因素所占比重相差不大，说明这三个因素在电子和高科技行业的企业选择外包时都比较重要。如图4所示。

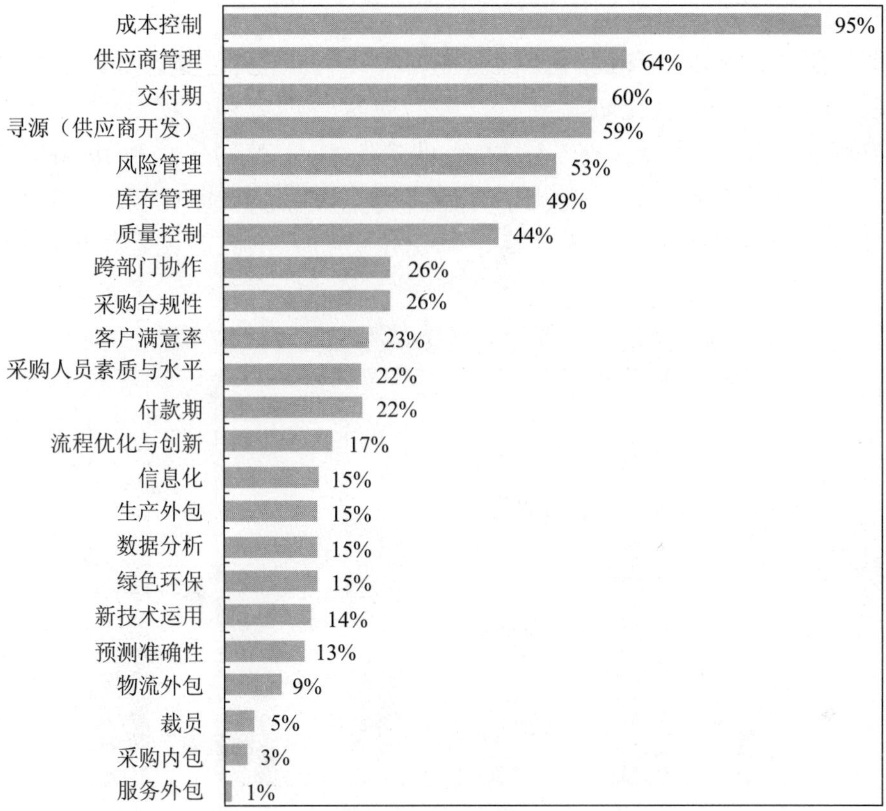

图3　采购的重点工作

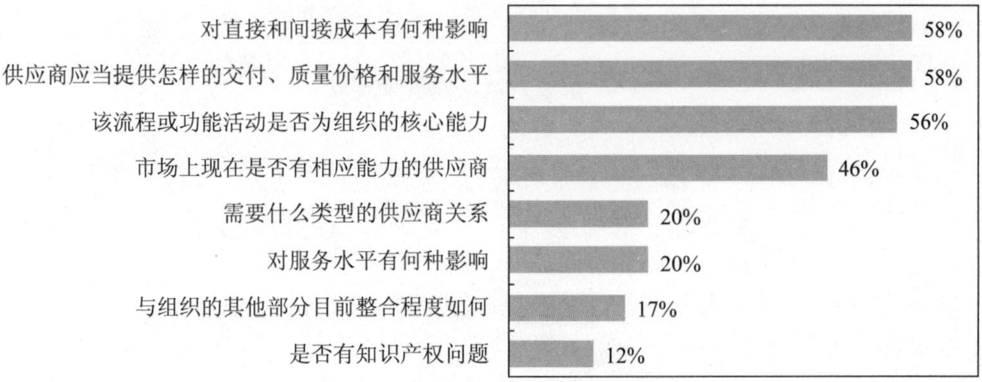

图4　外包时主要考虑的因素

二、供应商管理

（一）供应商管理现状

如图5所示，在电子和高科技行业中，67%的企业有比较完善的供应商年度评审计划，62%的企业有比较完善的供应商质量管理流程，相对而言，企业对供应商的市场定位分析较低，有34%的企业有比较完善的供应商市场定位分析，36%的企业有比较完善的供应商关系管理流程。说明该行业比较注重对供应商的评审和供应商的质量管理，而供应商市场定位分析和供应商关系管理流程都有待提高。

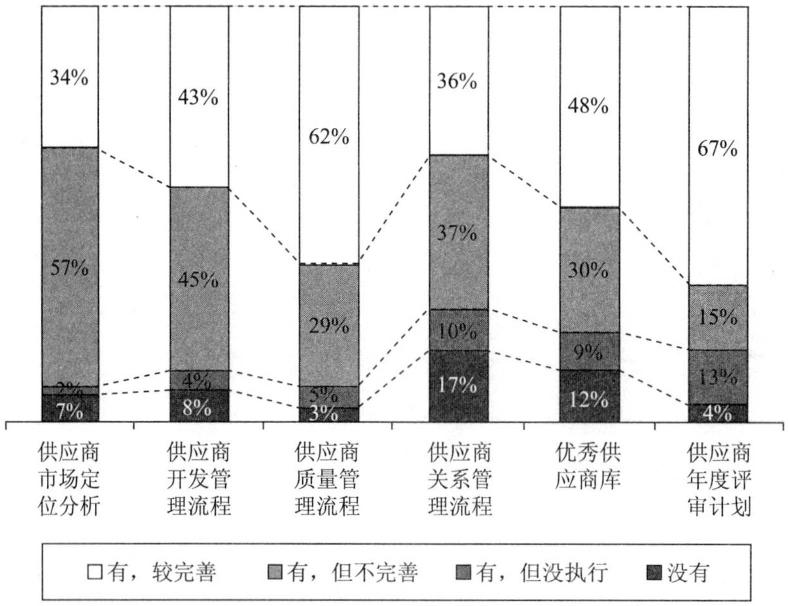

图5　企业对供应商管理现状

如图6所示，在电子和高科技行业中，对供应商绿色采购有要求的占73%，要求供应商有可持续发展理念的占60%，考量供应商履行社会责任的占58%，要求供应商生产过程低碳排放和可追溯的占49%。整体来说，电子和高科技行业对供应商是否具备这四个方面的理念要求普遍高于全行业水平，说明该行业企业对环境保护和绿色采购的认识比较高。

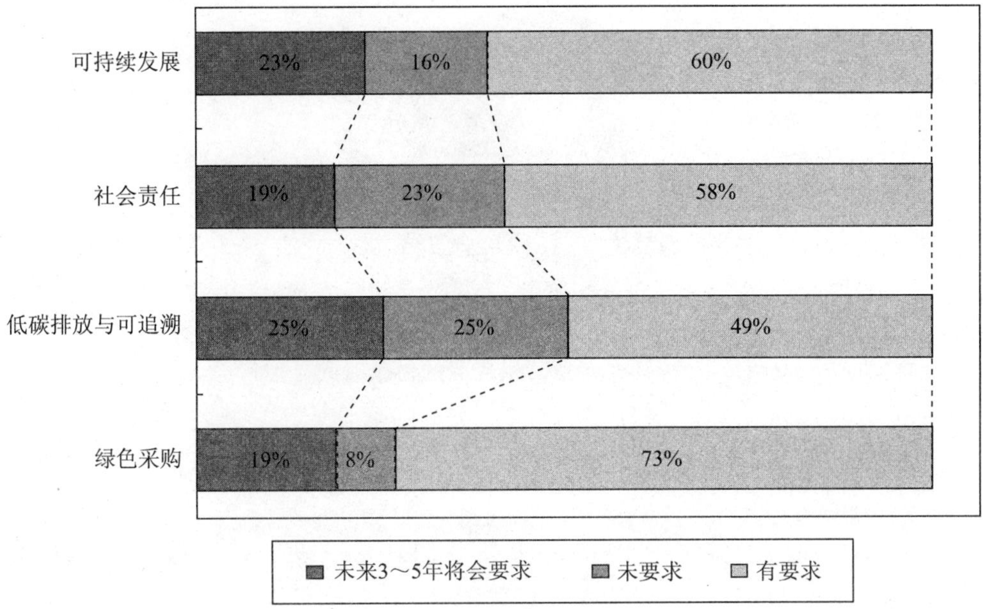

图 6　企业对供应商的要求

(二) 供应商支付情况

如图 7 所示，电子和高科技行业对其供应商的平均支付账期在 60～90 天的比重最大，达到 38%，平均支付账期在 30～90 天的企业达到 84%，这说明电子和高科技行业对其供应商的支付账期绝大部分在 3 个月以内。如图 8 所示，2014 年，电子和高科技行业中的企业对供应商的付款时间准时的占 75%，晚三个月以内的占 23%，晚三个月以上的占 2%。这说明这个行业大部分企业对供应商的付款时间比较准时。

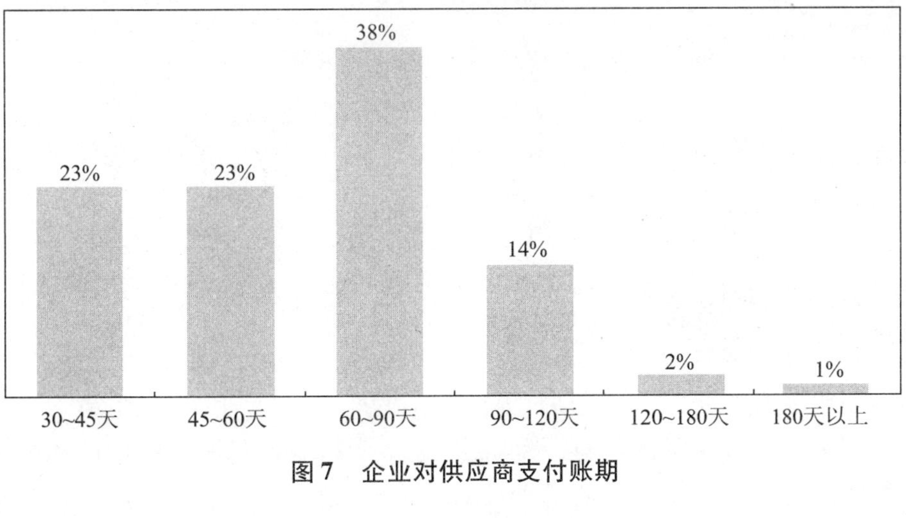

图 7　企业对供应商支付账期

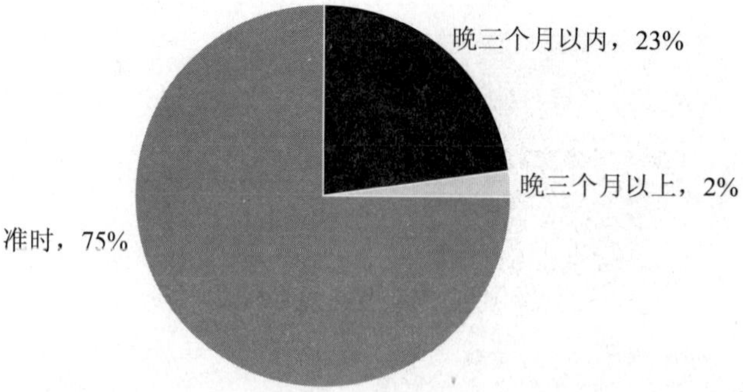

图8　企业对供应商的付款时间

（三）供应商的数量及供应商采购额的比重

调查显示，供应商数量为100～199家和200～299家，比重最大，均为21%；14%的企业供应商数量为50～99家；13%的企业供应商数量为700～999家；11%的企业供应商数量为500～699家。电子和高科技行业呈现出供应商数量较多的现象，这可能与该行业需要的零部件较多有关系。

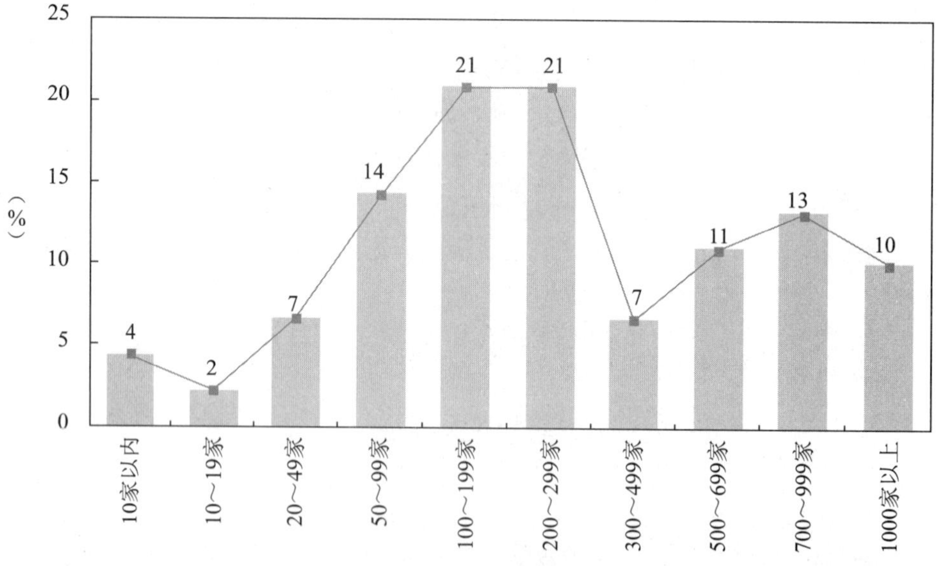

图9　供应商数量

由于电子和高科技行业需要的供应商数量比较多，前五大供应商的采购额占企业采购额30%～49%的企业有39%，采购额占企业采购额30%以内的企业有22%，占企业采购额50%～69%的企业有22%，占企业采购额70%的企业有18%，比例最小。这表明，在电子和高科技行业中，前五大供应商的采购额占企业采购额的比重不大，供应商的变动会对企业产生的影响相对不大。具体如图10

所示。

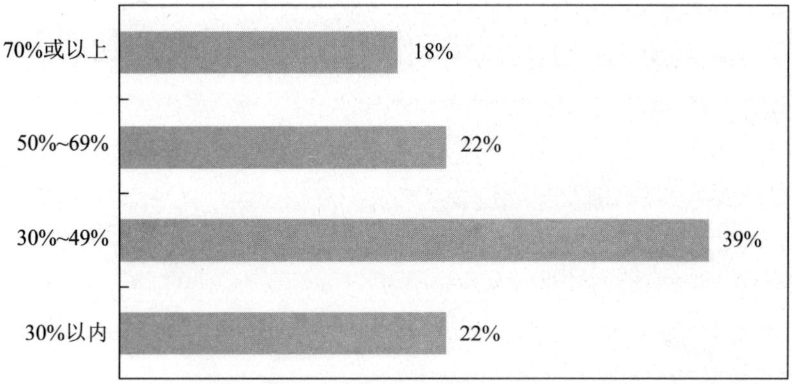

图10　企业前五大供应商的采购额占公司采购额的比例

如图11所示，对电子和高科技行业来说而言，大部分企业的占总采购额80%以上的供应商总数为10~49家，其次为5~9家。总体来看，如图11所示，占企业80%以上采购额的供应商在5家以内的企业数量为16%，说明电子和高科技行业中很少出现几个供应商垄断的局面，有利于企业的良性发展。

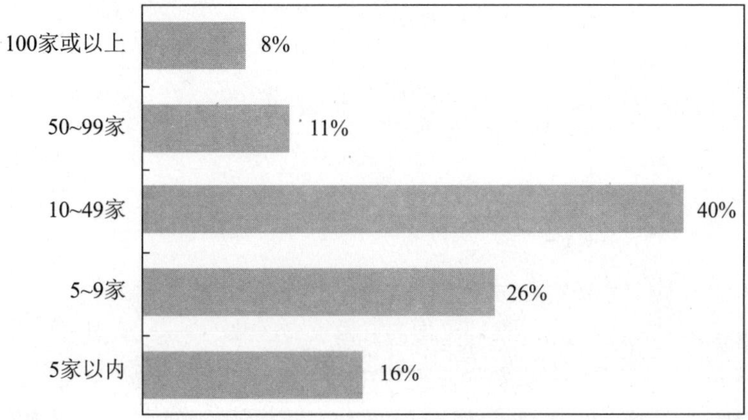

图11　占企业80%以上采购额的供应商总数

（四）优化供应商群的方法

图12为企业优化供应商群时开发低成本供应商（国外寻源区域转移）的情况。从图中可以看出，东南亚仍然是企业寻源的重点，选择该地区的比例占到65%。如图13所示，在国内寻源中，82%的企业把南方沿海地区作为企业重点寻源区域，因为南部沿海地区经济发展快，科技综合实力很强，比较适合电子和高

科技行业的发展。

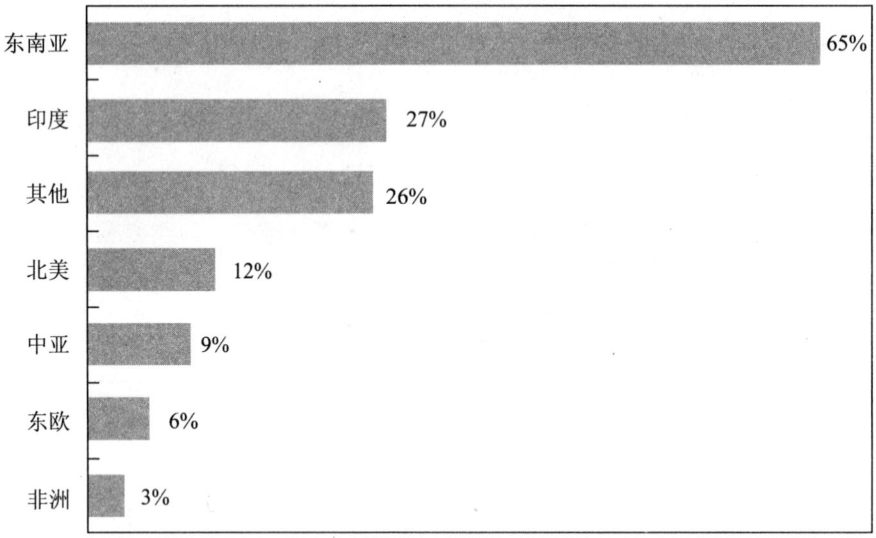

图 12　供应商的寻源开发重点

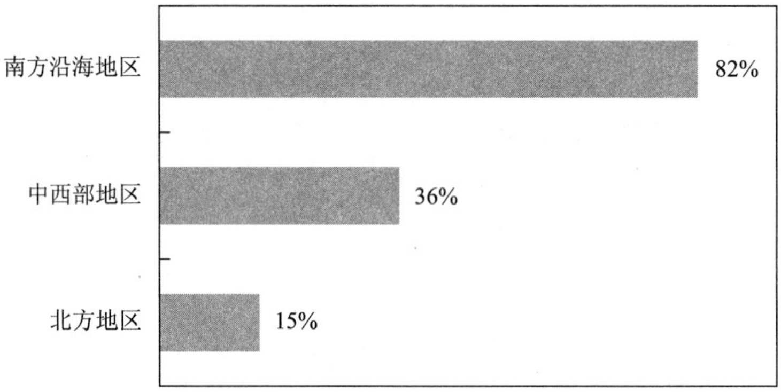

图 13　国内寻源重点区域

如图 14 所示，89% 的企业希望自己的供应商是伙伴型供应商，70% 的企业希望供应商是伙伴型供应商，32% 的企业与供应商是交易型的关系，30% 的企业通过利用多家供应商为企业服务来优化供应商群，还有 18% 的企业通过独家供应商为企业服务来优化供应商群。从数据上来看，与其他行业一样，大部分企业希望与供应商建立一种互利共赢的合作关系，这种合作能让双方收益最大化，也能保持合作关系的持续性，降低由于更换供应商造成的时间成本、资金损失。

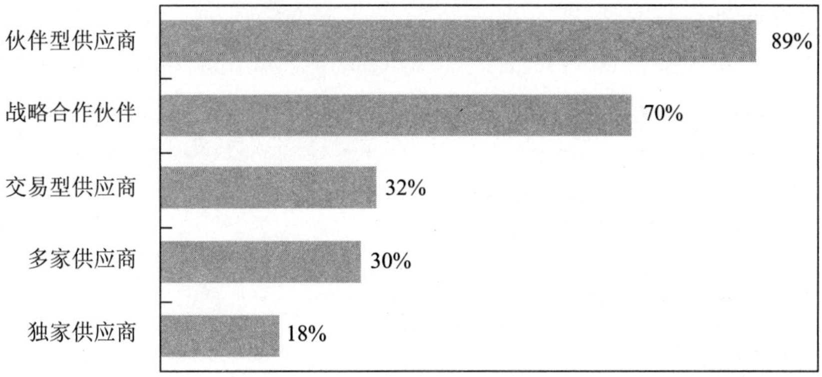

图 14　供应商结构调整

（五）供应商的绩效评估

如图 15 所示，企业对供应商的绩效评估中，27% 的企业采用了定量的评估供应商的质量、成本、交期等基本参数；46% 的企业采用了建立供应商评估体系与标准，并定期对供应商进行评估；26% 的企业能够利用评估结果推动供应商的绩效不断改善和提升，评估体系紧跟企业的战略发展、客户和市场要求。大部分企业对供应商的绩效评估处于中上的阶段。

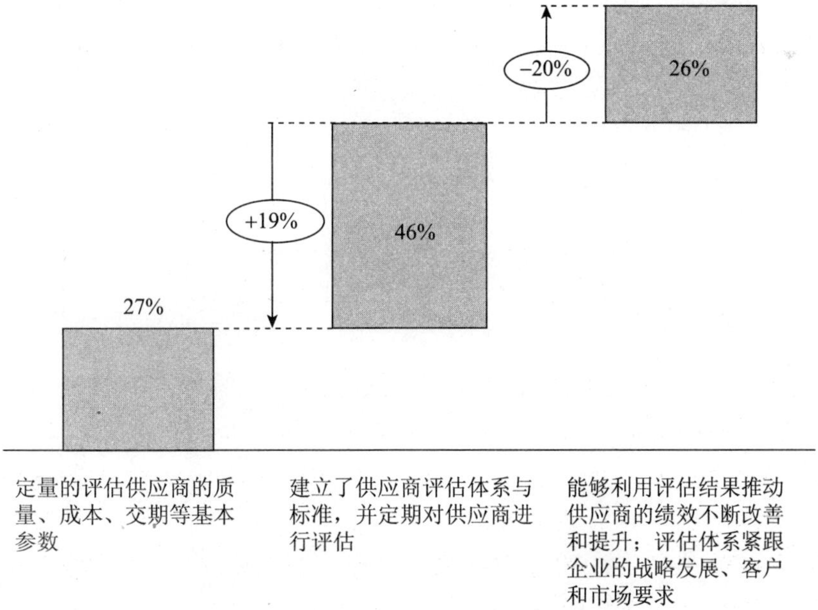

图 15　采购部门对供应商绩效评估情况

如图 16 所示，在电子和高科技行业中，有 6% 的企业对供应商不进行现场考核，94%的企业进行现场考核。在进行定期考核的企业中，69%的企业会定期考核，58%的企业对供应商绩效评估后有奖惩制度。这说明电子和高科技行业比较重视对供应商的考核，超过半数的企业对供应商绩效评估有定期考核和奖惩制度。

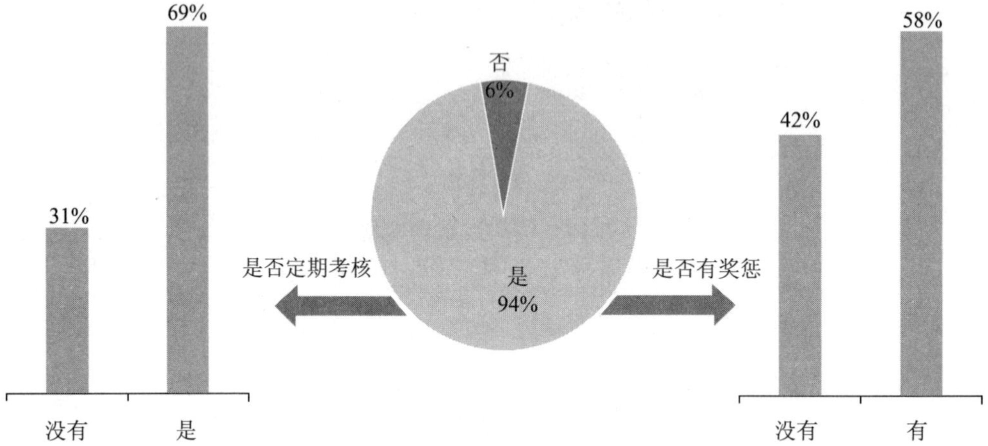

图16　供应商现场考核情况

调查显示，如图17和图18所示，绝大部分企业对其供应商有准入机制，大部分企业对其供应商有淘汰机制。其中有完整准入机制的企业占64%，而有完整淘汰机制的企业占52%，电子和高科技行业有完整淘汰机制的企业远大于工业设备行业（29%），这表明电子和高科技行业的企业定期的对供应商进行考核和评价，并将不符合条件的供应商及时剔除，只有这样，企业才能将由供应商带来的风险降至最低。

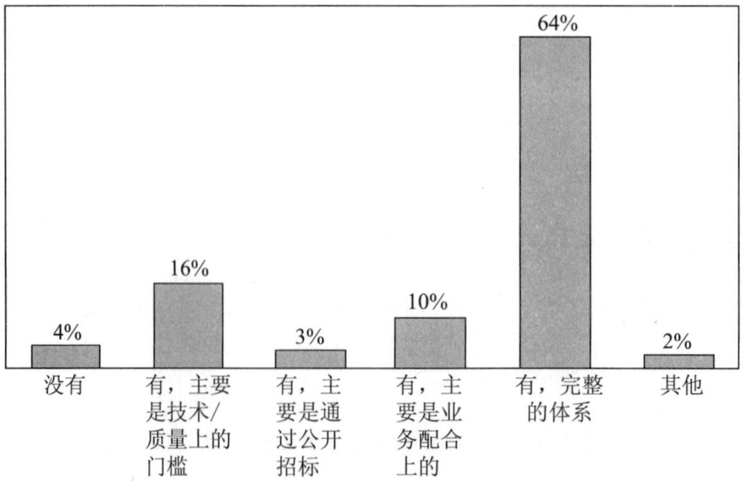

图17　供应商的准入机制

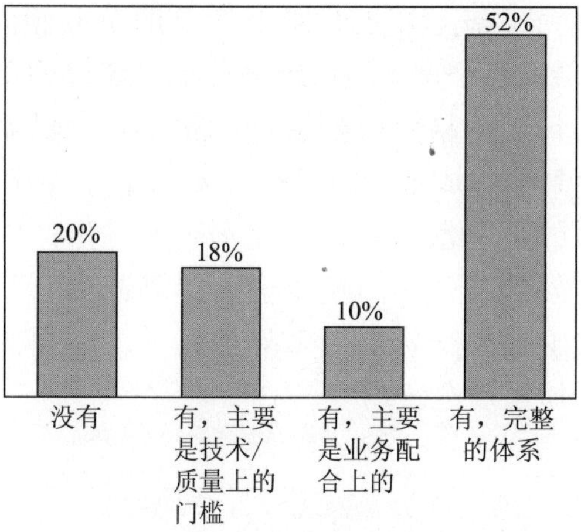

图 18　供应商的淘汰机制

三、采购成本控制

控制采购成本对一个企业的经营业绩至关重要。采购成本下降不仅体现在企业现金流的减少，而且直接体现在产品成本的下降、利润的增加，以及企业竞争力的增强。

应付账款是企业应支付但尚未支付的手续费和佣金，它的发生意味着企业有一部分资金被客户占用。库存天数是指企业从取得产品入库开始，至消耗、销售为止所经历的天数。周转天数越少，说明存货变现的速度越快。

如图 19 所示，与 2013 年相比，电子和高科技行业应收账款天数持平的比重最大，达到 52%；库存天数减少所占比重最大，为 40%。这说明该行业在 2014 年通过降低库存天数，避免了过多的资金被占用，产品损耗、滞销，占用库存等风险。

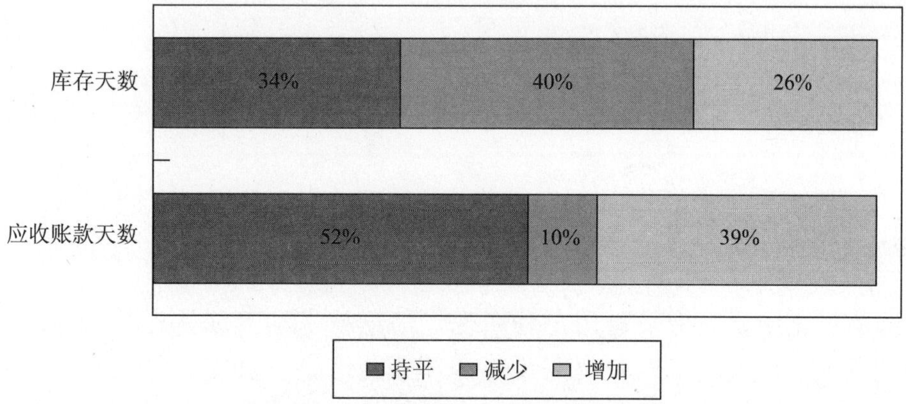

图 19　企业的现金回收状况

由图20可知，在电子和高科技行业中，78%的企业倾向于引进竞争供应商来降低成本，在多家供应商进行竞争的情况下，供应商为了能够拿到企业的指标，会不断地自我完善，并且在价格上做到最优、在质量上做到最好。这样能大大提高企业的采购效率，达到节约成本的目的。77%的企业寻找替代物料来降低成本。寻找替代物料的主要目的是分散风险，避免本企业的生产因外部供应的意外中断而被迫停产，并能促进外部竞争，迫使供应商提高品质、降低成本、改善交货与服务。58%的企业倾向于缩短交货周期来降低成本，缩短交货周期可降低库存天数，以降低货品积压，加快现金流动。

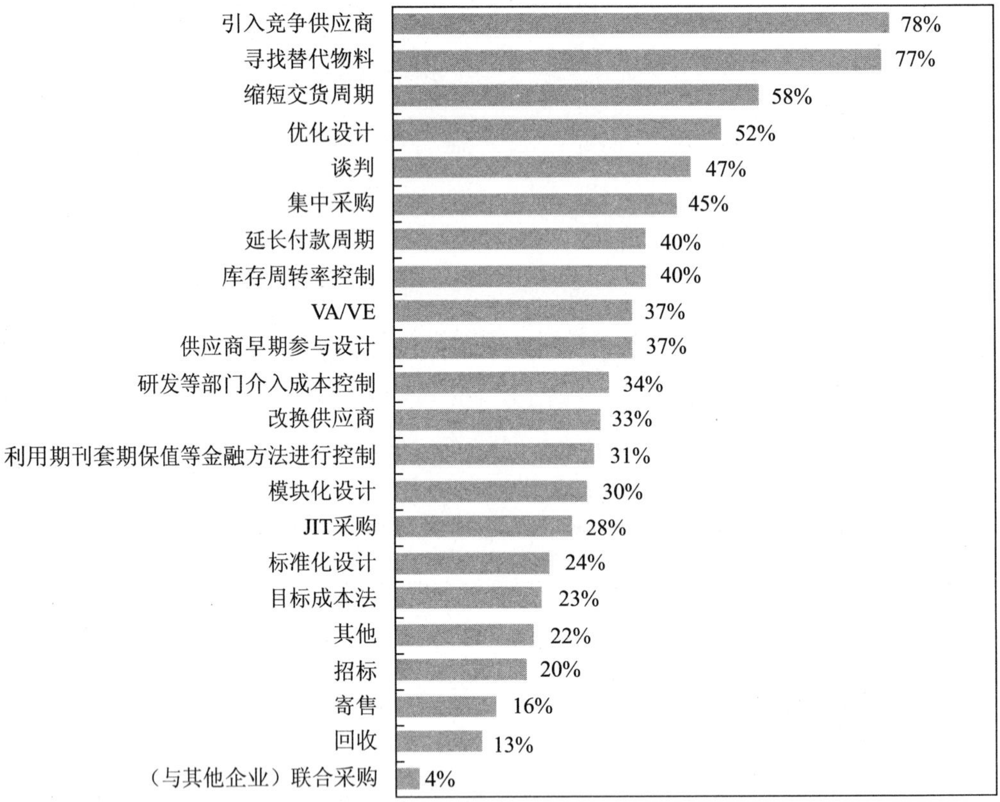

图20 企业降低成本的主要方法

四、采购信息化

采购信息化主要是指采购用户利用现代信息技术和互联网通信技术，向广大供应商进行电子化采购，以收集采购每个环节的信息。供应商绩效数据是指企业通过采购信息化，使数据库里面收集了大量的供应商信息，包括产品质量、供应商信用、到货周期等信息，并对供应商这些信息进行了一定的绩效考核，企业选择供应商时，可以充分参考这些绩效考核数据。MRPII 是制造资源计划，是对制造业企业的生产资源进行有效计划的一整套生产经营管理计划体系。ERP 企业资源计划是在 MRPII 的基础上扩展了管理范围，把客户需求和企业内部的制造活动以及供应商的制造资源整合在一起，体现了完全按用户需求制造的思想。

在电子和高科技行业中，88% 的企业有供应商绩效数据，有 87% 的企业有 MRPII/ERP，70% 的企业有开支分析工具，68% 的企业有电子合同，68% 的企业有电子票据。该行业的企业更重视供应商绩效数据，绝大多数大部分企业使用 MR-PII/ERP 系统。如图 21 所示。

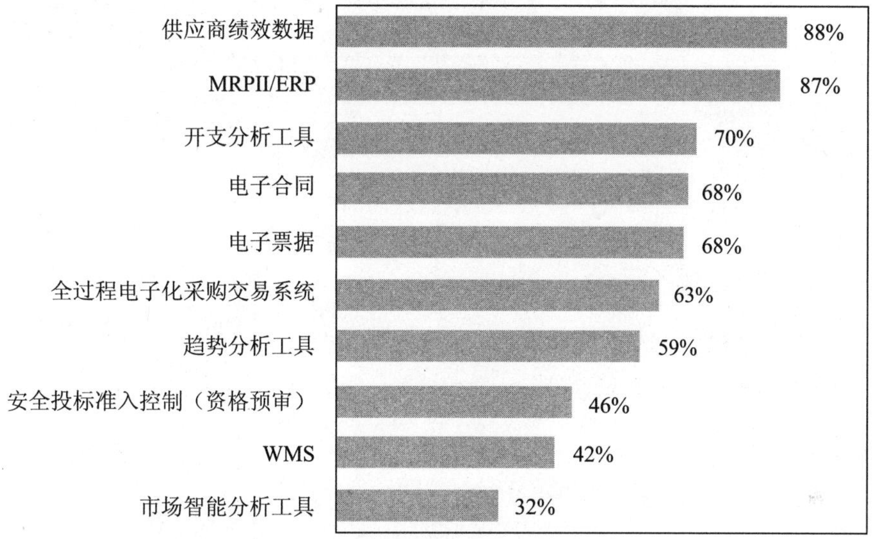

图 21　采购信息化状况

五、绿色采购

绿色采购是指政府和企业经济主体一系列采购政策的制定、实施以及考虑到原料获取过程对环境的影响而建立的各种关系，其中与原料获取过程相关的行为包括供应商的选择评价。

调查显示，在电子和高科技行业中，53% 的企业已经实施了绿色采购，34% 的企业在生产过程中注重低碳排放与可追溯，61% 的企业已经履行了社会责任，60% 的企业关注企业可持续发展。企业在社会责任履行方面执行率比较高，对低碳排放与可追溯关注度偏低。如图 22 所示。

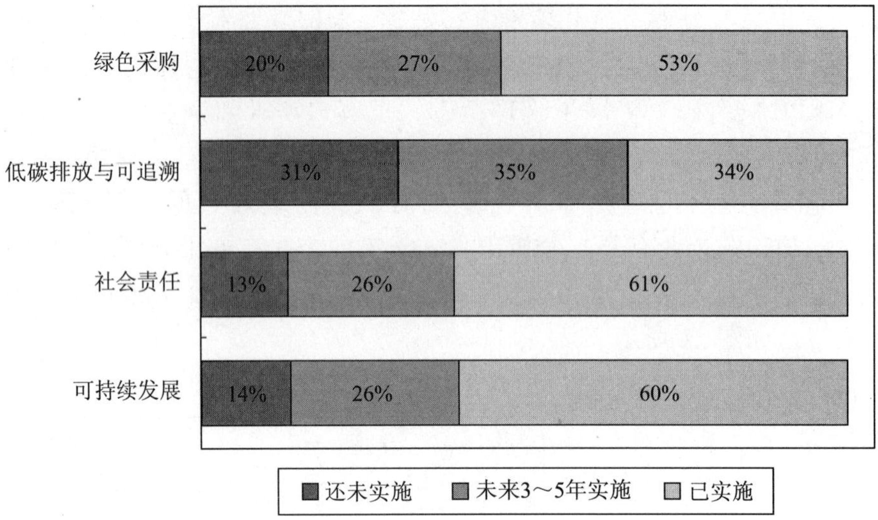

图 22　企业绿色采购现状

如图 23 所示，企业实施绿色采购对成本的影响的总体趋势是增加的，其中 49% 的企业认为成本稍许增加，30% 的企业认为成本明显增加，18% 的企业认为成本不变，2% 的企业认为成本下降。由于实施绿色采购会带来成本增加，所以工业设备行业在绿色采购方面的实施度偏低。

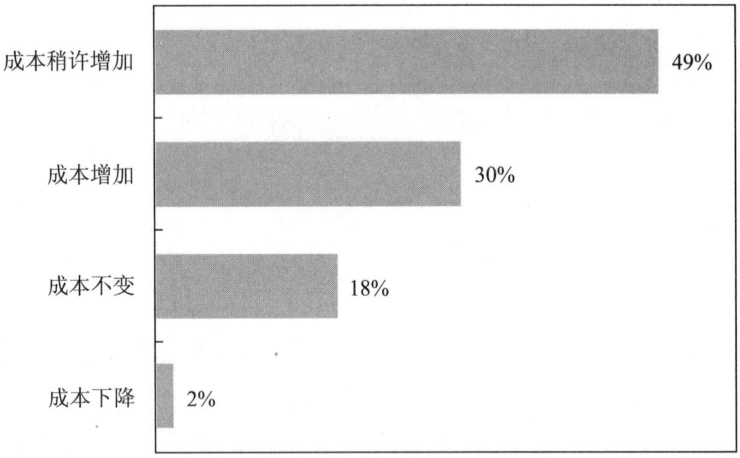

图 23　实施绿色采购对成本的影响

如图 24 所示，企业在实施绿色采购的过程中，遇到的障碍分别是消费者绿色认知与需求不够、相关法规与行业标准不完善或执行不强、缺乏企业战略的支持、缺乏供应商的理解与配合、生产工艺流程的限制、缺乏新材料与技术支持。65% 的企业认为缺乏新材料与技术支持是首要障碍，62% 的企业认为阻碍是生产工艺流程的限制，59% 的企业认为阻碍是消费者绿色认知与需求不够，53% 的企业认为阻碍是相关法规与行业标准不完善或执行不强。相对而言，缺乏企业战略的支持是最弱的障碍，只有 30% 的企业认为其是实施绿色采购的障碍。这说明该行业注重绿色采购，并能从企业战略上体现出来。

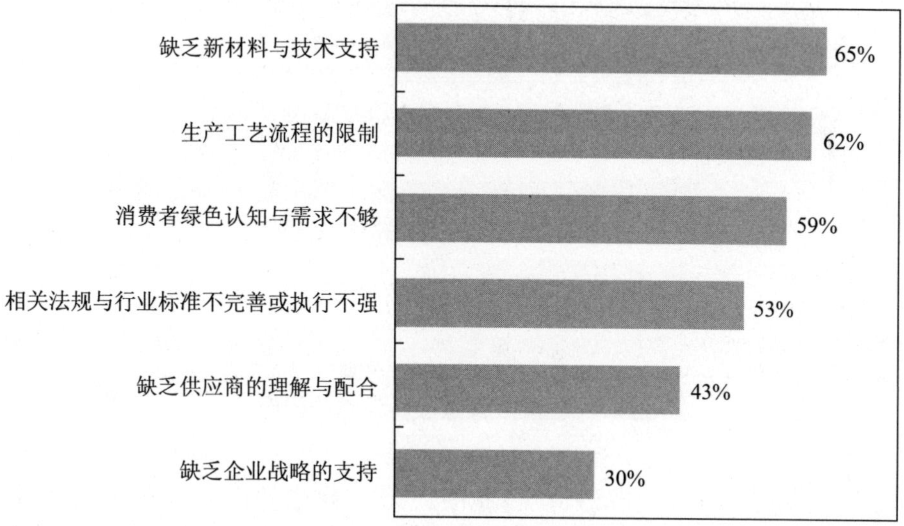

图 24　企业实施绿色采购的障碍

六、采购风险

采购风险通常是指采购过程可能出现的一些意外情况，包括人为风险、经济风险和自然风险。企业在风险管理上所面临的问题有过度依存单一或有限供应商、原材料数量/价格的变化、供应商的质量与履约情况不佳、劳动力成本的上升、法规/政策的应用和变动、供应商质量管理体系不健全、汇率的变化、市场需求波动、公司的采购计划或合同管理不佳、供应商的财务风险如破产、供应商的技术风险、自然灾害等造成供应条件变化、公司没有进行采购风险管理和供应商所在国家和地区的政治动荡和战争风险。

调查显示，2014 年工业设备行业的企业，在风险管理上所面临的主要问题是原材料数量/价格的变化、过度依存单一或有限供应商以及劳动成本的上升，这三大问题所占的比重分别是 70% 、58% 和 55% 。如图 25 所示。

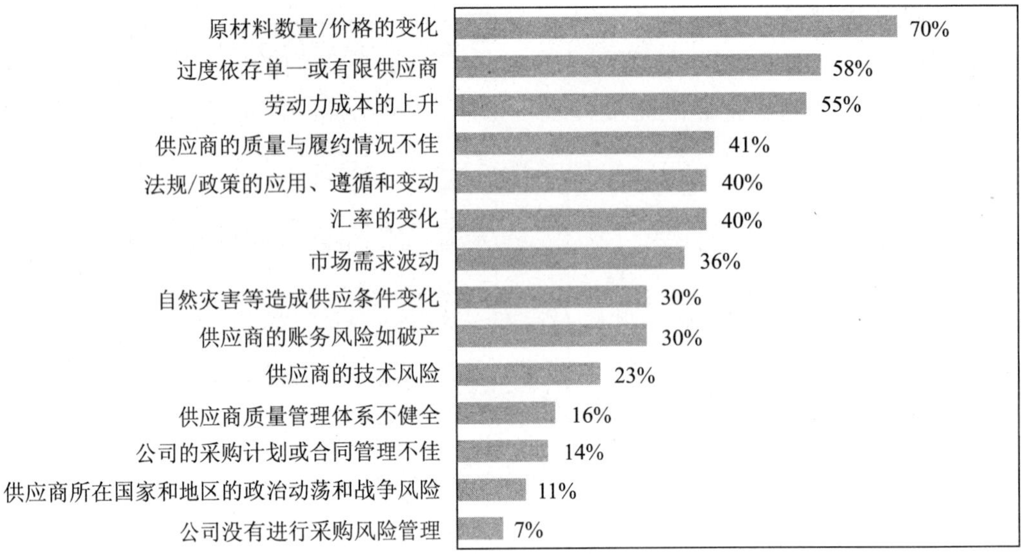

图 25　在风险管理上所面临的问题

如图 26 所示，在电子和高科技行业中，2014 年半数以上企业遭受到重大采购风险事件，其中发生 1～3 起重事故的企业占 45%，4～6 起重大事故的企业占 3%，7～10 起重大事故的企业占 2%。不过，仍然有 49% 的企业没有发生重大采购风险。企业应系统地分析本企业采购过程中存在的风险，采取有针对性的方法及策略，有效降低采购风险的发生率，使企业能够顺利进行采购活动，提高采购效率。

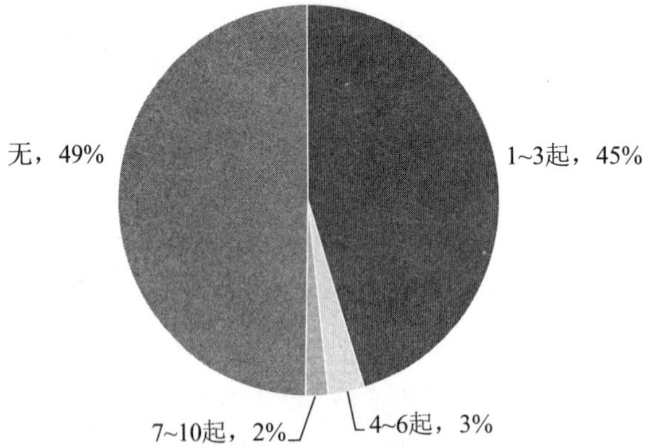

图 26　2014 年企业遭受几起重大采购风险事件

如图 26 所示，在电子和高科技行业中，企业最常用来应对采购风险的方法是慎重选择供应商，重视供应商的筛选和评级，所占比重为 70%。说明供应商的好坏会对采购风险造成直接影响，企业通常会认真挑选供应商，防患于未然。

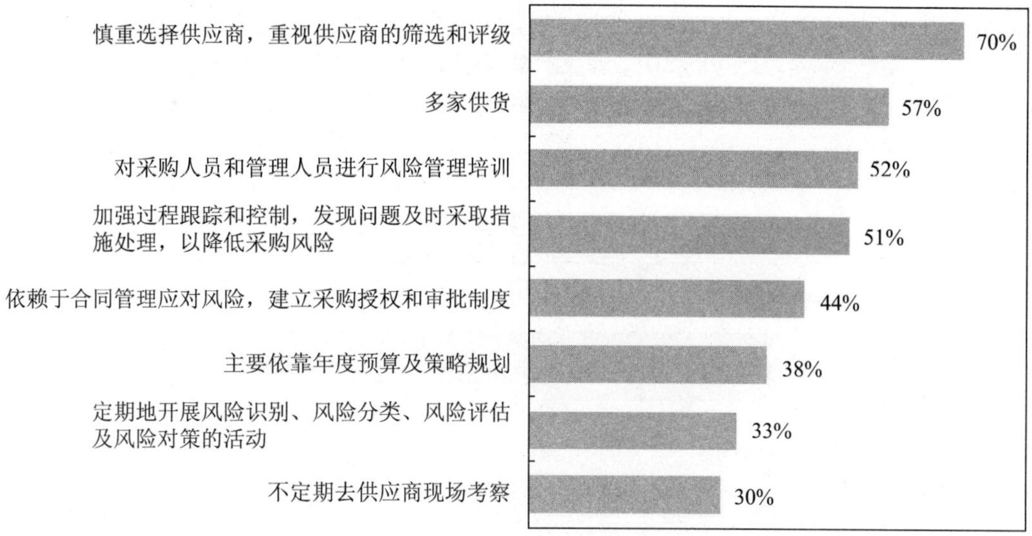

图 27　应对采购风险的方法

企业风险管理成熟度情况如图 28 所示，该图从左到右风险管理成熟度不断提升。调查显示，21%的电子和高科技企业无机制流程，也无正式组织，属于问题驱动型；50%的电子和高科技企业已建立风险评估与应对流程，但尚无正式风险管理组织，29%的电子和高科技企业有风险评估与应对流程，并且有正式的风险管理组织。说明该行业大部分企业有风险管理的理念，且在风险管理方面比较成熟，一些企业已经将风险管理系统化，使风险管理可操作性更高。

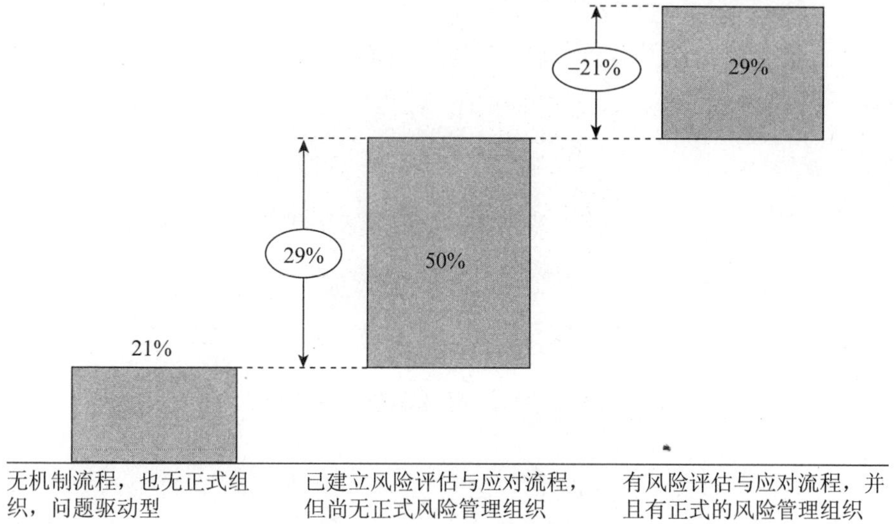

图 28　企业风险管理成熟度

近些年，由于经济变化剧烈，全球化的步伐更快，导致发生金融危机的频率更高，影响更大。金融危机会对企业原材料价格、供应中断风险、供应商管理难度等方面产生影响。本次调查中，电子和高科技企业在这三个方面的影响都有部分增加，受到影响最大的是供应商管理难度，其次是原材料价格。如图 29 所示。

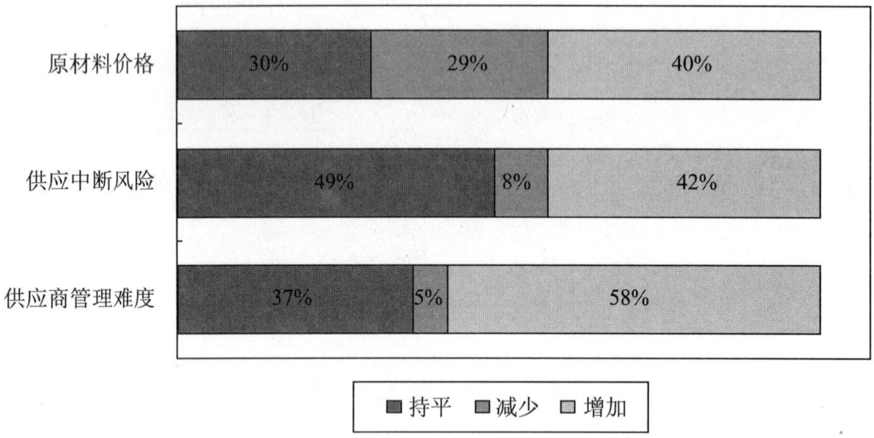

图 29　金融危机对企业采购的主要影响

在实施采购风险管理时，企业一般都会遇到各种阻碍，主要有以下几种：风险防范措施不健全、公司资源不够、风险防范措施执行不到位、公司领导不重视、供应商不配合和风险应对的措施没有针对性。

调查显示，在电子和高科技行业中，55% 的企业认为在实施采购管理时遇到最大的阻碍是风险防范措施不健全，其次是公司资源不够，约占 37%，再次是风险防范措施执行不到位。这表明企业在风险防范方面的还需要加强和完善，另外，企业应该尽力协调各方面资源，为采购风险管理提供良好的支持。具体调查结果如图 30 所示。

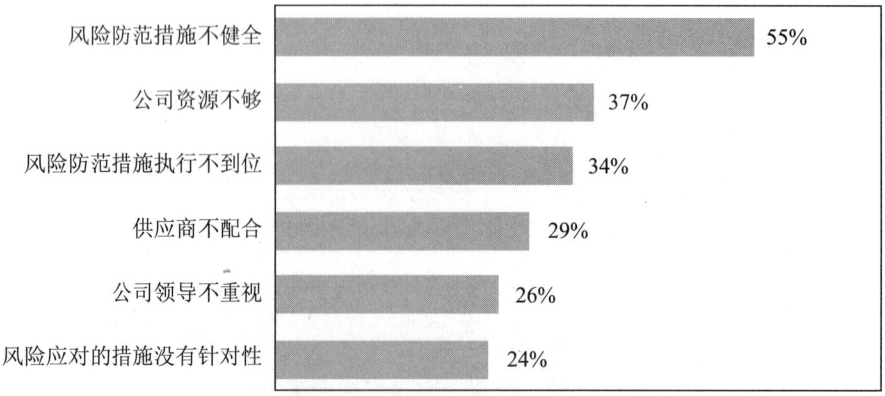

图 30　实施采购风险管理时遇到的阻碍

专题报告二

中国企业采购实践

从制造业 PMI 看经济环境和政策取向

陈中涛

从 2015 年上半年 PMI（采购经理指数）来看，经济环境复杂，下行压力较大。PMI 指数处在低位，平均值仅为 50.1%，低于上年同期 0.4 个百分点。反映需求的新订单指数走势偏弱，上半年平均为 50.3%，低于上年同期 1.1 个百分点。企业普遍反映订单不足，经营困难，效益下滑。

但 PMI 指数二季度以来回升至 50% 以上，走势基本稳定，生产、采购活动回升较为明显，企业预期较为稳定，大中型企业经营形势良好，就业保持平稳，反映出经济运行仍处在合理区间。

一是制造业经济活动保持稳中有升。二季度，生产指数回升到 52% 以上，平均为 52.8%，高于一季度 1.1 个百分点；采购量指数回升至 50% 以上，平均为 50.7%，高于一季度 1.1 个百分点，反映出进入二季度以后，企业采购活动趋于活跃，生产呈现恢复性回升。

二是结构调整持续向好。高技术产业保持较快发展，PMI 指数处在较高水平，高于制造业整体水平接近 5 个百分点。高耗能产业持续减缓，PMI 指数处在 50% 以下。消费品行业平稳增长，PMI 指数保持在 50% 以上，高于制造业整体水平 1 个百分点。装备制造业整体发展势头良好，但受出口下降影响，指数有所回落。由此来看，经济结构变化持续向好，创新驱动、节能降耗、提质增效成效明显。

三是企业预期较为稳定，大中型企业生产经营活动良好。制造业企业生产经营活动预期指数，1 月低于 50%，2 月稳定在 50% 以上，上半年平均为 55.2%，处在相对较高水平，反映出企业对国家稳增长的政策效应充满信心，对改革红利释放、“一带一路”等重大经济战略的实施充满期待。上半年大型企业 PMI 指数一直保持在 50% 以上，平均为 50.7%，高于制造业整体水平 0.6 个百分点。中型企业 PMI 指数，一季度略低于 50%，二季度上升，5 月、6 月保持在 50% 以上。

四是就业基本平稳。一季度，因为新的就业机会选择，岗位流动大，就业形势出现短期波动，1 月、2 月从业人员指数低于 48% 正常水平。二季度，就业逐渐回归正常的合理水平，3 月、4 月、5 月三个月从业人员指数均保持在 48% 正常水平之上。就业基本稳定，从业人数仍保持在正常水平。从调查来看，企业从业人员有出有进，保持正常流动，总体变化不大。

从下半年走势来看，面对经济下行压力，2014 年四季度以来，国家综合施策稳增长，随着时间推移，累积效应、合力作用开始逐渐显现。现在政府仍有较大政策应用空间和项目储备，有较强的相机选择能力，后期仍有较多政策利好，综合判断下半年经济运行有望由稳中趋缓逐渐走向缓中趋稳、稳中趋升。

从需求来看，具有较大增长潜力。2015 年以来，国家围绕稳投资、扩需求，上马了大量基建项目，需求有较大释放空间。据不完全统计，截至 2015 年 7 月 1 日，发改委批复各地基础建设项目总投资约为 8841.87 亿元。同时，发改委陆续发布了多项重大工程包加码稳增长。2014 年下半年，国家发改委提出并组织实施了信息电网油气网络、生态环保、清洁能源、粮食水利、交通运输、健康养老服务、能源矿产资源保障七大类重大工程包。近期仍在推出新的工程包，其中新兴产业六大类重大工程包于 7 月 23 日得以明确并发布实施。单就城市轨道交通工程包方面，初步估计，2015 年全国城市轨道交通总投资将超过去年水平（2857 亿元）。目前，符合国家建设地铁标准的城市现在国务院已经批准 39 个。

从调控政策来看，仍具有较大发挥空间。今年以来，国家陆续出台了一系列政策措施助力稳增长。货币政策降息降准，偏向适度宽松；财政政策注重盘活存量资金提高效率，更趋积极；产业政策注重规划导向作用，积极引导传统产业转型升级，促进新兴产业加快成长；贸易政策重在促进进出口平稳增长，措施针对性强；改革政策重在简政放权，激发市场活力，力度持续加大。现在对已出台的各项政策措施正在狠抓落实，政策效应充分显现值得期待。

从市场主体来看，对新常态经济形势的适应性和自我调整意识明显增强。据我们调查了解，今年以来，面对经济环境变化，对许多企业积极谋变、创新发展。比如，企业加快技术创新，积极开发新产品，开拓新市场，提高产品附加值，发展高端客户，避开过剩同质低端产品激烈竞争。企业加强了供应链合作，同上下游企业结成战略同盟，锁定价格和客户，保证原料供应和配送，在很大程度上平抑了市场变化带来的冲击，实现了相互支持、互惠共赢、协同发展。企业加强了内部管理，控制库存，以“销定产，以产定购”。这些积极变化有利于增强企业在相对紧缩的市场环境中生存和发展的能力。这些积极因素的上升是新常态经济形势下，保持经济平稳的中坚力量。随着市场主体自我调整加快，同经济环境变化磨合期缩短，摩擦性回落将逐渐缩小。

综合来看，今年以来宏观调控思路更为开阔，措施更为综合，有创新，重搭配，讲实效；投资项目规模大，批复早，上马快，有利于更有效地发挥稳增长的作用，经济增速在 7% 左右稳定下来具有基础和条件。

但从上半年制造业 PMI 来看，经济运行缓中趋稳态势仍不稳固。

一是增速有下行压力。主要表现在需求偏弱。1—6 月，制造业新订单指数平均值仅为 50.3%，略高于 50%，低于去年同期 1.1 个百分点。自去年四季度以来，企业反映订单不足的数量明显上升，5 月、6 月比重均达到 50% 以上，创近年来最高记录。出口态势疲弱，制造业新出口订单指数自去年 10 月以来一直处在 50% 以下；国内生产资料市场价格回升态势未能延续，4 月再次转跌，1—6 月，累计平均价格同比下降11.8%，比年初下降3.1%。

二是效益有下行趋势。据调查，多数企业反映效益下滑。从最近国家统计局发布的数据来看，1—6月，全国规模以上工业企业实现利润总额28441.8亿元，同比下降0.7%，当前，企业效益面临下行压力。一方面，由于市场环境偏紧，企业扩张规模减缓，规模效益下降。另一方面，企业成本压力加大，劳动力、资金、物流等成本较高，企业利润空间受到挤压。

面对这种情况，在宏观调控既要保持战略定力，持之以恒推动经济结构战略性调整；又要树立危机应对和风险管控意识，在区间调控基础上加大定向调控力度，及时进行预调微调，重视应对经济下行压力，重视防范和化解系统性风险，保持经济运行在合理区间。

首先，在目标定位上，要坚持长短结合。长期目标，以“转方式、调结构”为核心，重在促进经济转型升级。短期目标，重在保持当前经济运行的稳定。

一方面要管理好、引导好社会预期。防止社会上产生经济持续下行的不良预期，对企业投资、生产经营活动产生不利影响，导致政策失灵、市场启动缓慢。

另一方面要注重强动力、增活力。强动力主要是培育新的增长点，强化经济增长的动力。在经济调整和转型阶段，传统亮点逐渐隐退，要有新兴热点涌现，形成接力，防止出现断层。宏观调控必须着力于点亮新的经济亮点、激活新的经济热点，经济稳定增长才具有可持续的支撑和动力。增活力，就是从“松绑”和“减负”两个方面积极扶持企业发展。“松绑”，就是加快以简政放权为核心的各项改革，减少对企业的束缚。“减负”主要正税清费，“看住向企业乱伸的手”，切实减轻企业负担。要从加快改革为企业“松绑”，加快多层次资本市场发展、增强金融对实体经济支撑，落实税收优惠政策为企业减负，引导企业加快经营模式转变等多方面入手，助推企业改善生产经营状况和经济效益，进一步提升微观经济活力。

其次，在政策选择上，要注重多种政策工具配合使用，选好支点从多个方面发力，以撬动经济发展的全局。要坚持定向调控、精准发力。这一方面有利于增强政策的针对性，提高政策执行的效率和效果，有利于推进结构调整；另一方面，也有利于结合经济形势的变化，对调控政策做灵活调整。要注重从改善市场环境着手，重点发挥好市场力量的自我调节作用，减少政策依赖，促进市场自我调节机制和经济内生增长机制形成。

货币政策要稳健，以防范债务风险、有效支撑实体经济发展、保持物价稳定为目标，控制流动性增量，用好用活存量，注重提高资金运用效率。针对企业面临的资金困难，配合结构调整的需要，可采用差别化利率、定向适度宽松政策。同时，要积极发展多层次资本市场，注重发挥社会资金对经济发展的支撑作用。

财政政策要发挥经济稳定器作用。在财政收入保持较快增长的前提下，要更趋积极，适当提高财政支出进度。同时要注重优化支出结构，保证财政支出重点投资重大基础设施建设、改善民生工程、促进区域经济协调发展。

从非制造业 PMI 看经济环境和政策变化

武　威

2015 年 1—5 月，非制造业商务活动指数均值为 53.6%，较 2014 年同期回落 1.0 个百分。指数的同比回落反映出非制造业经济活动增速较去年同期有所放缓。从上述数据可以看出，非制造业增速的放缓具有一定的客观性，是与新常态下我国经济增速由高速增长转向中高速增长相适应的。

根据对 GDP 季度同比增速与服务业商务活动指数季度均值历史数据的对比分析发现，两者的相关系数高达 0.9，属于高度相关。意味着随着 GDP 增速的逐步放缓，非制造业经济活动也相应有所放缓，这是经济调整的必然结果。从行业看，随着投资、出口和消费增速的逐步回落，房地产业、批发零售业、建筑等一些相关性较强的行业活动增速均有不同程度的回落，从而使非制造商务活动指数整体水平较去年同期有所回落。

但从指数水平看 53.6% 的均值，高于制造业 PMI，反映出非制造业经济运行较快增长的发展区间，继续发挥着经济运行的稳定器作用。非制造业经济活动的较快发展同样是反映出宏观调整政策给经济运行带来的变化。我国政府在面对经济增速下滑的情况下，从“稳增长、调结构”的角度出发，采取的一系列宏观调控政策效果在逐步显现。

一是体现在基础建设投资持续发挥着稳增长的作用。2015 年 1—5 月，建筑业的商务活动指数均值为 57.5%，意味着建筑业活动仍保持在快速发展水平。建筑业的新订单均值也达到 51.2%，高于非制造业均值水平。建筑业供需活动的活跃与去年四季度以来发改委加快基础建设项目的审批进度密不可分。以基础建设为支点，助推经济稳定增长将成为今年经济运行的重点内容，预期随着“一带一路”、京津冀协同发展、长江经济带三大战略逐步进入实质推进阶段，更多的可持续的基础建设需求将会随之而生。

二是新兴消费行业表现良好。在通过基础建设投资稳增长的同时，宏观调控政策同时注重引导以信息和旅游消费为主的新兴消费市场的发展。1—5 月，互联网及信息技术服务业的商务活动指数均值为 58.5%，较 2014 年同期上升 0.2 个百分点。58.5% 的平均水平说明了当前信息消费升级趋势进一步增强。互联网与各产业的融合已经成为宏观经济全面升级的突破口和着力点。预期由此引发的信息消费升级将会在今年持续发酵。此外，与旅游相关行业的商务活动指数均值较去年同期均有不同程度的上升，反映出居民旅游消费热度不减，消费升级在旅游消费这一领域继续体现。

三是大众消费趋稳。自 2014 年以来，受高端消费回落的影响，反映大众消费的零售业、餐饮业商务活动均值均出现明显的回落。进入 2015 年以来，随着高端消费市场的逐步转型和政府在消费领域鼓励措施的实施，大众消费开始趋稳。数据显示，1—5 月零售业的商务活动指数和新订单指数均值分别达到 51.8% 和 50.7%，较 2014 年同期均有小幅回升。餐饮业的商务活动指数和新订单指数均值虽都在 50% 以下，但较去年同期均有较为明显的回升。

四是房地产需求小幅好转。自去年以来，房地产开发投资增速出现了较为明显的回落。但随着政府将稳定住房消费作为推进消费的重点领域之一，包括限购政策的取消、房贷新政以及降息等一系列与房地产有关的金融和税收政策逐步实施，房地产市场也开始出现了变化。数据显示，5 月，房地产业的新订单指数达到 48.4%，连续 4 个月实现环比上升，表明房地产行业需求呈现小幅好转趋势。在需求改善的驱动下，房地产销售价格指数结束了连续 5 个月的回落趋势，5 月升至 49.2%，环比回升 2.5 个百分点。房地产需求的持续好转，有利于加快房企去库存的进程。随着近期房地产相关政策面的持续宽松，前期利好政策有望带动房地产市场继续走稳。1—5 月，全国商品房销售面积 35996 万平方米，同比下降 0.2%，降幅比 1—4 月收窄 4.6 个百分点；销售额 24409 亿元，增长 3.1%，1—4 月为下降 3.1%，为 2014 年年初以来首次正增长。

总体来看，非制造业 PMI 相关指数的变化体现了我国经济环境和政策的变化给实体经济带来的影响。非制造业 PMI 的均值高于制造业均值，充分发挥了经济稳定器的作用。但我们认为非制造业仅仅停留在稳定器层面，对于经济发展的作用仍显不够，要充分挖掘非制造业，特别是服务业的发展潜力，使非制造业对经济的推动作用由“稳定器”转变为“加速器”。从建筑业来看，基础建设投资的增长更多地是弥补制造业和房地产业投资下滑对经济的影响，主要是发挥着稳定器的作用。因此，重点领域是要挖掘服务业发展潜力，培育市场需求基础，强化其对稳增长、调结构的推动作用。

一方面，挖掘服务业的发展潜力是要继续发挥其稳定就业的作用。随着制造业转型升级的推进，以先进技术提升生产效率的做法，势必降低制造业企业对劳动用工的需求。从 PMI 数据显示，制造业的从业人员水平一直低于非制造业的从业人员水平。充分发挥服务业吸纳就业的作用是社会稳定的应有之意。

统计局数据显示，2014 年服务业吸纳就业的占比达到 40% 左右，高于第一和第二产业占比。但与发达国家相比仍有差距。以美国为例，美国的服务业起步较早，发展大概经历了两个阶段。第一个阶段为 19 世纪初到 20 世纪 50 年代，此阶段美国服务业稳步发展，增长平稳，服务业占 GDP 比重已达 50% 以上，同时就业构成中服务业所占比重也已达 50% 以上。第二个阶段为 20 世纪 50 年代至今，美国服务业快速甚至加速发展，服务业占 GDP 比重已经达到 80% 左右，而服务业就业人员占比在2010年就达到了90%以上。以此对比，我国服务业增加值占GDP的比重仅相当于美国服务业发展第一阶段的末期水平，就业吸纳能力甚至还远远低于美国同期水平。与发达国家相比，我国服务业发展仍处于起步阶段。特别是其对就业的吸纳作用仍有待进一步提升。有学者针对1970—2011年美国服务业的发展过程进行研究，结果显示在服务业逐步发展的过程中，可变成本对促进服务业利润增长占主导作用。作为可变资本重要组成部分的人力资本无疑对服务业利润增长也会发挥重要的作用。

另一方面，挖掘服务业潜力就是要充分发挥其对稳增长的加速器的作用。从构成上看，服务业分为生产性服务业和消费性服务业。生产性服务业归根结底是要为了提升企业生产效率、降低企业生产费用、促进企业转型升级而服务业的。因此，生产性服务业对经济增长的加速推动作用是间接性的，是通过推进制造业企业的转型升级和效率的提升来最终创造出更多的财富，这个过程或许需要较长的时间才能实现。

而消费性服务业则是更多地针对居民最终消费，是可以通过积极扶持一些新兴消费性服务业来直接刺激消费，强化消费对经济增长的贡献作用。

从近几年发展来看，在我国经济转型过程中，投资和出口对经济的拉动作用将有所减弱。与投资和出口相比，消费相对保持稳定。但以现在传统的消费领域、消费规模来扩大消费需求，推动经济平稳发展，已经很难。需要从改善民生入手，通过创新发展，推动消费升级，形成新的经济增长点。

回顾经济发展的历史，改革开放以来我国经济的跨越式发展，都是围绕着民生改善，通过消费升级来实现的。每次消费升级在改善民生的同时，都能带动相关产业的发展，实实在在地推动了中国经济几十年快速发展。因此，从服务业的角度来看，积极发展能够促进消费升级的服务业是加快推进经济转型发展的重要抓手。

国际经验表明，当人均GDP（国内生产总值）超过一定水平之后，将会进入以消费升级为特征的快速发展期，这个标准范围在3000～5000美元。而根据统计局最新公布的GDP和人口数据测算，2014年我国人均GDP已达到7485美元。意味着我国消费结构已经逐步由基础型消费向以发展型、享受型消费转变。居民消费伴随着结构的不断升级，也更加注重品质的提升，从追求物质消费向追求精神消费和服务消费转变，从满足基本生存需求向追求人的全面发展转变。

一是要围绕国民健康素质的提高做好我们的消费升级，极大地释放老百姓对医疗卫生、体育健康等提高国民健康水平的需求。从医疗卫生领域来看，在老龄化社会趋势下，医疗保健服务消费需求潜力巨大。统计局数据显示，近几年，卫生、社会保障和社会福利业固定资产投资额增速保持在20%以上，民间投资增速更是达到50%以上，反映出医疗卫生领域投入在不断加大，有助于推进该领域的消费升级。目前我国体育产业增加值仅占GDP的0.6%，相比北美、欧洲等主要发达地区整体产值占 GDP 比重大多在 1.5% ~3% 的水平而言，发展空间巨大。我国现阶段体育产业结构中，体育用品占绝对主导地位，2010 年，我国体育用品业产值 1692.48 亿元，占到体育产业总产值的 76.20%，而体育服务业和体育建筑业的占比分别只有 19.50% 和 4.30%。相比而言，欧美等体育产业发达的国家和地区，体育产业中占主导地位的都是体育服务业。特别是随着我国居民体育健身意识的增强，体育服务业发展空间潜力巨大，也是推动消费升级的重要领域。

二是要围绕国民文化素质提高的需求做好消费升级。国家统计局第三次全国经济普查资料显示，2013 年我国文化产业增加值与 GDP 的比值为仅 3.63%，文化消费仍具有较大的发展空间。一方面体现在教育培训需求空间巨大。特别是在当前的知识化社会，教育培训需求将极大提升。尽管现在国民教育发展得很快，2014 年教育固定资产增速达到 24%。但很多的基础教育包括高等教育发展仍然还有很大空间，应该也必然会成为我国消费升级的重要领域。特别是我们的农村和边远地区教育设施和教学资源还很落后，亟待加强，亟待发展。

另一方面体现在文化消费转型带来的潜在需求。当前，我国文化内容的消费也正由象牙塔走向平民大众，呈现通俗化趋势。但是供给结构对这些趋势并没有做出敏锐的反应。从统计局数据来看，公共图书馆业机构数和群众文化服务业机构数的年均增速仅为 1% 左右。群众文化的推广与普及是消费升级实现的重要领域，文化消费必须接地气。要充分调动中、低收入居民服务消费的热情。

三是要围绕国民生活质量提高的需求做好消费升级。比如，与互联网相结合的智能家居需求，具备较大的发展空间，对建筑装修行业、通信行业以及家电产品的消费升级都具有较强的带动作用。再者，旅游休闲消费发展潜力依然巨大，将会带动住宿、餐饮、食品加工、生态环境保护等相关产业的发展与升级。统计局数据显示，我国每百万人·次城镇居民国内旅游客增速较快，达到 10% 以上，2013 年达到 13%。但农村居民国内旅游客增速仍保持在个位的增速速度，2013 年增速为 5%。且从国内旅游人均花费来看，旅游业带来的消费附加值似乎仍在较低水平，仍有巨大发展空间。2013 年，国内旅游人均花费 805.5 元，同比增长 5%。

福建自贸区背景下大宗商品在线供应链金融交易平台构建研究

杨 杨 许志端 高 德

2014年12月12日，国务院决定设立中国（福建）自由贸易试验区。试验区范围涵盖福州片区、平潭地区和厦门地区，总面积为118.04平方千米。福建自贸区以深化两岸合作为着力点，积极推进打造和台湾地区投资贸易便利、人员往来、服务业开放合作模式。经过3～5年改革探索，力争建成投资贸易便利、金融创新功能突出、服务体系健全、监管高效便捷、法制环境规范的自由贸易园区。

随着我国在国际贸易中地位的提高，大宗商品进出口市场份额不断上升，但并未使中国获得贸易强国的地位和相应的议价权。自贸区具有优越的地缘和金融创新政策等多重叠加的优势，为构建大宗商品交易平台提供了良好的环境。同时伴随着移动互联等技术的发展，2015年十二届全国人大三次会议上，李克强总理在政府工作报告中首次提出“互联网＋”的行动计划，促进电子商务、工业互联网和互联网金融健康发展。将供应链金融运用于大宗商品交易，在自贸区内利用互联网技术构建大宗商品在线供应链金融交易平台，打造大宗商品交易集散地，不仅能更好地推动自贸区有效地参与到国际商品的交易、定价过程，使中国企业在全球价格波动中更具有主动权和话语权，也是将福建自贸区建设成东南供应链枢纽的重要内容。

一、大宗商品在线供应链金融交易平台

大宗商品（Bulk Stock）指可进入流通领域，但非零售环节，具有商品属性，用于工农业生产与消费使用的大批量买卖的物质商品。在金融投资市场，大宗商品指同质化、可交易、被广泛作为工业基础原材料的商品。大宗商品的特点可以概括为两大属性：商品属性和金融属性。大宗商品的商品属性体现为市场化、流通性、交易规模大。金融属性体现为资金大量聚集，与价格和金融产品直接相关。

供应链金融（Supply Chain Finance）是运用供应链管理的理念和方法，为相互关联的企业提供金融服务的活动，其实质是为供应链链条上的企业提供的金融服务，这种服务穿插在供应链之中，同时也是贸易带动下的金融与物流服务。

在线供应链金融（Online Supply Chain Finance）是指信息化条件下，通过互联网技术，实现金融机构与供应链中核心企业、上下游企业等相关企业信息系统的

互联互通，降低信息不对称带来的损失，为供应链上所有成员提供实时的融资、避险、支付结算等在内的全面金融服务。

大宗商品交易由于规模大、成本高，导致从生产到交易整个过程链条长、效率低，因此提高效率、节约成本、调节产能过剩是当前大宗商品交易面临的主要问题。但由于大宗商品多是工业基础原材料，且处于供应链最上游，具有用途广、易变现，易于标准化和计量、方便储存和运输等优点，在供应链金融业务中，大宗商品优势明显。将供应链金融运用于大宗商品交易，能更有效地管理大宗商品的采购、仓储、物流、销售等环节，建立敏捷供应链，降低企业成本。同时，随着电子支付、移动互联网、物联网技术的飞速发展，大宗商品交易逐步由现货交易市场转向在线电子交易市场，实现线上线下相结合、传统经济与新经济相结合的模式。把大宗商品交易、供应链金融和互联网三者相结合，实体产业经济与互联网金融共同协调发展，构建一个大宗商品在线供应链金融交易平台，是促进大宗商品产业发展的重要途径。

二、自贸区与大宗商品交易

自贸区主要有两种类型：自由贸易区（Free Trade Area，FTA）和自由贸易园区（Free Trade Zone，FTZ）。FTA 是指主要两个或两个以上独立关税主体之间，就贸易自由化，取消关税和其他限制性贸易法规，亚太自贸区与跨太平洋伙伴关系协议（TPP）等属于此类。FTZ 则是指一个关境内的一小块区域，是单个主权国家（地区）的行为，一般需要进行围网隔离，且对境外入区货物的关税实施免税或保税，而不是降低关税，福建自贸区即属于此类。

一方面，由于自贸区贸易环境的特殊性以及相关优惠政策的提出，大大提升了商品转口和物流功能，随着自贸区的深化，将吸引大量高端制造、加工、贸易、仓储物流等供应链核心企业入驻。同时在自贸区内提出了允许企业根据需要开展跨境双向人民币资金池业务、支持开展个人直接投资项下跨境人民币业务等金融创新政策，集聚了金融、物流、信息、人才等资源，这些都为大宗商品供应链金融的发展提供了新的机会。另一方面，发展大宗商品供应链金融，能够着眼于核心企业与其上下游企业的需要，对全链条商流、物流、信息流和资金流进行有效控制，降低企业运作成本，解决供应链中中小企业融资难问题，从而有效释放自贸区总部经济的增长活力。在自贸区内进行大宗商品交割，还能促进区内物流等相关产业的发展。总之，自贸区和大宗商品供应链金融相互支撑，协同发展。

（一）国外主要自贸（港）区及中国香港大宗商品交易概况

绝大多数全球知名的自由贸易港都具有发达的大宗商品交易市场，并且成为其增强全球资源配置能力的重要实现载体。如伦敦金属期货交易所是世界首要的有色金属交易市场，新加坡商品交易所是东亚区最大的天然橡胶交易所，荷兰鹿特丹是世界大宗商品储运中心，韩国釜山港是世界著名的期货指定标准交割仓库。

伦敦港凭借优越的地理位置和港口条件，成为世界上最繁忙的港口之一，也是英国的贸易中心和金融中心。伦敦金属交易所依靠自由港的区位优势，成为目前世界上最大的有色金属交易所。其公开发布的成交价格被广泛作为世界金属交易的基准价格，伦敦航交所编制的波罗的海散货指数反映了煤炭、铁矿石和谷物等在内的全球大宗商品的需求。

新加坡是全球著名的国际贸易中心和航运中心，于1969年建立了第一个自贸区。新加坡利用港口中转运输的功能，吸引了大量的贸易商，成为石油、橡胶等大宗商品交易中心。新加坡不仅已成为全球重要的石油交易中心，而且在矿物、金属以及农产品等大宗商品领域的重要性也不断增强。

鹿特丹港是欧洲的第一大港，主要运输金属、铁矿、化学品、石油等，储、运、销三者相结合使鹿特丹港成为具有特色化的海港。同时，鹿特丹还是国际粮食、热带水果、棉花、木材和矿物油等大宗商品的国际货物集散中心。

釜山是韩国最大的港口，也是世界上第五大集装箱港。政府持续推出了一系列的优惠政策吸引投资者，努力把釜山港打造成国际物流中心港湾。作为太平洋地区通往欧亚大陆的门户港口，釜山港是国际物流产业的枢纽，吸引了亚太多个期货品种的交割中心在此建立，成为世界著名的期货指定标准交割仓库。

中国香港是全世界最大的金融、贸易、航运中心之一，是一个自由、开放、多功能的自由港。香港商品交易所于1977年成立，标志着期货市场的开启，此后便开始进行原棉和原糖的期货合约交易。香港一方面拥有天然的地理优势，另一方面采取自由的金融政策，黄金、钻石等出入香港都比较自由，各种外汇也可在香港自由兑换，因此，香港成为世界领先的黄金贸易中心之一。

（二）中国大陆自贸区大宗商品交易概况

中国大陆目前已建立的上海、福建、广东和天津四个自贸区《总体方案》中都有针对大宗商品交易提出相应的任务措施（见表1），以促进大宗商品贸易的发展。

表1　国内自贸区总体方案中针对大宗商品提出的主要任务措施

地区	主要任务措施
上海	探索在自贸区内设立国际大宗商品交易和资源配置平台，开展能源产品、基本工业原料和大宗农产品的国际贸易
福建	按照国家规定建设服务实体经济的国际国内大宗商品交易和资源配置平台，开展大宗商品国际贸易

续　表

地区	主要任务措施
广东	允许境内期货交易所在自贸试验区内的海关特殊监管区域设立大宗商品期货保税交割仓库，支持中国港澳地区企业参与商品期货交易。 开展大宗商品现货交易和国际贸易，探索构建国际商品交易集散中心、信息中心和价格形成中心
天津	依法合规开展大宗商品现货交易，探索建立与国际大宗商品交易相适应的外汇管理和海关监管制度。 增强自贸区大宗商品交易市场的集散功能

上海自贸区于2013年9月成立，致力于打造成亚洲金融中心。促进大宗商品交易市场的发展，可以更好地吸引外来投资。目前上海自贸区已建有规模较大的商品期货交易所，还将利用自贸区条件，建立铁矿石、金属和能源交易等大宗商品交易平台，增强中国在原材料定价方面的影响力，从而推动人民币国际化发展。2015年4月上海市政府颁布了《中国（上海）自由贸易试验区大宗商品现货市场交易管理暂行规定》，首批有八家市场入驻，这表明自贸区大宗商品现货交易市场已具有制度保障，各方面做好准备迎接大宗商品现货市场新时代的到来。

与福建同时期成立的广东自贸区，利用对外开放政策优势，成为泛珠三角一带重要的资源配置地。天津自贸区借助滨海新区的设立，已经建立了北方规模最大的中远期大宗商品交易市场。

从国内外情况来看，这些大宗商品交易市场发展迅速的原因主要归结为以下几点：①优越的地理位置。充分利用区域优势对于大宗商品交易市场的发展尤为重要，港口的运输条件便利，能吸引大量的资源集聚，因此为大宗商品交易市场的产生和发展提供了良好的条件。②充分的资源优势。全球知名的大宗商品交易市场迅速发展一个关键因素在于交易品种的选择，一般选择当地市场规模大、具有地区特色的品种。③完善的基础设施配套。大宗商品交易数量大、金额大，需要完善的金融配套等专业服务支持。同时港口需要有便利的交通环境，集疏运网络发达。

三、厦门自贸区大宗商品在线供应链金融交易平台构建

（一）厦门市构建大宗商品在线供应链金融交易平台优势分析

在福建自贸区中，厦门片区最大，由两岸贸易中心核心区和东南国际航运中心海沧港区组成。厦门主攻金融方向，作为两岸交流的窗口城市，力求在吸引台资和对台投资等方面加大制度创新，为海峡两岸经贸活动创造更多的自由和便利。

在厦门发展大宗商品交易市场也具备上述提到的几点优势：①厦门是海峡经济区中对台关系的最前沿位置，正在建设中的东南航运中心将被打造成“世界顶级、国内首家”全自动化、零排放、全智能的第四代国际航运中心。②厦门目前具有突出的集中性产业，如石材、金属、PTA、塑料米等相关产业集群及广阔的内陆经济腹地。目前海沧石油交易中心的运作已经比较成熟，具有一定的基础，有很多的运营经验值得借鉴参考。③厦门具有中国南部海岸线上得天独厚的深水港口及拥有海陆空三位一体的交通枢纽，交通物流便利，且厦门对周边地区的经济贸易和金融等辐射作用越来越强，这样能逐渐增大交易规模，提升交易平台的影响力。这些都为在厦门自贸区内构建大宗商品供应链金融交易平台创造了良好的条件。

（二）总体框架

厦门大宗商品供应链金融交易中心总体框架如图1所示，在厦门市政府的直接领导下，设立厦门大宗商品交易市场监管委员会，建成一个综合交易平台——厦门市大宗商品交易所，下设多个专业交易中心和一批交割仓库，整合现有交易市场，推动资源共享，形成强大的规模效应，创造大宗商品交易市场的“厦门品牌”，致力于将厦门打造成亚太地区重要的大宗商品配置中心和交易集散中心。

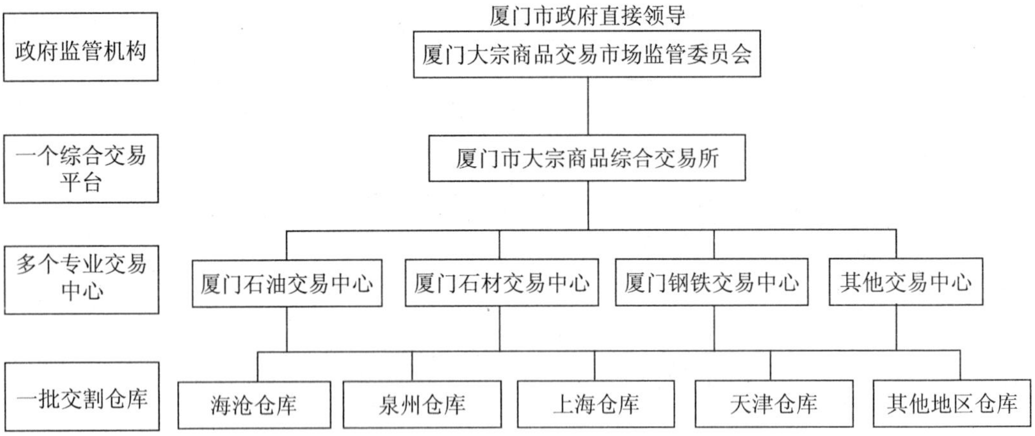

图1　厦门大宗商品供应链金融交易中心总体框架设计

（三）运作模型

传统供应链金融（见图2）采取线下交易的方式，单次融资额度较大、频率低，对上下游中小企业的授信以银行评估为主，手续复杂烦琐，且评估周期长，主要采用存货质押和仓单质押的模式。而在线供应链金融融入了移动互联网、物联网、云计算、大数据等技术，所有信息通过在线交易平台传递，使信息交互更加清晰透明、快捷有效。且质押范围扩大，更多的采用电子仓单质押，银行和交易平台共同评估，放款速度快、融资频率高。

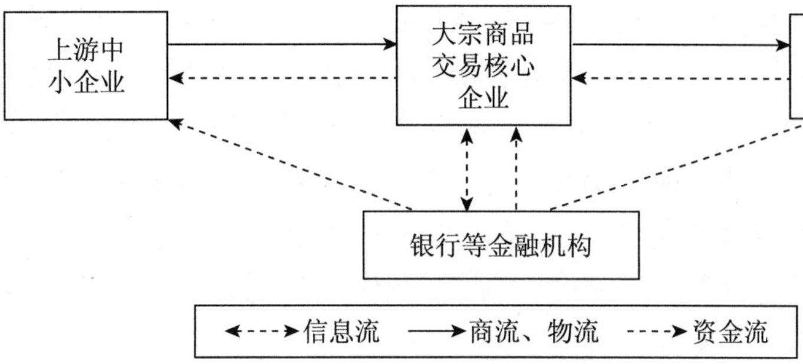

图 2　传统供应链金融交易运作模型

厦门大宗商品在线供应链金融交易运作模型如图 3 所示。其构建结合传统现货交易和互联网电子交易技术的特点，采用线上和线下相结合的模式，强化大宗商品标准化仓库的金融属性，对其性质定位为具有融资功能的大宗商品综合性交易平台，即具有金融属性的，与银行融资系统、企业 ERP 系统紧密结合的在线供应链金融交易平台，融合商流、物流、资金流和信息流，区别于传统的供应链金融模式。

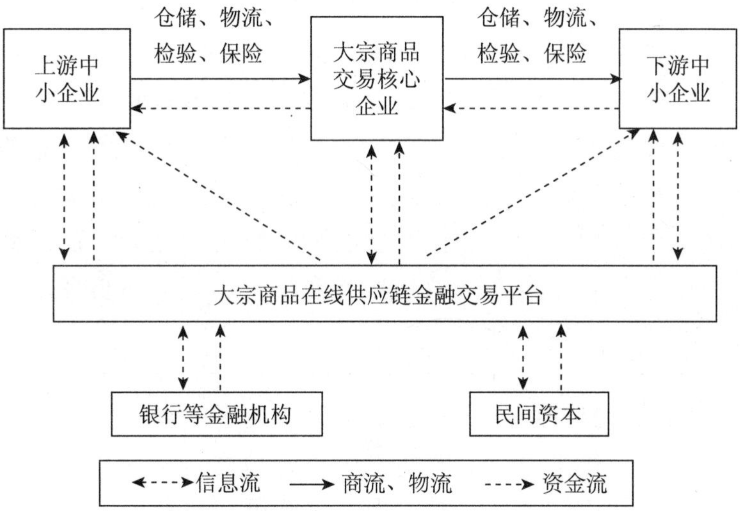

图 3　厦门大宗商品在线供应链金融交易运作模型

构建的此运作模型中主要有六大参与主体：大宗商品交易核心企业、上下游中小企业、交易平台、银行等金融机构、民间资本和支持型机构，主要包括仓储公司、物流公司、检验机构和保险公司等。在线供应链金融交易平台的构建结合以上六大参与主体，对供应链内部交易和融资获得渠道进行完全整合，它的主要作用是实时提供供应链活动中能够触发融资的信息按钮，并与银行等金融机构合作，围绕上下游中小企业需求设计各种服务方案，将资金注入到大宗商品交易环节，架起中小企业和金融机构之间融资的桥梁。同时，通过银行等金融机构和交易平台大数据系统对中小企业交易方信用等方面进行严格评价，可以节省对虚假交易、关联交易审查的时间和成本，提升商品交易的安全性和有效性。利用平台对商品或仓单的监督，解决银行对质押品的控制问题，也降低了银行的风险。近年来，又兴起了P2P的网贷模式，其资金来源主要是社会闲散资金，信用保障来自平台企业的信用和相关部门的监管。因此，民间资本也可通过该平台参与大宗商品在线供应链金融交易，将闲散资金注入有需求的中小企业。

最终六大参与主体形成“上下游企业与核心企业达成交易，民间资本和银行等金融机构提供资金，支持型机构严格按照相关要求挑选专业化仓库，提供仓储、物流、检验和保险等服务，交易平台提供信息、为交易双方进行资金结算、实时交割和及时入账等”的合作模式。通过该平台，为大宗商品产业链条上下游企业提供快速、便捷的融资服务，将资金注入相对弱势的上下游中小企业，满足各个环节的资金需求，有效提高交易效率和成本。同时，将银行信用注入中小企业，还可以提高中小企业的商业信用，促进与核心企业建立长期的合作伙伴关系，提升供应链的竞争力。

（四）交易品种

大宗商品供应链金融能够有效地服务于实体经济，提高大宗商品交易效率，降低交易成本。厦门市大宗商品供应链金融交易品种的选择要充分考虑线上电子交易的特点，依托厦门大宗商品现货市场的发展情况，选择易于标准化、价格有波动、不易变质、易于保存保管、关注度高、参与者众多、检验便利的商品。可主打生产贸易流通较大的品种，包括石材、氧化镝、氧化铽、氧化钕等，或在原海沧石油交易中心的基础上扩大规模，选择石油、粮食、水产品等，建设泛亚商品交易中心，从源头降低商品价格。

（五）交易地点

自贸区具有贸易便利化、通关便捷化、地理位置优越等特点，国际贸易、货物中转、出口加工、保税仓储等功能突出。因此可在自贸区离岸区域内设立有地缘性（中国台湾、东南亚）的大宗商品集散地，构建标准化仓库，作为面向东南亚乃至全球市场的交割仓库及转运仓库，如在象屿保税区建立厦门泛亚商品交易中心。通过自贸区的政策支持，吸引其他国家和地区的大宗商品向厦门港集聚，有利于规模效应的形成。

（六）交易风险及控制

几年前发生的钢贸圈重复质押泡沫、青岛港骗贷风波，以及皖江物流坏账等事件，归其原因主要在于企业融资难，用大宗商品作为抵押贷款成为获得资金的捷径，一些企业在用信用证购买大宗商品后，再与不同仓储公司分别出具仓单，到不同银行重复抵押融资。除了相关方诚信问题外，管理者管理不严格、抵押物登记制度不完善等问题凸显。在交易过程中，伴有商品、仓单、资金等的流动，因此牵涉支持型机构、金融机构以及核心及上下游企业等多方利益。供应链金融将单个企业的不可控风险转变为供应链上所有相关企业整体的可控风险，其主要有信用风险、商品风险、价格风险和操作风险等潜在风险。因此，在构建厦门大宗商品供应链金融交易平台运作模型时，需借鉴前车之鉴，完善大宗商品交易整个流程中交易、资金和物权信息的对等性，充分考虑风险因素，规避由于信息不对称等造成的大宗商品金融交易市场的混乱。

参与各方应加强风险意识，认识风险来源，以控制交易风险。对此，上海自贸区针对大宗商品交易探索出了“四权分立”方案：交易、托管、清算、仓储四方分立，即交易平台负责交易管理，银行负责资金托管，清算所负责清算，第三方仓单公示平台负责仓储管理。

针对厦门大宗商品在线供应链金融交易运作模型，建议建立起“矩阵式”的风险控制模型，如图 4 所示。所谓“矩阵式”风控模型是指防范风险时，不依靠局部的、片面的、点线的认识和控制，而是建立“矩阵式”的风险防范体系，做到以面盖点、以面盖线，全面控制风险。随着大数据时代的到来，把大数据技术引入供应链金融能创造出更多价值。例如，可以更好地对客户资料进行收集和分析，全方位的信用管理，解决信息不对称问题，有助于防范风险。

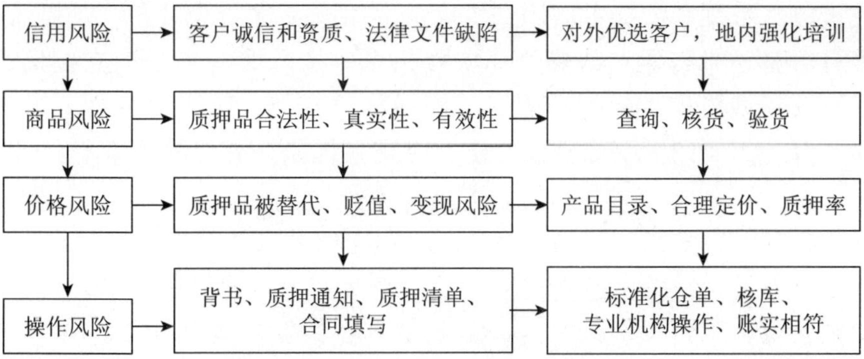

图 4　交易风险及控制

四、政策建议

（一）加大政策扶持力度，营造良好发展环境

政策支持对大宗商品交易平台成功与否至关重要。因此要认真研究现有大宗商品贸易政策，并利用福建自贸区优势，通过财税政策和用地政策的优惠，加大金融参与扶持力度。学习上海自贸区成功经验，把上海自贸区先行先试的成功政策结合福建自身特点，加以借鉴改造。在贸易便利化、投资自由化、金融国际化背景下，借助金融开发契机，发展对台贸易，促进海峡两岸物流金融合作，通过构建大宗商品在线供应链金融交易平台，创新自贸区金融产品。

（二）允许国外大宗商品交易所建立交割仓库

积极引进知名大宗商品贸易商，利用他们成功的管理经验和强大的贸易网络，来帮助厦门构建大宗商品交易供应链管理体系。同时，允许国外大宗商品交易所在自贸区内设立自己的交割仓库，吸引国际贸易商、生产商在自贸区内设立中转机构，这样有助于国内大宗商品买家降低交易和运输成本，减少对国外仓库的依赖。设置大宗商品交割仓库，能够提高自贸区内商品运输流量，交割带来的物流将促进自贸区物流等相关产业的发展，同时也有利于外资进入，丰富国内大宗商品交易市场，有利于争夺大宗商品的国际定价权。还可以积极利用自贸区贸易便利化条件，对通过大宗商品交易平台交易的货物实行“提前报关、货到验放”。

（三）完善配套服务体系，增强市场竞争力

充分运用移动互联网技术，将大宗商品供应链金融线上线下交易充分结合，把目前先进的大数据和云技术应用到供应链金融交易的各个环节。加强金融支持，促进与银行等金融机构建立战略合作伙伴关系，实行交易中心独立授信，并由检验、保险等支持型机构承担担保职责。加强物流支持，吸引第三方、第四方骨干物流企业入驻，为厦门大宗商品供应链金融交易提供全方位的物流配套服务。

（四）建立市场监管体制，促进市场规范发展

大宗商品在线供应链金融交易平台是一个第三方平台，必须坚持公平、公正、公开的原则，保证平台顺利运行。依据国家有关政策法规的要求，建立市场监管机制、健全市场管理制度、加强市场日常监管，促进厦门市大宗商品交易市场规范发展。

（注：本文系福建省科技计划软科学重点项目（项目编号：2013R0094）的研究成果。）

互联网时代的供应链

史文月

供应链的概念已经有几十年了，然而，人们对供应链的定义、理解认知，以及供应链的实践模式，却随着技术和社会的发展而发生着巨大的变化。传统上，制造和流通企业谈供应链，而现在，物流、互联网、金融都在谈供应链，甚至政府职能也谈供应链，“供应链”被赋予了更多的内涵和外延，人们对供应链的理解像是“盲人摸象”。

本文从技术及社会发展的角度，初探微观及宏观环境变化对供应链实践模式、理念认知产生的影响，尽可能使读者对供应链有一个全面的认识，并指导企业与社会的实践及创新。

一、了解传统的供应链

供应链并非传统意义上的产业分工，在谈到供应链的时候，人们实质谈论的是供应链的优化议题，或称供应链管理（Supply Chain Management，SCM）。所谓供应链是指在企业内各部门或业务伙伴之间所发生的物流、资金流和信息流，覆盖从产品或服务设计、原材料采购、产品生产到交付给最终消费者的全过程；供应链管理是指优化、整合并管理供应链业务伙伴之间的流程，在提高客户满意度的同时，降低成本、提高供应链上企业的效益。

传统行业里流传着这样一个理念：“21 世纪的竞争，已不再是企业与企业之间的竞争，而是企业所在的供应链与供应链之间的竞争。”供应链上下游组织之间，如何构建“长期共赢”，无疑是供应链的核心议题，“协作与协同”成为供应链的关键手段，协作（Cooperation）更关注建立与维护组织之间的信任关系，协同（Collaboration）更多的是建立并运作组织之间的行动与流程。

企业供产销部门之间的供应链管理，随着 20 世纪 90 年代的企业流程再造（Business Process Re－engineering，BPR）及企业资源规划（ERP）的广泛应用，已经植根于多数国际大企业中，国内一些知名企业，如：联想、海尔等也曾经历过那段历程。但是，借改革开放快速成长的多数国内企业；有些甚至是很知名的，其企业内部的协同（甚至是协作）还存在诸多问题，在宏观环境蓬勃向上的时候，这些问题并不显现，但当宏观经济进入调整的时候，企业就会陷入泥潭难以自拔。传统的名企，无论是先天还是后天，有相对“完整”的内部供应链流程体系，这是他们能够应对宏观经济调整的重要基础。

不仅在组织内部，在组织之间非常关注供应链的，是丰田（Toyota）与其供应商之间的战略合作。过去，更多人讲述的是丰田生产方式（TPM）、零库存（JIT）等，其实，丰田与其供应商之间的长期伙伴关系，是保证 TPM、JIT 顺利实施并获巨大成功的关键因素。国内的企业家们到丰田参观考察时，最感兴趣问题的是 JIT“怎么”实现，很少人问“为什么”能做到，回来之后不想放弃“我是君，供应商为臣”这样的陈旧思维，结论似乎也就明晰了——“JIT 不适合中国国情”。

美国 MIT Sloan（麻省理工学院斯隆商学院）院发明的“啤酒游戏”，深刻的揭示了供应链中的牛鞭效应（Bullwhip Effect），大量的供应链研究及应用，形成了很多供应链“最佳实践”，例如，供应商管理库存（VMI）、越库运作（Cross Docking）、推迟定制（Postponement）、企业销售与运作计划（S&OP）、订单与库存信息共享等。

博弈论中“囚徒困境”现象揭示了，当产业分工越来越专业化、个体效率越来越高的时候，这些个体组织之间的供应链效率，可能会越来越低，导致总体的社会生产率下降。宏观上，需要政府及政府职能之间的协作，微观上，企业必须关注其供应链管理。

前文有个重点词汇，即“完整”的内部流程体系，不一定是完善的流程体系，所谓“完善”一定是不断适应新环境的流程体系。近年来，我们痛心地观察到一些百年老店，在互联网浪潮中面临倒闭解散的困境，正所谓“成也萧何，败也萧何”，企业必须不断适应新的环境，从组织和流程上保证供应链的“持续改进”，开展互联网供应链模式创新。

二、理解供应链“长期”共赢

“长期”共赢，说简单些，咱俩人合作，今天我亏些，明天你就让我赚点，为了共同的客户和市场，不要计较短期的得失，潜台词就是“同甘共苦”。实际上，供应链的企业之间能做到吗?

纵观全球过去几十年的供应链实践，除了少数沉稳的一些发达国家之外，真正长期“同甘共苦”“虚拟企业”的供应链关系并非普遍现象，“长期共赢”更多地停留在了理念层面。甚至有一些连羊和牧羊犬都分不清的顾问们，背诵着这个理念，招摇撞骗，给企业带来了经济上和机会上的损失。

以作者的观点，如果供应链上的企业都能意识并承诺长期合作，那么整合供应链（合资、参股）成为单一企业更能有效地发挥合作优势。当然，仅靠资本的整合并不能保证优势的发挥，还要在新的企业内部建立并优化业务流程。供应链整合，在组织形式上保证了多方的“长期共赢”。

在这里，问题不是“长期共赢”理念的错误，而是为什么要“长期”? 这个长期是什么概念，1 年、5 年或更久？供应链上的企业之所以选择“合作”而不“合并”，恰恰说明供应链长期合作会带来好处，但与某个企业固化这种合作关系，也存在风险（实际案例并非罕见）。建立或变更合作关系需要成本（这里是综合成本的概念），成本越高，双方合作期间就要越长，才能从合作享受的收益中回收建立协同的成本；但是，合作期间越长，合作双方冲突的风险也就越高，正所谓“合久必分、分久必合”。合作的冲突并非总是由于企业之间的关系，也常有宏观的政治和经济原因。

建立合作的成本有哪些？前面提到过，供应链包括“协作”与“协同”两个方面活动，其中伙伴之间的信息共享、系统和流程整合，是建立合作成本的重要组成部分。事实上，没有流程和系统的整合，仅有双方高层长期合作的意愿，并不能带来实质的供应链成本降低。信息技术的飞速发展、物流服务业的兴起，使供应链上下游之间建立协同的成本大大降低，在互联网时代、未来的云计算和大数据时代，这种协同的建立甚至可能是“零成本”。这时候，“长期”合作会多长呢？

在极端的情况下，可否这样讲：“共事顺利就合作，不顺利就分开。”

从理念上，作者不敢苟同这样的说法。但是，作为一个企业家，你既懂得供应链长期合作的价值，也知晓供应链长期合作的风险，最好的决策是什么？在惠普工作期间，达尔文的进化论被用来引导着惠普从“沙漠中的骆驼”到“草原中的狮子”的文化转变。在互联网时代，供应链基本思维和理念不变，需要改变的是参数和关注点。互联网时代的供应链，应该越来越多地关注供应链的风险、快捷与灵活性。

三、供应链与信息技术

事实上，供应链实践，一直是伴随着信息及通信技术的发展而成熟的。20 世纪 70 年代，正是大型计算机走进企业，开始了物料需求计划（MRP）；交互式的电脑系统、客户-服务器架构的应用，企业 ERP 及流程再造（企业内部供应链优化）得以实施。

网络通信、移动电话，为企业之间的供应链构建提供了坚实的技术保障。五年以前，用手机短消息（SMS），在快速消费品生产商和商场促销员之间传递终端商品的销售和库存信息，这一现象非常普遍，尤其是在中国，当快消品的生产商难以与零售商建立“长期共赢”的伙伴关系时，只能用低成本的促销员以及 SMS 方式实现他们所期待的、供应链中所倡导的“终端销售数据管理”。

惠普以其著名的高质量打印机产品闻名于世，也是供应链实践的典范，它的供应链也强烈依赖着信息技术。打印机向消费电子产品方向发展，产品生命周期十分短，不断推出新产品，同时在成本上要具备竞争力。由于产品分销到北美各个区域，渠道库存量大大增加，还经常出现断货，流失了相当数量的客户群。惠普提出的“21 世纪惠普分销模式”，取得了极大的成功，如图 1 所示。

图中所示，有数据采集系统（SUMMIT），代理商预测协同（CPFR），自动补货分析（AIR）。在当时所处的年代，这个创新的分销模式，使供应链商品的总库存减少到原来的 35%，而商品断货率由 25% 骤降到 3%。在今天，类似这个模式已被很多分销和零售企业采纳了。

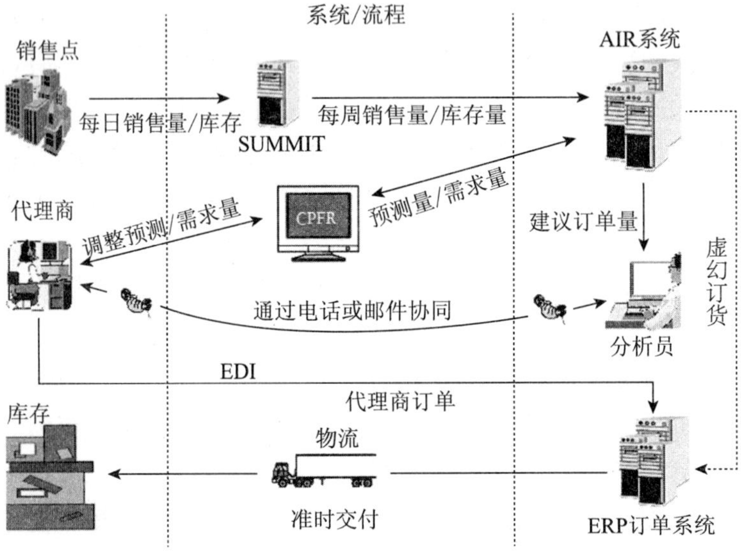

图 1　21 世纪惠普分销模式

互联网技术的普及和低成本，加之物流服务业的快速发展，企业之间的协同模式也越来越丰富，供应商管理库存（Vendor Managed Inventory，VMI）、第三/四方物流（3PL/4PL）、快速响应（Quick Response，QR）等。

四、互联网 + 时代的供应链

智能终端、物联网、工业 4.0、云计算、大数据等，虽然还很不成熟，目前应用主要在消费、娱乐和办公这类流程特征比较弱的领域。但是，随着技术的不断完善，政府积极推动创新创业，有着互联网经验的人越来越深入地掌握了传统企业、互联网的运作核心知识后，这些襁褓中的婴儿会快速成长，极有可能会改变传统供应链理念和生态，已经或将会出现越来越多的供应链创新模式，例如，供应链金融、网上寻源及采购、全流程交易平台、商品/物流信息平台等。

基于供应链的控制者（链主、供应链协调人）向金融机构提供的交易数据，金融机构向供应链上的稳定交易者提供流动资金融资服务，进而强化了供应链的竞争力，这就是供应链金融的创新模式之一。

企业通过互联网搜索供应商、询价比价、审核供应商，电子采购（电子寻源 e - sourcing）服务也是供应链在互联网的重要应用，进一步实现企业间的网上订单、订单跟踪、电子发票和支付、供应商管理等。

国内外互联网的巨头，阿里巴巴、京东商城、亚马逊，以及向互联网快速转型的传统企业，都在不断创新并实践供应链模式。政府也在思考如何通过鼓励供应链创新，带动传统产业的升级。有一点还是要强调，要创新，首先要深入理解传统模式。供应链模式及不断更新的最佳实践，都写在供应链运作参考模型（Supply Chain Operation Reference，SCOR）中。没有理解传统基础上的创新，充其量只是一个称谓改变、移花接木，当前社会上一些人打着创新的旗号，玩得是概念的偷换、标新立异以达到某种短期目的，这个需要警惕。当然，在新的环境下，通过法律保护真正的模式创新，就像早年欧洲通过专利制度保护发明那样，也是十分重要的。

今天，互联网、移动通信已经成为企业生产及人们生活中的不可或缺的部分，还有一些对现有企业构成致命性冲击的互联网模式，例如，出租专车、全民快递等，我坚信也必将产生对传统供应链产生冲击的新模式。诚然，这些模式尚存在很多规范和法律空白，但作为企业家，更需要关注的是迎接挑战，关注企业的生存和未来的成长点。

智慧供应链创新——“互联网+”下的“产业供应链+”

宋　华

近些年来，在中国全社会兴起了对产业互联网创新的探索和实践，特别是李克强总理在2015年《政府工作报告》中首次提到了“制订‘互联网+’行动计划，推动移动互联网、云计算、大数据、物联网等与现代制造业结合，促进电子商务、工业互联网和互联网金融健康发展”，此后，全国掀起了互联网+各行各业、各种要素的热潮。然而“互联网+”的内涵究竟是什么?“互联网+”如何真正提升企业竞争力，尤其是在当今很多实体产业面临严冬的时候如何去提升产业供应链能力？又如何去实现“互联网+”，这是各行各业需要静下心来思考的重大课题。

一、“互联网+”的本质——三大产业的智慧供应链

互联网、物联网和云计算等现代科学技术为什么对实体产业具有这么重要的作用？又如何去理解这些要素对产业供应链的影响？要解决这些问题，首先需要清晰产业供应链的本质以及目前中国企业面临的挑战。产业供应链是一种系统论视角下的产业运营体系，其初衷在于通过打破组织内部及组织间业已存在的业务孤岛、信息孤岛，有效地规划和管理产业链上发生的供应采购、生产运营、分销和所有的物流活动，特别是产业链所有相关方之间的协调和合作，实现商流、物流、信息流和资金流的高效整合。显然，这一目标的实现意味着在管理上要实现“四个有机化”，即“产业组织网络的有机化”“产业价值网络的有机化”“产业物流网络的有机化”，以及“产业资金网络的有机化”。上述“四个有机化”是相辅相成的管理流程，相互影响、相互作用。

显然，企业一旦实现了上述“四个有机化”，抵御风险的能力就会增强、核心竞争力就会形成。而问题的关键也就在于上述“四个有机化”不是那么容易实现，主要原因涉及主观和客观两个方面。从主观上讲，一个单一企业无法及时、全面地掌握产业链的各种状况、各种活动和各类主体，即便有合作者愿意协调、沟通，也缺乏有效的互动和协调手段。从客观上讲，今天的产业活动越来越复杂、越来越广泛，商业活动也越来越国际化、全球化，而因由空间、时间上的差异，“四个有机化”往往难以实现。而“互联网+”却为这些目标的实现提供了良好的契机

和途径，也就是说，互联网（包括移动互联网）、物联网、云计算、大数据这些新的技术创新和手段，一旦融合进产业供应链管理中，不仅可使上述问题迎刃而解，而且进一步创造出高度智能化、服务化的供应链体系，也就是智慧供应链（Intelligent Supply Chain）。

具体讲，智慧供应链对各个产业的影响是深刻而又全方位的。首先从第二产业、即工业制造业的视角看。目前中国制造业虽然取得了飞跃性的发展，成为了世界制造中心，然而能耗较大，此外产业链竞争力不足、高技术、附加值不高等都是目前生产制造业面临的挑战。正是这样的一种状况，使如何提升产业供应链竞争力成为了生产制造业发展的核心。而互联网、物联网和云计算等现代技术对产业的变革和影响主要表现为三个方面：一是形成信息数据嵌入式的全周期技术或产品开发与生产管理。即通过现代新型技术的运用，集成有动态数字存储器、感知和通信能力，承载着在整个供应链和生命周期中所需的各种必需信息，使整个生产制造管理能实现智能化的全程有效控制和管理。因此，技术和产品的提供不再是简单地实现其使用价值，而是透过产品和技术蕴含的信息和数据来实现全周期的管理，在能量消耗整体最小的状况下，使客户能实现发展的价值。二是形成自组织的产业生产过程和生态化。即能集成所有的产业主体、形成跨条线、跨部门、跨区域、与政府、企业、行业协会等广结联盟、物联网和互联网相融合的产业共同进化的生产体系，其结果既实现自组织的价值生产，同时又能提升整个产业网络的竞争力，最终实现产业可持续和可循环。三是拓展的产业服务化网络。以技术为核心、服务为节点，以工作量为缓冲，以直接或间接服务供应商、整合服务集成商、直接或间接服务客户为成员，包括水平结构、垂直结构、斜向位置三个维度，以及管理、监控、分解或集成流程链接四种方式建构的从初始供应商到终端客户的复杂网络。在这一过程中，既能实现活动的高增值性，同时又能实现生产管理的标准化。

除了生产制造领域发生的供应链变革之外，智慧供应链同样发生在第三产业，特别是商业流通领域。传统的商业流通领域同样面临着诸多的问题，诸如媒介渠道复杂且不融合，流通渠道相对冗长、混乱，此外，经营活动对应市场的变化相对迟缓等，而互联网和物联网却为改变这一状态提供了契机。事实上，伴随着这些年互联网，特别是移动互联网的发展，商业云端化的“产业生态链”正在形成、扩大，其商业化应用就是社会化商业新生态，即由社会化媒体、搜索引擎、电子商务、移动互联网组合而成的社交网络，即云平台 + 三屏（手机、电脑、电视）合一 + SoLoMo（社交-位置-移动）的新商业生态系统。这一新的商业生态系统催生了商业智慧供应链的形成，商业智慧供应链具体表现为：第一，形成了跨媒体、多要素的无缝整合平台。亦即传统电脑（台式电脑 + 笔记本电脑）、平板电脑、手机、电视等，正在共享同一个媒介资源。同时服务或商业中的多种要素，包括交易、物流、服务传递、信息和金融等要素高度融合。第二，C2B 新商业模式的确立。C2B 是迎合客户追求自我个性的一种商业模式，是云商业时代独有的创新商业模式之一，这种模式将高高在上的高级定制变成了普通消费者都可以体验、享受的服务。同时 C2B 将激发设计师、众包、消费者自我设计、粉丝团认同设计等多种创意形态得以转化为真实的产品及服务。第三，营销/价值智能化。从商业智能（Business Intelligence，BI）发展而来的大数据技术里，逐步诞生的营销智能化（Marketing Automation，MA）技术，将搜索引擎优化（SEO）、网络营销、植入（插件）营销、社会化媒体、跨媒体数据源处理、CRM（客户关系管理）、社交化销售等市场营销及服务过程整合在一起，提供智能化的客户搜索、培育、筛选管理，为导向最后的交易和服务提供源源不断的“客户池”。

智慧供应链还有一个更为重要的应用领域便是第一产业——农业。长期以来中国的农业是在所有三大产业中发展最为缓慢且挑战较大的领域，这包括农业生产的小农分散导致的农业经营效率较低、农产品经营模式粗放，忽略终端、远离农户、竞争同质化导致农产品价格和信息传导机制不畅等，因此，推动农业产业的现代化是当今中国经济发展最为重要的领域之一，“互联网＋”能否真正结合农业产业的特点，通过智能化的方式贯通农业产前、产中和产后三大领域，涵括各种农产品的物流链、信息链、价值链、组织链四大链条，链接产前、生产、加工、流通、消费五大环节，形成农业的智慧供应链，这是未来产业发展的核心。具体讲，农业智慧供应链也应当体现为三个方面：一是优化农业供应链结构。即能充分弥补薄弱的次链，在单个环节上，打碎小农生产模式，将次级链条中诸如农资采购、生产种植、播种灌溉、施肥收割等各个环节充分细化、专业化、智能化，提高整个农业供应链效率。二是农业组织的有机生态化。在各环节充分专业化的基础上，需以平台企业或有实力的农户组织为主，进行一体化经营，打通产业链五大环节，实现农工商、产供销的有机结合，利用互联网和物联网，疏通信息和价格传导机制，改变产业链各环节分散无序的现状。三是产业链聚合化、服务化。要将分散的农户组织化并嵌入产业链，这是发展壮大现代农业产业链组织系统的核心。一方面，可以有效改变单个农户在竞争中的弱势地位，降低风险，提高收益，提高产业链效率；另一方面，可以有效集中农户需求，促进专业服务，充分利用目前的移动互联网和小微金融的优势，服务农户。

显然，上述三大产业领域的智慧供应链建设和发展才是当今中国产业发展的关键，或者说“互联网＋”的核心并不是简单的互联网、物联网、云计算等技术性的手段，或者将“互联网＋”作为一种标签贴到所有的产业上，而是透过这些新兴技术和方式的运用，形成“产业供应链＋”，亦即我们所说的产业智慧供应链。

二、智慧供应链要素集合——六大能力体系

智慧供应链作为供应链发展的新趋势，应当确立和培育什么样的能力？或者说智慧供应链的核心要素和目标是什么？应当讲，“产业供应链 +”形成的智慧供应链需要拥有六个方面的能力：一是能确实响应供应链客户的真实价值诉求。了解供应链客户（这里的客户是一种广义概念，既涵盖终端消费者或购买方，也包括所有与企业合作的主体）真实的价值诉求是拉动式供应链的前提，而要能做到这一点就需要能真正洞察客户内心深处的经济和情感诉求，而不是外在的产品和业务需求。要实现这一目标就需要通过新兴技术和手段把握我们称之为“价值雷达”的能力。“价值雷达”指的是企业供应链实现的利益和客户得到的价值有三个层面，第一层也是最基本的层次，从供应商的角度能实现最高性价比的产品和服务，而需求方得到的使用价值；第二层是供应商能实现供应链所有权成本降低，而需求方得到的是情感价值；第三层也是最高的层次，是供应商不仅能够降低供应链所有权成本，而且还能帮助客户降低各种机会成本，而此时需求方得到了是发展的价值，即实现了客户自身很难实现的状态，获得了超额收益。显然，如何运用互联网、物联网、大数据等各种现代化的技术辅助企业实现从第一层面向第三层面的发展，及时追踪和捕捉到客户的真实需求信息和状态，进而灵活地提供相应的服务，是智慧供应链需要形成的核心能力之一。

二是互联网使能下的供应链全程可视化。供应链全程可视化管理指的是供应链参与各方能够对供应链全过程、国内、国外市场的状态和运营及时地反映和追踪物流、交易的状态和活动，做到对供应链运营过程的及时监测和操控。显然，这一目标在传统的产业供应链模式下较难实现，其原因在于由于供应链参与者复杂，信息系统不一致，人工干预较多，很难确定零部件需求和消费比率、监控和管理生产订单和处理，以及供应链运营的关键性能指标（KPIS），其结果容易产生供应链低库存周转，高安全库存、资源配置失调而造成浪费、缺乏制造有效性和高效性、供应商质量无法保障，以及过多产品召回。因此，如何实现供应链全程可视化成为智慧供应链的关键，而这一能力的形成，就需要借助互联网、物联网、RFID（无线射频）等技术建立真正标准化、规范化、可视化的供应链网络。

三是建立模块化的供应链运营构架。智慧供应链追求的是充分应对真实的价值诉求，及时、有效地设计、建构和运营供应链体系，也就是说运用模块化方式进行供应链集成，能迅速地运用自身、外部第三方等主体或机构的能力建立起独特的供应链竞争力，在不破坏原有体系的基础上实现供应链服务功能的快速定制，具有良好的智能反应和流程处理能力。也就是说智慧供应链的柔性组织，其能力更为强大。

四是实时的供应链计划与执行连接体系，即供应链计划与执行体系的连接能

在数据和流程两个层面同时实现。供应链计划和供应链运营执行要行之有效，必须能够实现数据、信息同步化，并且相应地组织和管理流程。无论是计划层面还是执行层面，所需要的数据和信息既包括历史的，也包括正在发生的和将要发生的。因此，同步化的概念在于进行供应链计划时运营层面的过往、即期以及可能的信息和数据能及时获取，并指导供应链规划；与此同时，在执行供应链活动时，又能根据实际正在发生的状况和下一步需要执行的活动，及时配置资源和能力，使供应链执行过程稳定、有效。

五是完善的报告与绩效管理，以及良好的供应链预警。即能运用供应链分析工具比较预期与实效，实现统计性流程控制，防范因供应链运行超出预计范畴，导致供应链中断或产生其他风险。智慧供应链管理的核心是在实现高度智能化供应链运用的同时，实现有效、清晰的绩效测度和管理，建立贯穿供应链各环节、各主体、各层次的预警体系，能轻松实现供应链活动的持续进行、质量稳定、成本可控。

六是建立、运营精敏化供应链。供应链精敏化指的是供应链智能敏捷化（即快速响应和服务）与高效精益化（即总成本最优）相结合。精敏化（leagility）这一概念最初是由本·内勒（Ben Naylor）提出，以往精益（lean）和敏捷（agile）被认为是供应链运营的两种状态，两者相互独立，各自对供应链价值的四大要素（即效率、成本、服务和速度）产生不同的影响作用。也就是说如果产品业务多样性程度较低、市场变动较小，则可以建立高效率、低成本的精益供应链。反之，如果品种变异较大、市场波动性较强，则可以建立追求速度和服务的精益供应链。Naylor 则认为在同一个供应链体系中精益和敏捷是可以同时实现，并不是相互排斥，这里的关键在于如何根据市场的状况和产业运营的特点，设计和安排解耦点（decoupling point），也就是持有库存缓冲点。智慧供应链的建立就是要运用互联网、物联网和云计算等现代技术实现解耦点的前移，即使所有供应链环节，特别是终端客户的行为变化能够及时得到反映、掌握和分析，解耦点能够沿着供应链向上游推移，并且在保证服务质量和下游低库存成本的同时，也能实现上游生产运营有序、稳定和高效。

三、智慧供应链核心结构——信息治理

智慧供应链作为一种新型技术支撑下的供应链创新体系，需要在供应链结构上建立产生、形成和管理“智慧”的机制，亦即作为供应链服务的提供者，其所建构的不只是自身的信息化系统，更需通过内部信息化系统以及集成供应链系统，实现供应链全过程的信息收集、过滤、分析、管理、生成和传递，从而保证所有参与主体在交往过程中产生高质量的业务、流程、数据和行为，最终创新价值，这一核心实际上就是智慧供应链中的信息治理。

信息治理（information governance）是一个全新的概念，它与 IT（信息技术）治理有一定关联，但又有很大的区别。IT 治理是公司治理的一部分，它是“一种领导、组织 IT 结构和流程，以保证组织的 IT 系统能维持和扩展企业的战略和目标”。由此可见，IT 治理只是企业战略和 IT 整合的工具，而不能解决为实现供应链价值，信息产生、运用、处理和交换的方式。此外，IT 治理过于强调通过对系统的控制来实现 IT 与战略的结合，忽略了信息化运用产生的创新性行为，或者价值重新创造的过程。2004 年唐纳森（Donaldson）和沃克（Walker）创造性地提出了信息治理的概念。信息治理涉及建立环境和机会、规则和决策权，以评价、创建、搜集、分析、传递、存储、运用和控制信息，以解答“我们需要什么信息、如何运用这些信息、谁负责”等问题。显然，信息治理行为包括了交易管理、规则确立、信息安全、数据流管理以及信息的全生命周期管理等。

有效的信息治理，需要解决好四个问题：第一，如何建立起有效的信息源和信息结构。也就是说在供应链建设的过程中，要考虑为了实现供应链效率，并且为利益各方产生协同价值，需要什么样的信息？这些信息与大家共同追寻的目标是什么关系？这类信息从何而来？运用什么手段可以获得？这一问题的解答，就需要处理好信息源、接收地以及信息管理三者之间的均衡关系，这样一组一组的三角关系构成了信息治理最基本的单元。例如，当金融机构向中小微企业提供融资服务时，需要掌握客户企业真实的物流信息。这一目标的实现就涉及信息源、接收地和信息管理的三角关系。信息源可能是多种多样的，如借助于物联网形成的货物流动信息、海关形成的通关信息、商检发出的产品数量、质检信息等。而作为接收方需要的是关于货物价值的完整性、保全性的信息。这就需要阿里巴巴一达通这样从事信息管理或规制的组织将零散的、不同渠道产生的信息进行整合、挖掘并生成、传递给接收方。这种三角关系一旦失衡，就容易产生各种各样的信息盲区和障碍，使供应链运行发生中断。

第二，如何保障信息的可靠、安全和运用。信息可靠指的是信息可信、可以据此采取相应行动。如果供应链服务集成商根据客户企业的财务报表决定某项服务提供与否时，一定能确认这份报表是真实可靠，而一旦信息失真必然导致灾难性结果。信息安全则是信息在生成、传递和使用过程中能被应该接收的主体获取，而不发生信息的泄露或外溢，或者违反了法律和隐私规定。信息运用则是说获取的信息是能用来解答挑战、了解状况、解决问题、做出决策。而信息的上述三个特征的实现，很明显就需要在 IT 建设、信息形态、业务等级和流程规范管理上下功夫，这也就是阿里巴巴一达通寻求业务逻辑标准化、数据化的动因。

第三，如何实现信息的持续与全生命周期管理，亦即信息能否持续地产生、推进和应用，并且能有更多的利益相关方参与到信息生成、分享的过程中。要实现这一目标，需要信息规制方处理好两个关系。一是所有供应链参与方间通过分享、学习和沟通所建构的信息域，即供应链各方共同努力提升信息的质量、信息的处理和信息的应用；二是供应链参与方与外部管理方之间的信息互惠和管理改进。任何业务信息都难免受到经济、政策和制度的影响，因此，要真正实现信息的可持续，就需要与制度管理方形成信息互动。

第四，如何实现信息获取、处理的代价或成本可控。信息的获取是有成本的，诺贝尔经济学奖获得者斯蒂格勒指出信息的获取程度是由边际收益和边际成本的均衡决定。在“互联网+“的时代，如何通过更为有效的供应链参与主体的网络建构降低信息获取成本已成为今天信息治理的核心问题，或者说今天的网络建构是由信息化驱动的。阿里巴巴一达通与国外机构合作以实现有效的海外客户征信就是这种行为的佐证。因此，智慧供应链不仅通过网络管理信息，而且也根据信息的要求，推动网络的再创新。由上可见，信息治理是一个广义的概念，它是供应链所有参与方运用共同信息实现互动的过程，通过确立起规范性的行为基础，实现产业供应链的价值创造。

四、智慧供应链流程实现——“四化”所对应的管理变革

智慧供应链的实现在流程上有赖于“四化”管理，即供应链决策智能化管理、供应链运营可视化管理、供应链组织生态化管理、供应链要素集成化管理。这四个方面分别对应了供应链管理的宏观战略决策层面和微观运营层面，以及供应链管理主体组织层面和客体要素层面，所有这四个层面能够有效地落地并产生绩效，同时能够很好地结合，相互作用、相互促进，智慧供应链就得以确立，真正推动三大产业的发展和企业创新变革。

1. 供应链决策智能化

供应链决策智能化指的是在供应链规划和决策过程中，能够运用各类信息、大数据，驱动供应链决策制定，诸如从采购决策，经制造决策、运送决策，到销售决策全过程，数据驱动的决策制定（Data－driven decision making，DDD）指的是决策制定的执行是基于数据分析而不是简单凭管理者的直觉。数据驱动的决策制定对于企业的作用是不言而喻的。布吕诺尔夫松（Brynjolfsson）就针对数据驱动的决策制定对企业的绩效影响进行了研究，他的研究发现，一个企业如果将自己标榜为数据驱动型的企业，那么他们对自己的财务和运营结果能做出更加客观的评价。数据驱动型的决策使企业不仅能从数据分析中有所发现，就像沃尔玛发现啤酒和尿布的联系，还能提高企业决策制定的准确性。

具体讲，供应链决策智能化主要是能通过大数据与模型工具进行结合，并通过智能化以及海量的数据分析，最大化的整合供应链信息和客户信息，有助于正确评估供应链运营中的成本、时间、质量、服务、碳排放和其他标准，实现物流、交易以及资金信息的最佳匹配，分析各业务环节对于资源的需求量，并结合客户的价值诉求，能更加合理地安排业务活动，使企业不但能够根据顾客要求进行业

务创新，还能提高企业应对顾客需求变化所带来的挑战的能力。显然，这一目标的实现就需要建立起供应链全过程的商务智能，并且能够将业务过程标准化、逻辑化和规范化，建立起相应的交易规则。

2. 供应链运营可视化

要实现企业供应链的优化，提高供应链运作的协调性关键是充分运用互联网、物联网等信息技术，实行供应链全程可视化。而供应链可视化就是利用信息技术，通过采集、传递、存储、分析、处理供应链中的订单、物流以及库存等相关指标信息，按照供应链的需求，以图形化的方式展现出来，其主要包括流程处理可视化、仓库可视化、物流追踪管理可视化以及应用可视化。而通过将供应链上各节点进行信息联通，打破信息传输的瓶颈，使链条上各节点企业可以充分利用内外部数据，这无疑增加了供应链的可视性。而供应链的可视化不但可以提高整个供应链需求预测的精确度，还能提高整个链条的协同程度。

从实现的路径上看，要实现供应链运营可视化，就需要从以下五个步骤入手：第一，能及时感知真实的世界在发生什么？也就是在第一时间获得、掌握商业正在进行的过程、发生的信息，或者可能发生的状况。这一目标的实现就需要在供应链全过程运用传感技术、RFID、物联网技术手段捕捉信息和数据，并且这些技术的运用和获取的信息应当覆盖供应链全过程、各类组织，以保证信息不是片段、分割的。第二，预先设定何时采取行动？即在分析供应链战略目标和运营规律的前提下，设定事件规则，以及例外原则。第三，分析正在发生什么状况？这需要分析者具备一定的能力，以有效地分析所获取的信息和数据。托拜厄斯（Tobias）和谢利（Cheri）（2015）的调查发现，预测（定量和定性的）、最优化、统计学（估算和抽样的方法）以及经济学（决定机会成本）的相关技能对于数据分析非常重要。除了这些相关学科技能外，数据操作以及沟通与人际交往的能力对于分析的运用也很重要，因为数据操作的技能要求数据科学家能从数据库和资料库中提取交易信息，并且还能从社交网站上获取顾客相关信息并与企业内部的数据进行整合，也就是需要数据科学家能够对结构性数据和非结构性数据进行整合分析。而对于沟通与交往技能来说，数据科学家不仅需要很好的处理数据，并且也需要将数据中获得的见解能有效的（诸如图形化的方式）传达给相关人员。第四，确定需要做什么？在获得商业应用型的、图示化的分析结果之后，供应链各环节的管理者需要根据此前确立的商业规则、例外等原则，知晓需要运用什么样的资源、优化工具如何对供应链运营进行调整，形成良好的供应链方案。第五，采取什么样的应对措施？即为了实现上述调整优化目标，具体采用什么措施实现供应链资产、流程的调整与变革。

3. 供应链组织生态化

供应链组织生态化指的是供应链服务的网络结构形成了共同进化的多组织结合的商业生态系统。商业生态系统（Business Ecosystem）最早是由杰姆斯·穆尔

（James Moore）（1993）在《哈佛商业评论》上发表文章“掠食者与猎物：新的竞争生态”中提出，他结合生态学理论，指出商业生态是以组织和个人的相互作用为基础的经济联合体，它是商业世界的有机体。一个商业生态系统包括消费者、主要生产者、竞争者以及其他的风险承担者。其中主要生产者是商业生态系统的“关键物种”，在协同进化过程中起着重要的作用。后来他进一步完善了商业生态系统的内涵，将其定义为“由相互支持的组织构成的延伸的系统，是消费者、供应商、主要生产者、其他的风险承担者、金融机构、贸易团体、工会、政府以及类似政府的组织等的集合。这些集群以特有的自发性、高度的自组织以及某种偶然的形式聚集到一起”。显然，商业生态系统理论认为众多的组织和个体都是价值创造的一部分，他们相互之间共同作用，有机地组织在一起，发挥不同的角色，推动商业网络的形成、发展、解构和自我更新。这种生态化的网络结构产生的结果便是供应链组织方式和行为方式发生改变，即从原有的双边结构（dyadic），经三边结构（triadic）向四边结构（tetratic）转化。

双边结构是一种传统的供应链关系，即以产品交易为基础的供需买卖关系。而三边结构供应链运营的核心不再是产品，而是服务。三边关系最初是由 Bitner（1995）提出，他认为在服务品牌创造的过程中存在着三种不同的主体间互动和价值协同行为，一是组织（或企业）与客户之间的互动，即做出承诺（making promise）；二是组织（或企业）与组织中的成员或网络中成员之间的互动，即促使或促进承诺（enabling and facilitating promise）；三是组织中成员或网络成员与客户之间的互动，即保持或支持承诺（keeping or supporting promise）。在此基础上，Little（2004）从组织的视野完善了客户价值互动的整体框架。四边结构是在三边结构基础上的延伸，这一概念由 Chakkol 等学者提出（2014），在供应链服务化过程中，服务的品牌和价值不仅是由供需双方，或者三方（即企业、客户、企业网络中的成员）的相互行为所决定，同时也受到他们同其他利益相关者的关系影响。这是因为利益相关者能帮助企业（服务集成商）、需求方和微服务供应商带来合作中的合法性或者新的资源，继而促进各方的合作关系的发展。因此，如何协调和整合四方关系和行为是生态化运营的核心。

4. 供应链要素集成化

供应链要素集成是指在供应链运行中能有效地整合各种要素，使要素聚合的成本最低、价值最大。这种客体要素的整合管理不仅仅是通过交易、物流和资金流的结合，实现有效的供应链计划（即供应链运作的价值管理）、组织（供应链协同生产管理）、协调（供应链的知识管理）以及控制（供应链绩效和风险管理），而且更是通过多要素、多行为交互和集聚为企业和整个供应链带来了新的机遇，有助于供应链创新。Tan 等学者（2014）就认为企业可以通过互联网、物联网实现的大数据，即结构性和非结构性数据的整合，而获得新的想法或者更好的理解企业顾客、市场以及产品，并提出基于演绎图技术的分析构架，有助于企业将自己的能力集和其他企业的能力集进行整合，从而加强供应链的创新能力以获得整体的竞争优势。

具体讲，智慧供应链下的要素集成主要表现为通过传统的商流、物流、信息流和资金流等诸多环节的整合，进一步向几个方面的集成拓展：一是供应链与金融的结合与双重迭代，即将金融机构融入供应链运作环节，为供应链注入资金，解决了供应链中的资金瓶颈，降低了供应链的运作成本，提高了供应链的稳定性。而这一创新和产业供应链运营分不开，因为如今像物联网、云计算以及大数据分析等高新技术的广泛运用使金融机构能掌握供应链交易过程中产生的“大数据”物流、交易信息，将物流、交易管理系统产生的数据实时反映到供应链金融系统中，以达到对交易过程进行动态监控，降低供应链金融运行风险。同时又通过产业供应链运营，创新和拓展金融产品和管理，使金融的物种（即业务形态）和金融组织（金融活动的参与者）日益多样化。二是消费活动、社交沟通与供应链运行的集合。消费活动和社交沟通作为一种人际交流和沟通的方式，已经开始融入到供应链运营过程中，这不仅是因为消费活动、社交沟通使信息传播的方式和形态发生改变，从而使供应链信息交流的途径多样化，而且社交沟通也改变了产业运营的环境和市场，使供应链关系的建立和组织间信任产生的方式发生变革。三是互联网金融与供应链金融的结合，即将以依托于互联网产生的资金融通（如P2P、众筹等）、第三方支付等金融业务创新，与产业供应链金融（如贸易金融、物流金融和供应链融资等）紧密结合，既通过互联网金融降低供应链金融运营中的融资成本，拓展资金来源渠道，又通过供应链金融来有效解决互联网金融产业基础不足，风险较大的问题。

外企撤离和产业迁移对中国企业的机遇与挑战

2015年春节前夕，日本知名钟表企业西铁城宣布将其在中国的生产基地——西铁城精密（广州）有限公司清算解散，千余名员工被解除劳动合同，限期离厂。与此同时，美国微软计划关停诺基亚东莞工厂和北京工厂，并加速将生产设备运往越南工厂。微软在东莞和北京两地的关厂，将总共裁员9000人。此外，还有松下、日本大金、夏普、TDK等知名外企，均计划进一步推进制造基地回迁日本本土。优衣库、耐克、富士康、船井电机、歌乐、三星等企业则纷纷在东南亚和印度开设新厂，加快了撤离中国的步伐。

一、外企产业迁移的国内因素和国际背景

（一）国内因素之中国劳动力、能源、物流、原料成本走高

全球市场出现以来，跨国公司在全球范围内整合各类要素，包括市场、劳动力、矿产资源、资金和研发资源等，把各地最好的资源吸纳和整合到自己的产业价值链当中，以创造最大化的价值，增加其在全球市场的竞争力和影响力。中国在对外开放初期，廉价劳动力以及不断增长的庞大市场，对跨国公司构成了巨大吸引力，因此他们选择将生产制造环节设置在中国作为世界工厂。

所谓世界工厂，简言之，就是为世界市场大规模提供工业品的生产制造基地。英国是历史上最早被称为“世界工厂”的国家，19世纪后期到20世纪中叶，美国取代了英国，成为世界制造业中心，第二次世界大战以后，日德逐渐崛起，在一些领域可以和美国比肩，甚至超越美国成为某些领域的世界制造中心。斗转星移，近十多年来，“中国制造（MADE IN CHINA）”遍及世界，那么，作为世界工厂的中国，其低成本红利发展模式还有多大的潜力？

自2003年以来，适龄劳动人口比重下降使得劳动力市场已由“无限供给”转为“有限剩余”，2007年以后，中国劳动力市场出现结构性短缺，劳动力成本大幅攀升，廉价劳动力时代一去不复返。人力资源红利下降的最直接体现是，跨国企业将产业链延伸到成本更低的国家和地区。国内外专家认为，中国正在进行产业升级，劳动密集型与能源密集型产业获得政府的优惠下降，这些产业转向了交通与劳动力成本更为廉价的国家和地区。近期美国Alix Partners顾问公司对中国、

印度、巴西及墨西哥的制造业成本进行了调查对比，发现中国在“世界工厂的竞争力上已远不及墨西哥。墨西哥有富足的劳动力，平均工资较低，更接近发达国家市场，运输成本低廉，大量的欧美企业将目光瞄准了这片投资乐土。除此之外，越南、马来西亚、菲律宾、孟加拉国在吸引外资上也表现强劲。

企业除考虑人工支出外，能源、物流、原料和工业用地成本控制至关重要。中国的能源、物流和一些原料价格比美国还贵。近年来，美国页岩气开采大大降低了能源成本，相对增加了美国制造业的竞争优势；美国的棉花原料比中国便宜约 30%，中国已失去了在一些原料上的竞争力；中美之间运输的差价就更高，在美国运同样的东西是 2000 美元，中国则可能要花费大约 4000 美元。在不少制造业企业，能源成本占附加成本的比例，要比劳动力所占的比例更大。旧金山的工业用地成本只要 46 美元/平方米，而深圳大约 210 美元/平方米，中国的工业用地成本比美国多了 5 倍。波士顿咨询集团（BCG）2014 年公布的一份研究报告显示，以美国为基准的全球制造业成本竞争力指数，中国制造业对美国的成本优势已经由 2004 年的 14% 下降到 2014 年的 4%。这表示目前在美国进行生产只比在中国进行生产贵 4%。报告表明，中国作为低成本制造业大国的竞争优势正在逐步丧失，美国温和的薪酬增长、高效的生产技术、低廉的能源价格使部分商品在中美两国的生产成本几乎没有差异，越来越多的美国企业与其他国家跨国公司未来会选择在美国境内进行生产。该研究报告认为，按照目前的发展趋势，中国对美国的制造业成本差距在 2020 年左右将不复存在。如此看来，有些外企撤离中国，与制造业能够提供的利润和回报急剧下降有关。如图 1 所示。

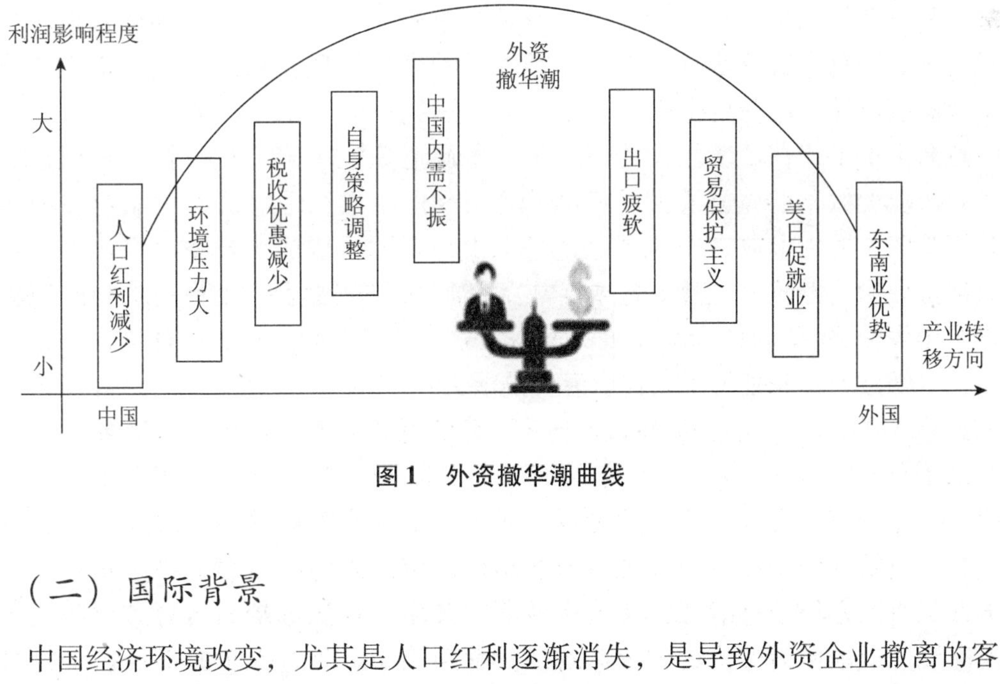

图 1 外资撤华潮曲线

（二）国际背景

中国经济环境改变，尤其是人口红利逐渐消失，是导致外资企业撤离的客观因素，那么，外企所属本国的经济政策调整则构成主观原因。以美国和日本企业为例，由于日元大幅贬值、日元汇率走低，对日本海外企业产品在本国销售带来较大损失。一国货币贬值有利于本国企业出口。这是日本撤离中国的直接原因。而美国企业从中国撤资主要受到奥巴马中产经济学影响：核心内容之一就是利用税收手段吸引海外企业和资本回流美国本土，推动国内制造业重新走向复苏。

奥巴马政府力推重振制造业战略，美国制造业表现良好。美国供应管理协会公布的报告显示，2014 年 7 月美国制造业连续第 14 个月扩张且扩张步伐为 3 年来最快，进一步确立了美国经济复苏回升的势头。报告显示，7 月美国制造业采购经理人指数 Markit PMI 从前月的 55.3 升至 57.1，创 2011 年 4 月以来最高水平。制造业采购经理人指数是衡量美国制造业综合发展状况的晴雨表，该指数以 50 为临界点，高于 50 表明制造业处于扩张状态，低于 50 则表明制造业处于萎缩状态。当月，制造业订单指数为 63.4，高于前月的 58.9，连续第 14 个月上升；生产指数为 61.2，高于前月的 60；雇用指数从前一个月的 52.8 大幅升至 58.2。分行业来看，18 个受调查行业中有 17 个行业实现扩张。

美联储公布的数据显示，美国 2014 年 7 月工业产出月率增长 0.4%，为最近六个月中的第五次上升，因汽车零部件和汽车生产跳升 10.1%。该指标用于衡量制造业、公用事业和矿业的产出。7 月制造业产出月率上升 1.0%，创 2015 年 2 月以来最大升幅。美国商务部报告亦表明，美国制造业出现了对外投资下降和税收利润上升趋势，美国“再工业化”战略开始生效，实体经济显现振兴迹象。

奥巴马政府用税收、贸易和投资政策倾斜，试图提振制造业。在政府的大力推动下，美国制造业复兴图景以不同方式体现在 19 个州：从加利福尼亚到路易斯安那，从俄亥俄到宾夕法尼亚，从肯塔基到俄靳冈，从密西西比到阿肯色，不一而足。其共同点是分享多元化制造基地和重视商业环境，有灵活激励策略和州与地方政府产业扶持的互动。

比如，南卡州在传统纺织业以外，力争制造业实现多元化。在南卡制造业新版图上，北部汽车业蓬勃发展，南部波音引领航空航天业壮大，轮胎业在中间狭长地带扩张，把南卡放在了全球经济坐标上。全球运输成本都在上涨，库存日益昂贵。保证供应链效率、降低成本，成为制造业制胜要素。货物运输和配送越来越多采用运输联合作业（intermodal operation）。南卡州政府力推内陆港计划，通过直接或以铁路通勤线连通的方式，南卡内陆港与美国东部第四大国际集装箱港口查尔斯顿港连接，为南卡制造业打开新的市场通路，为蓄势待发的制造业再度起飞奠好基石。

南卡州的纺织业曾是其支柱产业。近十年来，高度竞争的纺织业在全球进行了大规模重组，企业在全球寻找最有利可图的市场，同时在最经济、高效的地方布局纺织生产。2001 年，中国进入全球贸易体系，中国和墨西哥等国可以用更低成本进行生产和运输，令南卡纺织业连续受到重击，工厂大量关门停产。不破不立，革新才有出路。现有纺织厂一部分转成高端纺织业一员；一部分把纺织及相关产业中有科技含量的部分独立出来，焕发生机，转型为高科技纺织企业。南卡迅速转变为美国高端材料制造，尤其是复合材料的制造中心。距离这些高端材料制造企业不远，宝马公司正在翘首企盼新研制的纺织材料，用于汽车内饰。远在查尔斯顿的波音公司，也在为其梦想客机寻找碳复合材料和绝缘纺织品，它们的需求为南卡的高端材料制造业提供了发展依托。

生产高端产品的"精品店"（boutique）是一些美国回流企业的特性。美国制造业的复苏还停留在起跳点上，引领美国制造业复苏的行业相对集中。自 2010 年 1 月以来，美国新增的 50 万个制造业就业岗位中，汽车、机械、原生金属和金属制品这四个相关行业贡献了 35% 的岗位，推动就业增长率上升 75%。美国其他针对技能发展和创新的制造业政策，则需要一定时间才能发挥作用。波士顿咨询集团（BCG）的报告也认为，制造业估计到 2020 年前美国的出口会激增，在这一过程中，美国制造业会继续回流。

综上，随着中国劳动力成本上升和经济增速放缓，跨国公司开始重新考虑对中国劳动力和市场要素的吸纳和整合情况，许多制造企业向东南亚等市场更大和劳动力成本更低的地区转移，如美国、德国、韩国等，在政府重振制造业的策略计划和优惠政策下，部署产业回迁母国。这是跨国公司进入全球公司发展阶段，为打造其全球价值链而进行的合理选择，属于正常企业行为。

二、外企产业迁移对中国企业和中国经济发展的影响

在当前中国经济下行态势下，外企撤离对中国经济确实带来不利影响。

（1）外企撤离会使大量劳动力闲置，地区失业率增加；有些外企携走资金，拖欠应缴税款，欠发工人工资，未清偿供应商货款，债权人债务，这必然导致财政损失，供应商、债权人损失和社会不稳定。

（2）外企撤离对已形成的供应链造成更大的影响。外企在华的投资发展，促使中国产业由重/轻工业向电子工业发展，并形成自己的一套开发经营模式和供应链。在这个供应链中，最先来华投资的外资起着主导作用，作为附属的支撑企业应主导产业的需求，为主导企业提供其所需产品或服务，或在此基础上将自己的附属地位不断做大做强，形成自己相对独立的供应链。当起着主导作用的外企撤离时，这会对供应链造成巨大的冲击，附属企业将会面临产品停销产线停产的风险，严重的将会使企业面临接连倒闭的危险。而且部分拥有高尖端技术的外企对中国的企业起着引领的作用，这样的外企撤离市场，将冲击中国的相关产业结构，影响国民经济的相关布局。

外企撤离向中国企业昭示，在劳动力成本日益高企的大环境下，要生存发展，再也不能走传统制造业老路。从长远看，产业迁移对中国企业和经济的发展也带

来一定积极影响。

（1）给中国本土制造企业留下更多空间。在短期内失去了强有力竞争对手，为国内制造业带来更多市场机遇。一些外资企业把工厂转移到了越南、菲律宾等国家，这些国家的消费能力远远不及中国，这就意味着这些工厂的产品一定要出口。而出口，将会带来运费、关税等其他费用，未必会降低成本，反而造成价格上涨，竞争力会有所下降。

（2）人才储备：外企撤离后，一部分高精尖技术、管理人才进入中国制造企业，为中国企业技术更新和改造输送了合格人才，为生产高精尖产品蓄积了能量。同时，先进管理技术和管理理念也会对中资企业带来很大触动甚至是革命，将对推进中国制造业技术进步发挥重要作用。

（3）优化制造业机构：外企撤离主要为劳动力密集和低成本低端家电制造业，从某种意义上说，既可解围中国制造业用工不足，也可减少环境污染。微软诺基亚、松下等国际知名企业撤离中国的绝大多数都是低端低成本制造，这也是中国下一步需要调整的产业，对优化中国产业结构具有一定作用。外资撤离给中国在由世界工厂到世界办公室、中国制造到中国创造的产业供应链转型提供了契机。

三、中国政府与企业针对外企撤离中国的策略

尽管中国最近经济增速放缓，但是中国在市场规模、劳动力性价比和产业配套能力等方面，仍对外资企业具有重要吸引力。外企撤离更能迫使中国政府进一步改善投资环境。虽然外企撤离有中国劳动力成本大幅提高以及外企产业效益下滑等多种因素，但与这些年中国高房价、高物价、高污染等造成生活成本提高、影响正常生活有一定关系，尤其政府行政效率低下，服务意识淡薄，投资兴业审批手续繁杂，这些都让企业和投资者难以长期承受。加之，被质疑为选择性反垄断等执法行为，都成为外资撤离中国的原因。“如何使外商不是去中国投资就是在去中国投资路上”，政府应大力推行以下措施。

（1）要逐步建立、完善我国的境外投资保护制度体系，尽快出台境外投资保护法；建立专门的政府机构或者行业协会，让有境外投资需求的企业了解本国和东道国的境外投资法规，认识国际投资风险，协助企业解决境外投资中遇到的问题；加大财税、金融政策对海外投资的支持力度，为企业提供资金配套服务，提供汇率风险管理服务；制定完善的商务、海关、税务、工商、外汇等监管部门信息共享平台，为企业提供高效的服务，才能再次增强中国吸引外资能力，为欧美等制造强国企业的高端产品进入中国创造条件。

（2）政府下决心重振制造业。各级政府应从扶持房地产、建开发区等形象工程中退离出来，下决心挤掉经济泡沫，防止虚拟经济膨胀，真正推动中国经济转型和产业结构优化。政府应出台更多优惠扶持政策和激励政策，确保税收、降低

贷款利率、财政补贴等优惠财税政策进一步到位，让中国制造业走出经营困境，唤醒中小微制造业复苏。另外，外企撤离也向中国企业昭示，在劳动力成本日益高企大环境下，要生存发展，再也不能走传统中国制造业老路，应加快中国创造，推进技术更新和改进，增加高端高附加值产品产出，提高产品竞争力，使生产经营立于不败之地。

（3）招商选资，鼓励外资向新兴行业和高精尖端制造业转向：只有拥有品牌效应和高附加值并且能够适应中国转方式调结构的外资企业，才会在华找到生存空间。2015 年高精尖端制造业领域外商投资活跃：1 月，制造业领域实际使用外资 39.5 亿美元，占全国吸收外资总量的比重为 28.4%，同比增长 13.9%。其中，交通运输设备制造业新设立企业数同比增长 34.8%，通信设备计算机及其他电子设备制造业合同外资增长 19.5%。比如，落户上海浦东工业开发区的企业有制造高端芯片的英特尔公司（Intel），生产精密的光纤制品和陶瓷载体的康宁公司（Corning）。还有制造精密的液晶显示屏的日本松下公司（Matsushita），以及在一流的自动化炼钢厂生产钢材的德国 Thyssen Krupp 钢铁公司。

（4）中国吸引外资也由以往以制造业为主的格局转变成以服务业为主，服务业吸收外资的规模在不断扩大。按照官方数据，2014 年中国服务业实际使用外资金额约为 663 亿美元，同比增长 7.8%，占比升至约 56%，而传统制造业实际使用外资金额约为 400 亿美元，同比下降 12.3%。2015 年 1 月，服务业实际使用外资 91.8 亿美元，占全国吸收外资总量的 66%，同比增长 45.1%。不含银行、证券、保险业的其他金融服务业实际使用外资 46.2 亿美元，同比增长 1261.7%。中国蓬勃发展的服务业，以及新兴中产阶级的规模化崛起，给外资依然留在中国赚钱提供了充分的理由。而服务业与制造业的区别就在于，生产与消费一般在同一个地点完成。要想在中国的服务业市场赚钱，就必须在中国提供服务，而且通常是雇用中国人来进行服务。换句话说，只要在中国服务业市场赚的钱大于在中国投入的成本，外资就依然愿意留在中国。

（5）产业规划向高精尖看齐、由中国制造到中国创造转型；让企业走出去，鼓励对外投资。中国政府适时对产业重新规划布局，发展相关产业紧跟世界科技潮流，确保制造产业的时代性和先进性；鼓励中国具有国际竞争力的制造企业走出去，从而扩大中国制造业在世界市场占有份额，为中国制造业参与世界竞争、分享世界经济发展红利和分散经济风险奠定基础。这不仅是外资企业将生产线从中国市场向外转移的客观影响，而且是中国本土企业走出去的主观意愿和能力也在进一步增强。

“中国制造”走出国门引领经济转型。出口一直是中国经济增长的火车头。数据显示，多年以来中国的经济增长 60% 以上一直靠出口来拉动，而出口“大户”是制造业，财政收入的一半来自制造业，外汇储备于去年年中已达 4 万亿美元左右。世界银行提供的数据称，近年来中国作为“世界工厂”，中国出口每年为 GDP

增长贡献两个百分点。由于长期以来出口远超进口，中国同时维持着庞大的经常账盈余，长期招致“人民币被低估、中国人抢走美国人的饭碗”等无端的尖锐批评。中国政府应当为外汇储备资金寻找更切实的用途，如帮助国内企业“走出去”，拓展海外业务或开展海外并购等，而不仅仅是用来购买美国国债。由于产能过剩及人口老龄化将造成国内投资下降，中国的大量剩余资本势必将涌向国外。加大海外投资力度，中国从“世界工厂”到“世界投资人”的华丽转身已是大势所趋。数据显示，2014 年中国对外投资规模势将超过利用外资规模。

比如，自主车企在国内市场节节下降，市场竞争日趋加剧的背景下，把眼光放在拓展海外市场。自 2014 年以来已有多家自主车企确定或宣布将在海外建新工厂，主要涉及南美、东南亚以及欧洲三大区域。随着不少国家对进口整车的政策和关税“限制”，海外投资建厂似乎已成为主流的出口方式。2014 年 8 月 28 日，奇瑞巴西工厂宣布落成，奇瑞是在巴西投资建厂的第一家中国乘用车企业，巴西工厂也是奇瑞在海外独资兴建的最大整车工厂，总投资达 4 亿美元。2013 年长城在巴西的合作伙伴——拉丁美洲汽车集团（Latin American Motors，LAM）宣布，长城汽车计划 2014 年由该集团为其在当地建厂，初始产能目标为 5 万辆/年；今年长安集团计划在海外市场建立整车组装厂，其中就包括巴西；江淮位于巴西的新总装厂定于 2015 年投产，届时每年可生产 10 万辆汽车，并将成为江淮海外最大的工厂。此外，吉利、比亚迪都计划于今年在巴西建厂投产，而力帆汽车则启动“南美战略”，升级现有的乌拉圭工厂。好消息不断：“中国制造”地铁亮相巴西里约热内卢、几内亚万元大钞印上中几合建水电站效果图、中白官员在明斯克独立宫排队签署合作文件，2014 年，华为公司 68% 的销售收入来自海外市场，徐工集团、三一重工等海外业务规模也不断扩大。

中国经济进入新常态，中国企业要想走出去，融入全球价值链，必须强化自主创新，加快由制造业大国迈向创造业强国。中国政府提出的“中国制造 2025”，推进制造业升级，拉开了中国迈向制造业强国的大幕，也将有力地推动“中国制造”迈向“中国创造”。当今世界，新一轮科技革命和产业变革与加快转变经济发展方式形成历史性交汇。中国是全球制造业大国，但中国制造业却面临大而不强的局面。当前中国对外技术依存度为 54%，科技对经济的贡献率为 39%，而美国、日本、芬兰等二十多个全球公认的创新型国家，其对外技术依存度低于 30%，科技对经济的贡献高于 70%。作为未来 10 年中国制造业发展的路线图，中国政府提出“中国制造 2025”，其目标是推动中国制造由大变强，全面提高科技自主创新能力，使中国制造包含更多中国创造因素，更多依靠中国装备、依托中国品牌，培育更多的创新型企业，促进经济保持中高速增长、向中高端水平迈进。

“中国制造”迈向“中国创造”，切入点之一就是抓住智能转型。德国“工业 4.0”战略的核心是智能生产技术和智能生产模式，而智能化也是中国制造业升级的主攻方向。中国政府重点发展新一代信息技术、高档数控机床和机器人等 10 大领域，强化工业基础能力，提高工艺水平和产品质量，推进智能制造、绿色制造。机器人产业作为智能制造关键组成部分，正迎来加速发展契机，打造自主机器人全产业链无疑是未来我国制造业的重要突破口。

“中国制造”迈向“中国创造”，迫切需要抢占“互联网+”这一制高点。中国政府倡导“工业互联网”概念，强调推动移动互联网、云计算、大数据、物联网等与现代制造业结合。做大做强工业互联网，推动国内互联网企业与制造业企业的联合与互动，亟须加强信息资源整合，打破传统工业企业“信息碎片化”“信息孤岛”的局面，形成大数据、云计算、物联网、移动互联网与制造业结合的新优势。

制造业服务化是“中国制造2025”的战略支撑，也是“中国制造”迈向“中国创造”的重要保障。制造业服务化不仅使工业企业提高附加值，可以实现转型升级，而且衍生壮大了生产性服务业。会议确立了促进生产性服务业与制造业融合发展的基本目标，以提升制造业层次和核心竞争力，是服务业发展的重要途径。这就需要大力发展工业设计、融资租赁等生产性服务业，积极培育发展研发设计、系统集成、知识产权、检验检测等高技术服务业，促进服务业与制造业融合发展。

“中国制造”迈向“中国创造”，归根结底在于深入实施创新驱动发展战略。创新驱动不仅仅是新产品、新模式、新业态、新产业，更要依靠深化改革，充分发挥市场在资源配置中的决定性作用，构建开放型经济新体制，激发制造业发展活力和创新动力。

四、中国产业迁移对全球产业价值链格局和性质的影响

跨国公司在全球范围内整合包括市场、劳动力和研发资源等在内的资源要素，把各地最好的资源吸纳和整合到自己的产业价值链当中，以创造最大化的价值，增加其在全球市场的竞争力和影响力。全球产业价值链（来自不同地方的中间产品和服务经由它进入成品生产）已经改变了世界，在全球贸易中的占比接近80%，其中包括约12万亿美元的中间产品和服务贸易。渣打银行（Standard Chartered）的一项研究显示，在未来10年里，全球产业价值链性质的改变将重塑全球贸易格局。

作为世界最大全球产业价值链源头的中国，将剥离很大一部分低成本制造业。印度和东盟很可能将从此次低成本制造业迁移中获益，孟加拉国和非洲也将分得一杯羹。最后一点，中国围绕“新丝绸之路”（New Silk Road）即“一带一路”（One Belt，One Road）计划建设基础设施的战略，预示着全球产业链将扩张至相对较新的地区。

随着中国工资成本的上升，包括东盟国家、印度和孟加拉国在内的新的低成本制造业中心，发展速度正在加快。这种转变将提升新兴市场在制造业和服务业

全球产业价值链中的地位，巩固新兴市场的出口实力——新兴市场在全球出口中所占份额现已高于发达国家。

但是，外企撤离，产业迁移，并不意味着中国主导的全球产业链会衰落。事实上，总部位于中国的全球产业链可能会继续蓬勃发展，但外国对中国投资对该全球产业链的推动作用，可能弱于预期中的中国对海外投资，尤其是“一带一路”沿线项目投资日益多元化起到的推动作用。基于陆地的“新丝绸之路经济带”，该线路将经由中、西亚把中国与欧洲连接起来；基于海洋的“21 世纪海上丝绸之路”将把中国与东南亚、中东、欧洲可能还有非洲连接起来。中国欢迎包括印度、日本和俄罗斯在内的国家加入“丝绸之路”计划。中国政府牵头的“一带一路”将全球产业价值链代入新的地区，使投资日益多元化。

发展中国家有近 60 亿人口，对基础设施建设和装备有很大需求。中国已进入工业化中期，经济体量大，200 多种工业品产量居世界首位，装备水平处于全球产业链中端，性价比高。而发达国家处于工业化后期或后工业化阶段，拥有高端技术装备。中国可以将自身的装备与发展中国家的需求和发达国家的优势结合起来，推动国际产能合作。“中国制造”在技术含量较高、增值率较大的产品——高铁和核电站等装备产品已是新的竞争点。中国装备产品出口日益发挥对外出口的支撑作用。统计数据显示，2014 年整个装备制造业出口 2.1 万亿元，占全年外贸出口总额的 17%。

高铁是中国制造走向高端的一个标志，技术先进，安全可靠并且成本具有竞争优势。中国 1.6 万千米的高铁线路，经得起高寒、酷热、戈壁风沙、海风高盐等各种考验，每天开行动车组列车 1550 多对，年发运旅客数量近 10 亿人·次，这是中国高铁核心竞争力的最佳体现。以南北车为代表的中国高铁，合并重组后，定位于“跨国经营”和“全球领先”，不仅是要把车辆卖到国外去，还要在海外投资、运营，提高国际竞争的整体实力。高铁技术的应用可以在城市间甚至“一带一路”上更广泛地连接中欧的贸易，成为各种要素流通的桥梁。

高铁、核电设备等中国装备“走出去”正逐步从初期的设备供货向设计引领、技术带动、施工建设、运营维护的全产业链输出转变，中国企业成为促进开发合作、优化全球价值链的新兴力量。中国装备“走出去”，既采用发达国家先进技术设备，也面向发展中国家就地生产装配，还与金融机构进行融资合作，向全球市场提供物美价廉、节能环保的装备、产能以及有保障的金融服务，不仅可以提升发展中国家工业水平，也可以倒逼中国装备等产业升级，还可以带动发达国家核心技术和创意出口，实现“三赢”。这是促进南北合作、南南合作的新途径，也是应对气候变化和世界经济复苏乏力的一剂良方。中国经济与全球经济已深度融合，中国能为全球经济稳定做出贡献，为中国经贸伙伴带去发展红利。

总之，中国某些产业虽然在规模和成本上有一定优势，参与全球产业分工的程度不断加深，但总体仍处于低端的、劳动密集型加工制造环节。随着中国劳动力成本上升和经济增速放缓，受国际环境经济要素影响，跨国公司开始重新考虑对中国劳动力和市场要素的吸纳和整合情况，许多制造企业向东南亚等市场更大和劳动力成本更低的地区转移。这是跨国公司进入全球公司发展阶段，为打造其全球产业价值链而进行的合理选择，也属于正常企业行为。因此，中国迫切需要重新审视和调整企业战略以及相应的产业发展政策，策略布局，重振制造业，以推进产业升级规划向高精尖看齐、由中国制造到中国创造转型；让企业走出去，鼓励对外投资，提升在全球产业价值链体系中的位置，进一步增强产业国际竞争力，谋取更大战略利益。

“一带一路”战略下的中资企业海外供应链体系建设

王福寿　唐　冲　甘李华

随着“一带一路”战略的推进，会有越来越多的中国本土企业走向海外。不仅仅是我国的产品走出去，而且是在海外打造中国品牌。这就要求企业必须有海外交付体系、海外物流网络、本地供应商体系、本地设厂等，这一系列综合起来就是海外供应链体系的建设。中兴、华为已经在一百多个国家和地区完成了海外市场布局，在海外供应链体系建设方面投入了大量的人力、物力，其中也走了不少弯路。

我们将结合中兴、华为等这些企业的经验教训，分析“一带一路”战略下的中资企业海外供应链体系建设，给其他准备走出去的中国本土企业作参考。

一、中资企业走出去后的供应链体系构建过程

在目前“一带一路”国家战略的大背景下，中资企业面临前所未有的“走出去”良机。但是如何走得好，却不是那么容易。也许企业已经锁定了市场，可能也已经做好了充分的资金准备，但终归走出去的目的是获得市场、赢得利润，如果没有准备充分的供应链，那么在销售实现过程中，不仅可能失去已经预想出来的利润，甚至可能会失去这个市场。一次海关罢工、一次港口塞港、一次临时事件就可能带来惨痛教训。

如何逐步构建供应链，帮助企业在进军海外的过程中少交“学费”甚至不交“学费”，就成了不得不面对、却又往往容易被忽视的话题。

企业供应链的构建过程，与企业在目标市场的发展步伐是相对一致的，供应链系统的成熟度和能力提升将直接决定企业海外市场推进战略的实现。

在企业拓展海外市场过程中，供应链构建通常遵循四阶段原则：

阶段0：市场攻坚期，这时候发货量不大，用国内供应链就能满足；

阶段1：市场成长期，订单量增长到利润能够支撑当地管理体系建设，供应链延伸到目的国，形成单点供应链能力；

阶段2：市场成熟期，供应链规模放大与效率提升并举，形成当地国主要市场单点或多点覆盖能力，具备较完整的供应链链体系；

阶段3：市场衰退期，供应链效率提升与市场规模缩小并存，供应链体系逐步

收缩。

供应链构建一定程度上要稍微提前于市场阶段，同时，要有能力设计，以保障供应链的能力爬坡期不会影响市场拓展。针对供应链中的各功能建设，要优先信息流能力的建设，我们建议供应链要早于市场销售规模一个阶段。

二、海外订单交付体系建设

本部分内容将深入探讨中企海外交付能力建设过程中的交付体系如何建设，在此有必要先简要说明一下什么是交付体系：交付体系是通过跨团队、跨国界、跨时区针对公司产品提供契约化服务以完成企业对客户交付承诺的职能体系，交付体系横跨销售、财务、供应链、现场工程、售后与客户服务的方方面面，我们将逐一探讨。

1. 如何建设交付体系的组织

组织建设是依据业务流程，而业务流程的首要任务是实现业务策略，以支持战略目标；具体而言，海外交付体系建设中，组织建设关乎战略目标，而流程建设关乎执行策略，而流程与组织的设计则会影响海外业务的成败。

海外订单交付体系的建设，很大程度上取决于当地业务战略如何，大体上可以区分几种业务类型。

（1）单纯货物交付型：这是最简单的类型，基本上可以不用建设海外订单交付体系，国内覆盖即可；当然，这种模式主要针对简单产品，如日用消费品、一次性消费品等不涉及当地服务的产品。

（2）货物 + 技术交付型：此类业务形态，涉及技术落地，需要在当地建设技术交付能力，当涉及大量货物、分散客户的交付时，则需要设计当地的订单交付组织，以涵盖售前、售后、供应链、技术服务职能组织，同时，考虑当地国家的政治、经济环境，适当设立劳工和财税支撑团队。另外，还要基于技术的复杂程度，考虑是否在国内建立相应的技术支持能力组织，以保障当地能按合同（订单）要求，实现相对应的技术交付，以保障产品销售最终落地当地国。典型的中企有三一重工等，当完成机械运输当地国后，最终需要的是应用技术的落地，只有技术交付到位了，才能保障产品真正占领市场，这种技术交付，还会因为城市的经济水平和人民文化程度而导致不同的技术交付难度，所以，针对业务战略的深度和广度不同，也需要差异化技术交付组织的建设或者说覆盖深度。

（3）货物 + 简单工程交付型：此类业务形态，较第二类又复杂了一层，从货物到简单工程，中间可能涵盖了技术也可能不涵盖技术，比如一般类的产品安装工程，如空调类产品、家装类产品、轻工业出口品等企业，有些涉及技术交付，有些不涉及技术交付，根据产品形态的差异，订单交付组织除了售前、售后、供应链外，还要视业务形态的细节差异而设计对应的技术职能组织和工程服务组织；

此类业务形态复杂还在于工程服务组织一般而言是需要当地化的，除非涉及技术壁垒的存在而必须由国内输送，即使从国内输送，仍然是存在与当地文化对接的相应情况要提前做准备；同时，因工程交付所涉及的场景差异，还要进行组织设计的差异化；不同的工程场景，对订单交付组织建设所要进行的要求也全然不同。典型的企业如中建、中铁、中石油等轻型工程业务。

（4）货物+服务交付型：此类型的业务形态，一般而言要视产品的属性和业务规模来设计订单交付组织，也是最为复杂和难以设计的业务形态，原因在于产品的属性易于区分，但规模与交付组织的对应设计把握难度很大，同时，由于不同行业的差异，组织实现服务的需求也差异不一。

首先，是否建立销售团队的考虑，在于客户的接触形式差异和商务模式的选择以及客户的可接触形式，这一点首先以行业进行区分；其次关注产品属性，一般而言简单、标准化的产品可以不建立当地销售团队，但除此外的产品，一般而言就要看产品营销成本和建立当地团队成本的关系了，未达到平衡点的，一般建议不建设当地销售组织，当然战略市场除外；到达平衡点或者已经在平衡点内的，则建议建立销售团队。

其次，服务交付一般而言是针对货物相关的，所以订单交付组织是必须建设以保障服务交付的，但是，订单交付组织的建设形式也可以多种多样，如果涉及的服务类目简单、标准，则可考虑用本地化合作的模式，当然，合作方的选择，以及业务的商务模式决定了是否进行本地化合作的选择；另外一类自建订单交付组织的成本较高，因为涉及几个较大的问题，一是人力输送海外；二是目的国的相应法律法规约束；三是文化差异。

最后，交付组织中的供应链组织如何建设，建设到什么程度，要依据业务规模和商业模式来定，其实此处供应链组织的存在是一个覆盖度的问题，是维持国内覆盖形式还是将触角延伸到海外，是仅仅进行物流建设，还是也要同步进行仓储组织建设，是自建物流还是外包，是否要建立当地订单、采购、物流等全职能供应链组织，还是只是建立一个供应链轻型管理中心，要根据企业的策略和商业模式来进行。举例来说，大型电商企业，在发现其美国业务占比已经达到80%以上，且日货量已经突破一个小柜，此时，建立一个当地供应链组织就迫在眉睫了，但是，是只建立一个当地物流中心还是建立完整的当地订单交付组织，是涵盖订单、采购、物流、仓储、配送、客服等的全职能组织还是只做仓储的部分职能组织，则需要依据企业的海外推进策略去进行了，当然，随着业务推进阶段的差异和商业模式的影响，进行全职能订单交付组织建设是必然的发展方向。

（5）TURNKEY 模式（交钥匙工程）：此类业务形态是目前中企海外最复杂的模式，涉及海外业务的方方面面，也基本能涵盖所有中企业可能涉及的业务内容，华为、中兴等电信设备厂商都承接过类似的项目，有着订单条件苛刻、交付时间长、交付过程复杂、涉及流程长、管理困难等诸多的问题。一般而言，这类订单都是按项目形式进行交付，而组织建设因企业能力差异需要不仅在海外建立全职能组织以完成项目交付，还可能需要在国内建立对应的机动团队以支撑海外组织去完成这样的项目。另外，由于管理问题、工程能力和计划准备不足、供应链一期准备不足而导致的项目不断延误，这些都表明海外订单交付组织建设中的学问，哪一个环节推进得慢了都会对项目交付造成延误，这个角度去说，组织建设系着企业成败一点也不为过。

2. 销售在交付体系中的职能

没有销售介入的交付一定会失败，所以销售对交付的影响至关重要。在交付管理中，客户不仅会关注交付结果，也会关注交付过程，尤其是过程进展和过程中的问题，这个时候就需要销售的介入，来实现与客户的沟通，除此以外，销售还承担着给交付输入任务的最基础工作，同时，往返沟通客户、修正业务范围和调整交付标准等，都离不开销售的介入和支撑。

3. 财务在交付体系中的职能

财务与交付体系貌似是无关的，其实财务对于工程交付过程中的成本控制、支付风险控制、汇兑损失以及项目交付过程中的财务管理，扮演着其他职能无法承担的角色。一般可能认为财务在国内处理即可，无须建立海外组织，但是面对关务、税务等当地化非常典型的财务业务，国内团队是无法承担并完成任务，因为这些职能的缺失更可能导致交付停摆。很多时候，尤其是贸易企业，财务并没有在当地国，依然运行顺畅，究其原因是交付的交割点没有到当地国之前就结束了，很多是 FOB 港口就结束了，当然不需要，但面对交易责任到港口之后的国家目的地，甚至交付现场，财务职能的缺失将会带来不可估量的损失，而且财务能力需要提前培养。

4. 供应链在交付体系中的职能

供应链在交付体系中承担着实物流保障的职能，主要涉及关务、运输、仓储和采购四大职能，有时还可能涉及制造职能，一般较少，目前涉及这块的主要是一些大型企业如汽车行业、通信设备行业、房地产行业等。

一般而言，供应链的建设都是从国际物流的 3PL 开始的，逐步延伸到关务、当地仓储、自有仓储、当地物流、当地订单管理、当地采购、当地制造管理，并且采用从外包逐步转向自由的过程，且有些业务长期地存在着外包的模式。例如，物流为了保障覆盖能力，基本都是通过外包实现的；供应链的能力建设非常细，任何细节的脱节都会给交付带来灾难，从国内销售计划与制造和报关发货，到当地国进港、清关，每一个环节都进行精确管理和配合才能保障货物合同要求抵达目的国仓库，当地国的物流模式同样的在细节管理层面，物流订单与交付订单的关系，仓储过程的细化与交付订单的关系设计，都影响交付的成败，稍有不慎，都将导致可交付性的下降，从而导致交付失败。

5. 当地国组织在交付层面如何设计

以上几段主要从几个关键职能和关键细节上陈述了海外交付组织建设的方方面面，并没有系统地讲交付层面如何设计当地国组织，本段将深入讨论这一块。

当地国组织建设的目的是什么一定要明确：无疑，这个组织的存在目的是为了获取市场、完成交付、形成利润、扩大市场。

在这个目标明确的前提下，我们在建设当地国组织主要考虑以下五点。

（1）商业模式选择：针对不同的商业模式，企业在当地国组织建设的规模和形式差异很大，B2B 企业可能需要建立重型、全职能组织来涵盖业务的方方面面，这可能是一个子公司的形式，也可能是一个办事处的形式；但是，如果 B2C 时，则可能是一个轻型的职能组织，目的主要是服务客户，以保障市场成长，这个轻型组织还很有可能是一个外包型的组织；B2B2C 可能会综合 B2B 和 B2C 两种商业模式的需求，主要还是针对 B 端客户的维护与合作，C 端还是交给当地 B 端去完成。

（2）产品属性：针对标准化的低技术含量产品、标准化的高技术含量产品、非标准化产品、服务类产品等差异，和产品面向的客户群体差异，企业在海外当地国组织建设时交付的重心需要差异化，针对标准化的产品，交付组织的建设，重点在于服务水平，而针对高技术类的产品还需要技术能力，以保障产品的顺利交付；针对非标准化的产品，则重点需要将交付能力建设在差异化的客户需求上，当然，难点在于如何平衡好成本，这一部分，建议要多利用当地资源进行外包合作，以期迅速扩大市场并同步提升服务客户的水平，一旦市场不能扩大，将很快被边缘化，导致战略失败。

（3）市场覆盖目标：针对产品和服务的不是广度的覆盖目标，从交付层面而言，当地国的组织建设也是完全不一样的，同样，这也取决于目的国的大小，如果是面对巴西这样地域辽阔且人口众多的国家进行全面覆盖或者大部分覆盖，也许还需要设立多层多点的分层组织，当然，不同层级职能覆盖也应该按需要去差异化，因业务需要而设立组织。

（4）服务群体：针对企业客户，交付服务的主要客户是组织而非个人，在当地国组织建设，不仅要考虑到业务服务水平以保障交付能力的实现，还需要进行一些对等职能的设计，对客户职能组织的运营配合需求。

（5）供应模式：针对差异化的商业模式，我们采用不同的供应模式，也将直接影响当地国组织的设计，比如，如果供应完全由国内完成，一般而言，当地国采购如不涉及服务、工程外包，则只是一个轻型职能，而无须设立组织，一旦涉及了当地服务、工程、设备采购，采购则会成为一个重型职能，甚至将因此衍生出完整的供应组织，以保障供应模式的实现。

三、海外物流网络构建

在构建海外的物流网络时，应根据不同客户需求，选择合理物流运输路线，在不同的运输阶段，采用差异化的物流策略，从而最大限度地快速、高效地满足客户需求。在设计具体项目的物流方案时，应综合考虑时间、成本和便捷性三个方面。如图1所示。

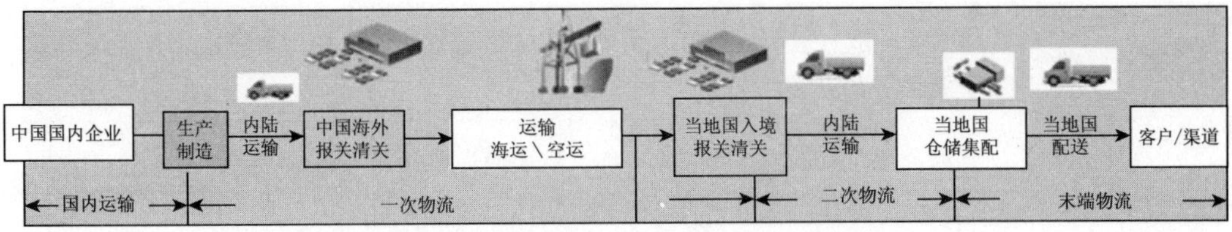

图1　端到端的物流解决方案示意

当前，多数企业关务意识薄弱，互通贸易遍布全球240多个国家，不同国家不同的海关政策，经营企业往往对政策把握不准，对目的国海关政策研究更为薄弱，即使当前可以通关，但为以后的海关追溯埋下了隐患。

在设计关务模式时，可以从如下几个方面出发进行考虑：

（1）整体了解国际贸易政策，熟悉贸易术语相关责任界面；

（2）了解实行普惠制的国家范围，以及针对中国产品实行优惠制的国家，同时熟悉相关申请流程；

（3）了解货物起运国产品出口要求；

（4）了解过境国进出口规定要求；

（5）了解当地国货物进口流程；

（6）公司产品当地进口要求，以及相关进口证书申请制度；

（7）目的国关税优惠政策和申请条件。

四、海外采购体系建设

1. 进行海外本地采购的原因

在跨国公司的全球运营过程中，由于当地法律或政治要求（如关税壁垒或促进当地就业），或为满足当地客户的特殊需求，或综合成本具有优势时，而在项目当地国或就近国直接进行采购。

海外本地采购交付更贴近客户，快速响应需求，交付更快，同时可有效避免牛鞭效应；本地产品技术更贴合客户需求，本地产品售后及运维成本低，客户更容易验收通过；海外本地采购正逐步成为国际化公司提升全球交付竞争力的一大利器。

2. 海外本地采购与国内采购的主要区别（见表1）

表1　　海外本地采购与国内采购的主要区别

对比项	海外本地采购特性与痛点
寻源认证	提供同类物料/服务的公司较少。寻源渠道多依赖于当地黄页、分包商或客户推荐和竞争对手分析
商务谈判	需求分散，量小，交付大多紧急。故谈判阶段通常结合区域需求来考虑和供应商签年度协议
订单履行	重合同，重法律。若买方违约，供应商通常经过法院直接传票。故在订单履行阶段，要和供应商多沟通解释订单执行情况，避免买方在当地被列入信用等级黑名单
供应商管理（跨文化沟通）	安抚为主，强调合作平等关系，当然更重要的是相互合作的合情合理，日常沟通有理有节，了解供应商所在国的风土人情，唯有尊重供应商当地的商业和地域文化，才能建立起相互信任的合作关系
采购组织	销售、财务、工程技术和采购人员组成采购联合小组，相互之间要作何分工与协作。海外采购很难做到国内采购那样精细化
流程管理	海外项目由于需求紧急，变化快，往往很难做到严格按照流程一板一眼来开展工作。采购人员在坚持原则的时候，更应该和需求部门、供应商一起做好需求管理，让流程更加灵活地服务于业务

3. 海外本地采购体系建设思路

（1）建设时机：对于有海外工程项目的公司，或者投标海外工程项目之前，就应该着手调研并建立海外本地采购体系：包括供应商寻源、本地产品技术、质量、成本、交付周期、贸易限制等。对于持续有海外工程项目的公司，应全面开展区域采购中心建设：包括物料族梳理，供应商分级管理，采购组织建设等。

（2）采购交付流程建设。

①采购需求管理：针对各个项目采购需求，在项目投标阶段就明确采购地，保证项目启动后的顺利交付同时最大程度保证项目利润；

②采购订单下达及交付：项目采购经理负责制，专人负责采购订单下达及交付至区域仓库；

③质量控制：项目质量控制经理，负责交付质量控制并落实质量问题整改；

④物流控制：负责仓管及项目物料配送；

⑤采购协同：按照区域和项目两个维度，定期做好采购地决策，以便实现交

付协同。对于项目型采购分工要在项目启动之前完成。

4. 不同国家/区域海外采购分析

（1）欧美发达国家本地采购。

关注重点：发达国家的供应商由于工业发达，产品及物资价格较贵，供应商信用等级高，其公司管理体系很完善。故在这些国家进行海外采购时，主要关注采购合同签订之前对应采购协议的合同条款的谈判及协定，合同履约风险较低。

难点及应对：合同条款谈判，需要专业的合同经理和法务经理参与条款全部谈判，以规避合同风险。

（2）新兴市场国家本地采购。

关注重点：新兴市场国家具备较强的工业基础，如印度、巴西、土耳其、印尼等，这些国家的供应商数量较多，但往往也良莠不齐，所以在供应商引入阶段更要重点审核供应商的资质、经验和信用等级，避免鱼目混珠。同时，在合约签订阶段，需要重点明确所采购产品的技术文件。

难点及应对：新兴市场国家的供应商，在生产制造阶段往往会忽视一些技术细节，按照其自身的习惯来生产，故需要按照双签的技术条件来执行交付检验，避免货不对板。同时，要深入了解这些国家的内部税率（如印度、巴西等）。

（3）工业基础较弱国家（如尼日利亚等非洲国家）本地采购。

关注重点：这些国家的工业基础非常薄弱，大部分都是半自动化、手工生产作坊或者代理贸易商，供应商信用较差。在这些国家执行海外本地采购时，更需重点关注供应商现场认证和公司资料的合法性审核。

难点及应对：这些国家的供应商往往不理会双方签订的采购协议，沟通手段大多是以口头或者电话沟通为主。在这些国家的海外采购不仅要关注供应商引入质量，更要全程关注和指导供应商的生产加工细节，最好采购人员要驻厂控制生产交付质量。

五、海外供应链运作中的风险分析与防范

企业在海外经营供应链时，会遇到各种各样的风险，主要有如下几种：

（1）自然灾害风险：如地震、台风等；

（2）政治经济风险：政治风险如政变、战争、恐怖袭击、大规模罢工、游行、骚乱等，经济风险如贸易战、外汇管制与汇率波动、通货膨胀、金融危机等；

（3）法律法规风险：如知识产权诉讼、劳工纠纷等；

（4）市场需求不确定性风险：市场需求的巨大波动可能直接造成公司亏损；

（5）常设机构 PE 风险："常设机构"一旦被认定，当地税局对"常设机构"的营业利润可行使税收征管权，如认定有逃税行为，则可能被征收巨额罚款；

（6）文化差异风险等：在跨文化沟通方面，尤其在宗教国家，稍有不慎可能

造成灾难性影响。

针对这些风险，中资企业可以采取的预防举措如下：

（1）在当地寻找合适的战略合作伙伴；

（2）加强与总部的信息交流与共享，优化决策过程；

（3）通过风险日常管理，增强整个供应链的风险管控能力；

（4）通过外包降低风险；

（5）建立应急处理机制；

（6）重视柔性化设计，保持供应链的弹性。

六、给准备走出去企业的建议

中国企业在走出去的过程中，难免会遇到各种各样的问题。有问题并不可怕，关键时要有所准备，这样能减少甚至避免可能的损失。建议中资企业在进入海外市场之前，尤其是“一带一路”上的某些高风险国家，提前对目的国市场进行充分的调查研究。如果有可能的话，联系到当地的使领馆和中资企业商会、国内相关的专业研究机构，提前对当地市场的风险进行评估并制订相关预案。

供应链上中小供应商资金链对策

王为人

资金是企业开展经营活动的第一推动力，也是企业发展面临的最大的问题之一。中国整体经济下行，主要是因为投资型经济的难以为继。中小企业在过去发展迅速，但现在却面临资金链这个老大难问题。国家日益关注中小企业的发展，相继出台了一系列的政策和措施，促进中小企业的发展，改善中小企业的融资环境。银监会等金融机构要求各商业银行积极创新，通过实施差别利率、灵活的还款方式、下放审批权限等做法，为中小企业提供资金支持，此外还要求各银行成立专门的部门或安排专人负责中小企业的贷款工作。抵押和担保贷款成为中小企业的主要贷款方式；针对中小企业的金融服务模式不断涌现，桥隧模式、路衢模式、金融仓建服务模式从不同的视角创新性地解决了中小企业贷款难的问题。

虽然近几年，中小企业信贷融资缺口在总量上有所缓解，但与中小企业相匹配的中小金融机构数量不足，无力满足中小企业对金融服务的需求，并且银行推迟放款的现象十分普遍，最长的要等半年，中小企业银行信贷现状仍需进一步的改善，据调查目前全国有70%的城市出现中小银行停贷现象。中国人民银行2015年4月14日发布《2015年一季度社会融资规模增量统计数据报告》，报告显示：初步统计，2015年一季度社会融资规模增量为4.61万亿元，比去年同期少8949亿元。

中小企业，特别是制造业中的中小企业，主要是为供应链上的核心企业服务的，作为上游供应商，一方面受到劳动力成本上升的压力；另一方面，供应链上的核心企业，因为整体经济下行压力的影响，不仅将价格和成本压力转嫁给上游处于弱势地位的供应商，付款条件也更加严苛。近年来制造业采购经理人指数的低迷解释了这一现象（见表1），而据2015年采购调查的统计，2015年采购的付款周期比2014年平均加长了6.4天。在这样的经济环境下，中小企业的资金环境更加严酷，融资压力加大。

表1　　　中国采购经理人指数（PMI）2014年7月—2015年6月

月份	2014.7	2014.8	2014.9	2014.10	2014.11	2014.12	2015.1	2015.2	2015.3	2015.4	2015.5	2015.6
指数	51.7	51.1	51.1	50.8	50.3	50.1	49.8	49.9	50.1	50.1	50.2	50.2
同比增长（%）	2.78	0.20	0.00	-1.17	-2.14	-1.76	-1.39	-0.60	-0.40	-0.60	-1.18	-1.57

一、我国中小企业融资现状分析

（1）融资渠道比较狭窄。中小企业融资渠道主要分为内源融资渠道和外源融资渠道两大类。其中，内源融资渠道包括内源性权益资本融资渠道和内源性债务资本融资渠道，外源融资渠道包括直接融资渠道、间接融资渠道和政策性融资渠道等。在实际中，我国中小企业的融资渠道比较狭窄，主要是依赖业主投资、内部集资和银行贷款等融资渠道，尽管风险投资、发行股票和债券等融资渠道也被使用，但对中小企业的作用仍很有限。

（2）从银行贷款的难度较大。由于中小企业难以满足银行贷款的抵押担保条件且贷款风险较大，以及财务管理水平较低等，再加上基层银行发放贷款的权限相对有限，致使银行发放贷款的积极性普遍不高。尤其是大型商业银行经常以中小企业财务制度不健全或缺乏抵押资产等为由而将中小企业拒之门外。

（3）依赖非正规金融渠道。中小企业从银行获取贷款的难度大，迫使中小企业求助于手续简便的商业信用和民间借贷等非正规金融。虽然这些渠道的融资成本往往高于金融机构的融资成本，但它们能更好地适应中小企业经营灵活性要求。除商业信用外，民间借贷等各种非正规金融活动也是中小企业融资的重要补充。

（4）缺乏为中小企业服务的资本市场。中小企业成长到一定阶段的时候，就需要在更广泛的范围内吸收资金以充实自己的力量。在金融抑制政策和银行主导型融资机制的作用下，我国资本市场的发展相对于经济的高速增长显得十分缓慢和滞后。

（5）银行信贷的不恰当收缩和不到位服务加大了矛盾。尽管中央银行近几年发出过多个支持中小企业发展的窗口指导文件，并制定了风险溢价的利率政策，实际效果并不明显。

据世界银行国际金融公司中国项目开发中心，以随机抽样调查方法对成都、绵阳、乐山三地601家中小企业流动资金来源结构的调查显示，企业内部自身积累的占78.1%、向银行贷款的占9.65%、民间借贷的占5.07%、商业信用的占3.25%、其他非正规融资的占3.93%。这组数据说明中小企业的资金来源主要是靠内源融资。

二、供应链金融和互联网金融对中小企业的推动作用

供应链金融是商业银行等金融机构的一个金融创新业务，它与传统信贷业务最大的差别在于，利用供应链中核心企业、第三方物流企业的资信能力，来缓解商业银行等金融机构与中小型企业之间信息的不对称，解决中小型企业的抵押、担保资源匮乏问题。

供应链金融是近些年发展比较快的一种主要为中小企业服务的融资方式。其特点是在供应链中寻找出一个大的核心企业，以核心企业为出发点，为供应链提供金融支持。一方面，将资金有效注入处于相对弱势的上下游配套中小企业，解决中小企业融资难和供应链失衡的问题；另一方面，将银行信用融入上下游企业的购销行为，增强其商业信用，促进中小企业与核心企业建立长期战略协同关系，提升供应链的竞争能力。在供应链金融的融资模式下，处在供应链上的企业一旦获得银行的支持，资金这一“脐血”注入配套企业，也就等于进入了供应链，从而可以激活整个链条的运转；而且借助银行信用的支持，还为中小企业赢得了更多的商机。

供应链中的弱势成员企业通常会面临：既要向核心企业供货，又要承受着应收账款的推迟；或者在销售开始之前便以铺货、保证金等形式向核心企业提前支付资金。许多供应链上下游企业认为，资金压力是它们在供应链合作中碰到的最大问题之一。供应链中上下游企业分担了核心企业的资金风险，但却并没有得到核心企业的信用支持。尽管银行想给这些企业进行授信，但却常常因为这些中小型企业规模小、抵押物不足、生产经营难于掌握以及抵御经济波动能力差等诸多因素，让银行等金融机构认为风险很大而拒绝放贷。

仅从供应链角度内部来看，核心企业不愿承担资金风险，而供应链上下游中小型企业缺乏融资能力是供应链资金流梗阻的内在动因。但如果核心企业能够将自身的资信能力注入其上下游企业，银行等金融机构也能够有效监管核心企业及其上下游企业的业务往来，那么金融机构作为供应链外部的第三方机构就能够将供应链资金流盘活，同时也获得金融业务的扩展。

但在供应链金融中的一个最大悖论是，银行给供应链上下游中小型企业放贷的基础是供应链核心企业的信用担保，银行需要规避和转嫁风险，而这些供应链核心企业也不愿意将这份风险接手，没有这个条件，供应链金融就无法执行。据采购委的调查统计，做为供应链中的核心企业，正在推行供应链金融的比例不到1%，观望之中的企业也不超过3%。原因一是不愿承担风险，二是缺乏动因。对核心企业来说，既不带来直接收益，还要承担风险。推动的愿望不高。

供应链金融的另一种模式是以供应商提供的产品做抵押，特别是在一些实施VMI的企业，因为VMI库中的产品属于供应商，以此为抵押品不会影响到采购方的利益。但需要VMI企业和银行的密切合作，但在操作过程中，对银行来说，相对的业务量不高，但手续繁杂，银行的积极性不高。手续费太高，则使中小企业及VMI的物流企业望而生畏，并没有太大的推广。

互联网+及互联网金融的发展为中小企业的融资拓展了渠道。互联网金融主要包括互联网金融企业开展的金融业务以及金融机构基于互联网平台开展的创新型业务。

从政府不断出台的金融、财税改革政策中不难看出，惠及扶持中小微企业发展已然成为主旋律，占中国企业总数98%以上的中小微企业之于中国经济发展的重要性可见一斑。而从互联网金融这种轻应用、碎片化理财的属性来看，相比传统金融机构和渠道而言，则更易受到中小微企业的青睐，也更符合其发展模式和刚性需求。

从国内实践看主要体现为网络第三方支付、点对点信贷（Peer - to - Peer lending，P2P）网络借贷、网络小额信贷、网络销售金融产品和众筹融资等形式，从融资体量上看目前P2P网络借贷在互联网金融中占比最高。据2015年7月一家研究院发布的《互联网金融现状与发展（2015）》的数据，2015年6月，当月借款人33万，投资人154万人，当月成交660亿元。18个月之内，借款人数量增加8倍，投资人数量增加6倍。P2P的资金需求主要来自小微企业，占79%；上市公司占8%，国有控股占9%。但互联网金融的风险也不可忽视，一是信用风险大。现阶段中国信用体系尚不完善，互联网金融的相关法律还有待配套，互联网金融违约成本较低，容易诱发恶意骗贷、卷款跑路等风险问题。特别是P2P网贷平台由于准入门槛低和缺乏监管，成为不法分子从事非法集资和诈骗等犯罪活动的温床。去年以来，淘金贷、优易网、安泰卓越等P2P网贷平台先后曝出“跑路”事件。二是网络安全风险大。中国互联网安全问题突出，网络金融犯罪问题不容忽视。一旦遭遇黑客攻击，互联网金融的正常运作会受到影响，危及消费者的资金安全和个人信息安全。

相关数据显示，2015年国内P2P平台突破3000家，如雨后春笋般得到迅猛发展，但发展的同时也涌现了各种问题，行业缺乏监管的弊端逐渐显现。当然，目前互联网金融也存在着一些问题。比如今年就有几十家的P2P平台倒闭，给很多投资人造成很大损失。如何监管才能让P2P行业健康发展成为了政府、平台和投资人共同关心的问题。

中国人民银行、工业和信息化部、公安部、财政部、工商总局、法制办、银监会、证监会、保监会、国家互联网信息办公室于2015年7月出台了《关于促进互联网金融健康发展的指导意见》，确立了互联网支付、网络借贷、股权众筹融资、互联网基金销售、互联网保险、互联网信托和互联网消费金融等互联网金融主要业态的监管职责分工，落实了监管责任，明确了业务边界，从法律上界定了互联网金融的范围。

供应链金融与互联网金融结合将是未来几年解决供应链上中小企业融资的一个重要手段。互联网作为平台，物流企业作为信用支撑，供应商的库存产品（特别是VMI）作为抵押，P2P网络借贷实现，完成一个简便高效的融资形式。

通过互联网、移动互联网等工具，使得传统金融业务具备透明度更强、参与度更高、协作性更好、中间成本更低、操作上更便捷等特征，满足了这些特征也就满足了用户的需求。

但供应链金融与互联网金融结合不仅仅依赖于将线下的融资活动搬到线上，

将互联网仅仅作为一个连接平台，还要利用大数据，形成信用的载体，更重要的是整合各种资源，利用金融杠杆作用，创新出新的金融衍生产品，仅仅依赖于众筹融资还仅仅是由利息差来产生利润，中小企业的融资成本还只能是停留在目前的高位运行上。

三、供应链财务规划的实践

图1给出了供应链上应付账款，应收账款的周期比较图，横轴是供应链的上下游关系，中小企业位于供应链的中上游，最上游的是初级原材料供应商，纵轴是付款周期，图1（A）是应付账款周期，供应链上核心企业的应付账款周期最长，意味着核心企业是占有着供应链上别家企业的资金，特别是中小企业的资金，而在上游的中小企业要做预付款，其资金被别人所占用。图1（B）是应收账款周期，供应链上核心企业的应收账款周期最短，意味着供应链上的核心企业资金不被别人所占用，而在上游的中小企业高的应收账款，有钱收不到。

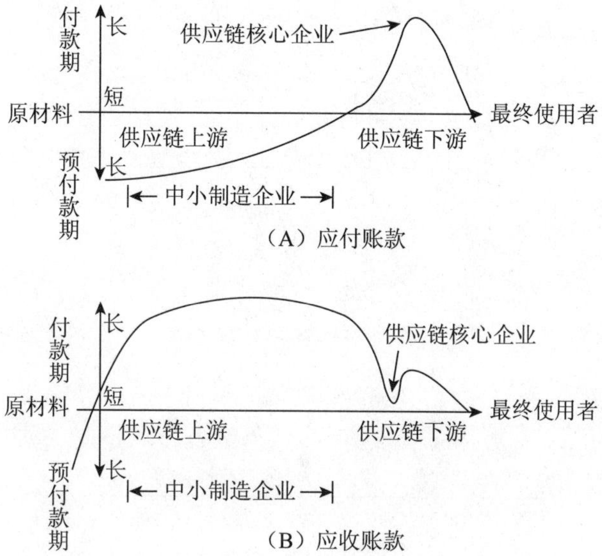

图1　供应链上应付账款，应收账款的周期比较

一项调查表明，给大企业配套的供应商有32%被客户要求做JIT，有18%被客户要求做VMI。对一些大企业的调查则显示，有18%的企业要求供应商做JIT，有7%的企业要求供应商做VMI，有4.6%的企业在做零库存；另外，而有意向要求供应商做JIT的企业达到64%，有意向要求供应商做VMI的企业达到32%，有意向实施零库存的企业达到64%。

可以看出，在供应链的整合上大企业在不断提升竞争能力的同时，虽然整个供应链的能力在增强，效率提升，但相对而言，处于劣势地位的中小企业库存压力，资金压力的负担更加沉重。

在供应链上合理分担库存是一项刻不容缓的任务，无论推行何种库存管理办法，减少库存是一个大方向，但将库存压给别人，则是掩耳盗铃之举。供应链的目标之一是减少供应链上总库存。

与其期望与银行、私募众筹等外源融资来拯救供应链，还不如主动出击，从供应链自身寻找突破口。供应链财务筹划就是方法之一。现金流在一个具体的企业不是平稳的流动，而是块状结构，现金流入时，企业可能并不是需要立刻用钱，而企业要付款时，账面上并不一定有现金可用。如图2（A）所示。在一条供应链上，上下游各个环节都处于相同的尴尬境地，准时付款并不能解决资金的短缺问题，如果将供应链上各个环节的现金流都做一个筹划，并不追求准时付款，而是以资金使用成本最低为目标，规划各个企业的付款计划，如图2（B）所示，可以部分解决供应链上各个企业的资金紧张状况。事实上，有许多大集团公司的内部，各个子公司财务独立核算，但子公司之间的资金往来是依赖于集团公司的财务部或财务公司来协调，以避免各子公司之间的现金问题，特别是造成的互相拖欠现象。

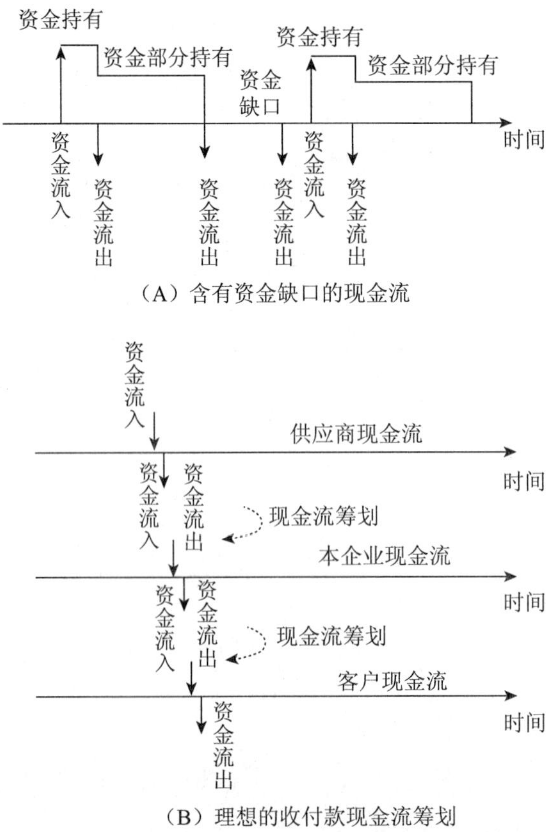

图2　现金流收付款现金流筹划

供应链财务筹划的一个基础是系统性思维。早在三十多年前，管理学大师戴明就指出：组织的运作是一个集合相互依存的过程，是活动和资源的系统。不接受系统思考将会产生一连串的严重后果，一个系统是由许多部件组成。这个系统有一个宗旨，每个组件都有其各自的宗旨。这些宗旨必须进行同步化，以使系统能够一致、同步地运作。当各个宗旨不一致，只是追求各自目标最大化，将阻碍结果的实现，或充满阻力、缓慢而无效。组织面临的挑战是确保系统的部分合作互动。

当前的供应链管理中，核心企业非常重视整个供应链上的库存、物流协调、协作。而对于这个供应链上的资金流的规划还没有引起足够的重视，还有的原因是企业间缺乏基本的信任和信息沟通。

在过去两年中，某个企业与供应商合作，开展了供应链财务筹划项目，通过供应链上下游的共同努力，降低了20%的财务费用，更重要的是保障了供应链的平稳运行，将核心企业的按时交付率提高了近3%。过去财务部门所做的资金预测只有47%的准确率。开展项目之后，与相关供应商的付款和收款的准确率达到100%。将追求资金周转率从本企业的衡量扩展到与供应商的互动。

中小企业的资金困难并非政府支持银行贷款这一条道路，在供应链上调动核心企业的积极性，利用企业间合同及供应链共存思想推动解决企业间资金流的困境，加快资金流动，提高资金利用率。

准时付款是一个企业诚信经营的道德底线，也是经营者必须遵守的市场规则，如果所有企业都不准时付款，都不讲道德，不讲信用，其结果将是毁灭性的。准时付款提高现金流的可用性，使企业的财务计划有可能制订并实施，提高现金利用率，降低资金成本，特别对于中小企业是一条生命线。

缩短付款周期，提升整体资金流动性，这是中小企业能喘息复活的最有效良方，这要大企业的自律，更重要的是依靠社会、舆论及审计的力量，必要时，政府立法规定付款周期也是一种必要的保障。

在2008年，一场席卷世界的金融危机以雷曼兄弟的破产为发端，迅速地蔓延开来。实质上，金融危机的根源恰恰在于华尔街金融家们的道德沦丧和政府的监管失职。华尔街的金融家们在金融危机前夕，规避法律监管，无法无天地利用证券化、对冲基金、信用违约互换，甚至金融欺诈等各种融资手段肆意地攫取大众财富。有很多人认为，自己没有钱是正常的，大型企业几乎百分之百是负债经营，也就是说他们的公司都拿着别人的钱在做生意。但付款拖后、赊账拖后或者拒付贷款的技巧，与华尔街道德沦丧的金融家们没有什么区别，只是手段太初级。

在崇尚社会责任，企业希望成为好公民的大环境下，许多企业都在建立企业自己的社会责任体系，但应该注意到，企业的付款准时，不拖欠货款，也是社会责任的一个重要组成部分。现代社会提倡竞争，但也要求秩序，如果不给中小企业以生存空间，中小企业没有活路，最终也会造成大企业成为无源之水，无米之炊，自己将自己消灭。

在美国，对企业的财务报表的审计，会涉及应付账款及拖欠货款的项目，有些州要求没有理由付款周期不能多于90天，德国也有类似的法律，但有些世界级的大公司到了中国却钻空子，对中国的中小企业做出不道德之举，肆意拖欠供应商货款，也给本国企业树立了恶劣的标杆。

国务院去年印发了《社会信用体系建设规划纲要（2014—2020）》。针对当前我国失信问题却尤为严重，诚信缺失已经成为制约经济社会健康发展的重要因素，信用体系建设已是刻不容缓。商务部数据显示，我国企业每年因信用缺失导致的直接和间接经济损失高达6000亿元，其中因产品质量低劣、制假售假、合同欺诈造成的各种损失达2000亿元。另据有关研究机构数据，我国企业坏账率高达1%～2%，远高于成熟市场经济国家0.25%～0.5%的水平；我国每年签订约40亿份合同，履约率仅50%。

但在企业信用体系建设中，更多地是在关注集中制假售假，及对客户端的信用缺失，而对供应商拖欠货款并没有明确列入，这也给许多企业家、管理者以借口，认为拖欠货款是企业的竞争能力的表现。政府不能坐视不管，2010年之前，许多企业拖欠农民工工资，但由于国务院的重视，以及各级政府的努力，这一现象得到遏制，也被舆论和社会所不容，同样，拖欠中小企业货款也是不道德、不讲信用的表现，实际上，拖欠农民工工资的大部分都是中小企业，而他们拖欠的原因是大企业拖欠其货款，导致连员工的工资都发放不了，我们在谴责这些没有良心的企业时，有没有看看这些大企业的信用在哪里，我们的信用系统是否建立起来，政府的作为对于信用体系的建设是至关重要的。

诚信自古就是中华传统美德，也是当代社会为人做事的道德底线。辕门立柱、曾子杀猪等流传至今的典故，体现出一代代华夏儿女对“言必信、行必果”的尊崇。进入现代社会，多元的社会组织形态更离不开诚信的道德底线。诚信建设不能让监督缺位。只有监管及时到位，才能真正遏制“守信无用、耍赖获利”的现象。

实施工厂绿色供应链管理，体现工厂绿色责任

颜家平

传统的供应链管理是对供应链中的信息流、实物流、资金流以及逆向物流进行计划、协调及控制。它是以顾客需求为中心，将供应链各个环节联系起来的全过程集成化管理。它强调在正确的时间和地点以恰当的方式将产品送达给顾客，但它仅仅局限于供应链内部资源的充分利用，没有充分考虑在供应过程中所选择的方案会对周围环境和人员产生何种影响、是否合理利用资源、是否节约能源、废弃物如何环保地进行处理与回收、是否对供应链过程的环境影响做出评价等，而这些正是绿色供应链管理所应具备的新功能。这就要求我们在供应链管理的基础上，增加环境保护意识，把“无污染”“无浪费”及“倡节能”贯穿于整个供应链中。实施绿色供应链管理，正是将“绿色责任”与“经济发展责任”两者结合的可持续发展的一种有效途径。

工厂供应链，主要是指工厂内部的物流与供应链。近年来，工厂的供应链管理得到了社会各方面的极大重视与关注，一系列强有力的防治污染、节能减排措施在工厂得到实施，并取得了很大的成绩，对环境的改善起到了重要的作用。然而，相对于绿色供应链管理的要求，差距甚大。尤其某些所谓“细节”方面，却没有得到相应的重视，即对“绿色责任度”的认识，仅仅到“浅绿色”的地步，甚至可以认为是处于被忽视的状态。我们可以从下面几个方面看看这个情况。

（1）绿色生产计划。在制订生产计划的时候，很少有工厂考虑节能减排这个因素。一般考虑因素是在现有产能条件下，如何满足顾客需求与控制产品库存，如何提高劳动生产率。采用一切手段达到这些目标。许多时候，在能源设备消耗量确定的情况下，如电房、气站与水泵房。生产设备开动量不能与能源消耗起点量相匹配，造成了能源的浪费与单位能耗的增加。特别在满足顾客的特殊需求时，或者市场突然变化时，尤为明显。

（2）绿色包装。现在，许多工厂实现了采用可循环包装，但是，大量的一次性包装依然到处可见。最终顾客收到的货物，基本上都是一次性包装。它们是废品回收站收购的主要材料之一。而这样的情况，在工厂里还是熟视无睹，习以为常，并没有引起重视。销售量的增加就是不断在增加基础原材料的消耗与浪费，就因为这些费用已经被考虑进成本预算中了。

（3）绿色回收处理。即使有的工厂采用了可循环使用的包装，在包装的清洗

清洁问题上，会不断产生一些污染物。清洗后，有许多工厂就将这些脏水和清洁剂直接排入下水道。要知道，许多循环包装物上会沾有油污和一些有毒物质。这样做，也会造成水质的污染。在一些循环的金属器具清洁中，对锈蚀地方要进行清理与修补，采用打磨与油漆方法，这样也会对空气与场地造成污染。相当一部分的工厂从未考虑过这个问题。

（4）绿色材料。工厂为了产品的进出和追溯，大量使用了带有各种信息的不干胶贴与条码，而这些标贴的胶水带有一定的有害物质。因此，在循环包装上清洗这些标贴时会将这些有害物质，与废水流入地下。与废物进入平常垃圾里，被作为平常垃圾一起进行普通处理。还有一些油脂之类的辅料桶，桶外油腻腻、脏兮兮，桶内尚有余料未用完。如果没有送到专业工厂处理，同样会造成环境的污染。

（5）绿色运输。在运输环节里，来回装载量的不平衡，必然造成能源浪费与环境污染。即使将此业务外包给专业第三方物流公司来做，也很难避免这样情况的发生。我们许多超载的现象，有部分原因就是因为回程的装载不足而引起的。当顾客急需或者因各种原因造成供货不足时，应急措施就是以牺牲能耗为代价，采用非正常方法，将货物送到顾客手里。顾客满意了，能源浪费的问题呢？这样的情况在工厂里也是习以为常。

为什么在整个社会大声疾呼要治理污染，节能减排，提倡工厂的“绿色责任”的时候，工厂的供应链中这些情况仍然被忽视呢？究其原因，我认为有以下几点。

（1）企业文化（企业的核心价值观）问题。企业文化是影响供应链间各个节点合作关系的首要因素。如果企业文化或者企业高层对绿色供应链不重视，或者根本没有这方面的意识。企业的供应链的绿色是无从谈起的，或者认识仅仅停留在肤浅的程度，那么企业的供应链也不会达到应有的标准。这些现象的存在也就不足为奇了。

（2）我们的意识有时来自社会与群众的监督。社会上的大多数群众对影响生活的污染问题，反应灵敏，深恶痛绝。一经发现，口诛笔伐，非根除之而不罢休。但对自己工作岗位上或者边上的这些现象，却从不与环境污染、能耗浪费联系起来。工厂的绿色责任是对社会和群众所承担的责任，当社会和群众对其这些行为没有提出异议和追究，工厂难以自觉产生微环保意识。

（3）在对污染认定上的问题。工厂往往认为，只有生产中产生“三废”才是污染，是必须花大力气进行治理的，而供应链中这些“零星污染”“细小浪费”，是否属于绿色环保，根本不清楚。环保部门也从不为此上门。因此，就认为企业供应链不存在绿色环保问题。从许多企业的年度总结与规划报告中可以看到这样的问题。最多在报告中顺带一句口号，以表示一种姿态或者时髦。在上级部门对工厂领导考核中，也几乎看不到相关内容。

（4）工厂领导不清楚，不了解，因此，就不重视。我在前面提到的五个方面内容，在工厂里，都属于部门管理范围的小事。领导根本就不关心这些小事。有许多领导从未在部门汇报中听到或者问及这些问题。领导关心的是企业在这方面的开支或者成本。因此，产生这样的现象就不足为奇了，改变这样的现象也就根本无从谈起。

（5）环保部门对这些情况也没有给予足够的重视。因为，地区里主要污染源的防治是他们的主要大事。这些小污染也许就没有精力或者人力去管理了，放纵了这些问题的存在，也是工厂不重视的主要原因之一。俗话说“不知者，不为罪”。专业部门都没有指出这个是问题，工厂何来了解这是一个污染问题呢？

（6）在许多工厂中，供应链部门的考核即 KPI（关键绩效指标）主要是，①满足顾客需求。即按时、按量、按质与按交付地进行交付。②在实现此目标的前提下，尽可能地降低库存，不断提高库存周转率。即按精益生产要求，可以不生产的就不生产，可以少生产的就少生产。③安全无事故。④生产计划完成率，即计划的执行率等。虽然，个别工厂也考核“节能降耗目标”，但都是在完成上述目标基础上而产生的。其他相关绿色环保指标根本就没有，因为没有考核，因此就没有动力，或者就根本不会去考虑这方面的问题。

（7）工厂各级领导是如此，那么员工就完全没有这方面的意识了。工人是按《作业指导书》进行作业，如果编写的工程师没有绿色供应链的思想，就不会写入相关的指导与规定，基层操作人员就不会知道是问题，就不会向上反映。领导听不到反映，就不会去关心、去解决。

（8）一些工厂会将这些工作进行外包，而承担这些工作的供应商又往往层次很低。在知识层面上，他们不懂这些工作与环保有关，在成本的压力下，根本不会考虑如何防止污染发生，如何进行节能减排。在整个操作过程中，一味地追求完成顾客交付的任务，其他就无所谓了。在 ISO 14000 评审中，因为不在企业内部发生，就会忽略这一问题。所以，有的工厂尽管已经通过 ISO 14001 评审，这些问题依然长期存在。

（9）在企业的预算中也可以看到，绿色供应链是没有进入投资预算者的眼帘。因此，没有这方面的费用，也不可能对这样的污染现象进行治理。从这个角度来分析，企业的部分获利是从牺牲环境中获得的。

从上述的原因分析来看，在工厂供应链的绿色责任问题上，远不是我们想象得那么简单，我认为应该是有些严重了。所谓“绿色供应链管理”，在制造工厂里，往往还是一句口号，在许多单位连这样的口号都没有。

2014 年 10 月，国务院发表了《物流业发展中长期规划（2014—2020 年）》。在整个规划中，将企业的绿色责任和打造绿色供应链提到了一个重要的地位，在“指导思想”“主要原则”中都得到了体现，并作为规划中的七大主要任务之一。在最近发布的《中国制造 2025》中，把“绿色发展。坚持把可持续发展作为建设制造强国的重要着力点，加强节能环保技术、工艺、装备推广应用，全面推行清洁生产。发展循环经济，提高资源回收利用效率，构建绿色制造体系，走生态文明的发展道路”作为中国制造发展的指导思想之一。可见国家对此项工作的重视力度在不断增强。社会各界对工厂的绿色责任的重视程度越来越高，监视力度也越来越强，民间环保组织采用绿色供应链企业环境信息公开指数（CITI）倒逼企业加强产品绿色供应链管理，从而推动了各企业对绿色供应链的重视。但真正将绿色责任落实到工厂身上，落实到工厂供应链上，并取得相应的效果，还是一个艰巨的任务，是一个较长的过程。我们必须要采取一些针对性的措施，改变目前的现状。

（1）对于企业而言，绿色供应链管理不应是一种强制性实施的环保策略，可以与企业的经济利益相一致，它不仅是一个社会效益显著的行为，也应是作为取得显著经济效益的有效手段。当前的企业既应注重其竞争能力，也应注重自身的社会形象。越来越多的重要客户已提出作为供应商应该拥有一整套有效的环境管理措施。绿色供应链可以避免资源浪费，增强企业的社会责任感，给企业带来良好的声誉和绿色产品的品牌形象。许多著名的国际企业，大多数是绿色环保的企业，他们不但取得了显著的经济效益，而且赢得了良好的社会效应。我们的工厂难道不能从中领悟到什么吗？扩大产品市场。生产原料的节约降低了最终产品的生命周期成本，从而最终消费者只需付出更低廉的价格就能得到更安全、更环保的产品。这应该是企业追求的目标。作为企业的领导者应该具有这样的企业发展“认识路径”，在企业文化中加以体现。

（2）要加大宣传工厂供应链绿色责任的力度。要通过各种手段，广泛宣传工厂绿色责任的重要性。让整个社会，每个工厂都明确自己应该对社会承担绿色责任。工厂不仅是一个制造产品，提供产品的机构，而且也是对社会环保、节能减排负有不可推卸的责任。宣传那些重视绿色环保，并卓有成效的工厂的事迹。在社会上形成讲绿色环保为荣，做环境污染为耻的氛围。即使一些“零星污染”与“微小浪费”，也会给工厂带来负面效应。让工厂感到有压力，从而提高其重视程度。

（3）大力普及绿色供应链环保知识。目前，大多数工厂对“三废”的危害都有了明确的认识。但他们对一些不太为人所关注的危害环保行为，就像前面提及的那些存在在供应链环节中的行为，不甚了解。可以举办一些专门的培训班进行普及。各个工厂集团对其下属企业安全抓得很紧，企业领导要有安全知识的上岗证书。同样，也应持有环保知识的上岗证书。我们还应在学校里进行不同层次的环保知识普及教育，让这些学生毕业后进入工厂，可以用自己的知识来发现工厂这方面的问题，即“环保知识从娃娃开始普及”。让工厂各级领导在知识上了解工厂存在的问题以及改进的要求。让工厂供应链的领导、工程师、操作人员与供应商都具有相应的环保知识，从而在供应链各个环节上有绿色环保的共同语言。

（4）要通过评审机构的 ISO 14000 的审核，对工厂供应链中存在的问题进行查证，督促进行整改，而工厂必须通过该体系的审核。审核不但要包括企业内部，还应该延伸到相应的供应商。不但要进行审核，发现问题，而且还应该推荐机构对企业进行培训，告诉企业如何进行改进。让各个不同的工厂了解各自的问题，针对存在的问题，根据企业的自身特点进行整改。这样可以解决个性化的问题。同时，要大力推广与普及绿色典型工厂的有效经验，起到示范的效应。

（5）改进对工厂供应链部门的考核，即对领导的考核，增加绿色环保的内容，增加社会责任的内容。必须将绿色环保与安全生产相提并论。我们的口号不应只是“安全第一”，应该是“安全环保第一”。对供应链部门的考核都应该增加环保内容的考核，从各个角度与方面考虑节能减排，绿色环保，并持之以恒。遇到指标未完成的情况，要采用企业管理的工具，进行根本原因分析，提出整改行动计划，监督落实。同时，伴之以合理有效的奖惩制度。这样才能引领各级人员重视绿色环保，将绿色环保思想深入人心。

（6）在年度预算中，要将绿色供应链管理的费用考虑进去。在很多地方，绿色环保的实施是需要投入的。如使用可循环包装，一次性投入就比较大。如包装的清洁与清洗，就需要投入相应的器具与设施。但这样做，可以为企业的未来取得效益，可以体现企业社会责任的履行。企业必须要改变传统生产方式，建立绿色供应链体系，以得到顾客青睐和信任，以绿色环保为基本点，在市场竞争中保持较大优势。由此逐步取得经济效益，获得可持续的长效发展。

（7）由于企业的情况千差万别，绿色供应链管理的模式也是多种多样，因此企业在决定实施绿色供应链管理时，应仔细分析自身的状况，要从承载能力和实际出发，既能解决企业急需的问题，又能以较快见效的环节作为突破口，明确认识实施目标，确保成功。绿色生产，要综合考虑能源利用与其他生产要素的平衡。绿色包装，进一步扩大可回收包装的利用。绿色回收处理，采用无公害清洁剂与带环保装置的处理设备，或者将有毒废水等集中交专业部门处理。绿色运输，合理规划运输路径，减少运输次数。

（8）建立绿色供应链绩效评价指标体系。通过定量和定性分析，对绿色供应链在一定时期内绩效做出客观、公正和准确的综合评判。帮助企业逐渐发现绿色供应链管理过程中的不足。要将绿色环保列入工厂供应链工作的标准。不仅在涉及绿色环保的专业工作要明确操作方法，而且在供应链的各类操作指导书中，凡涉及绿色环保内容的，都要明确操作方法和具体的要求。让供应链人员能够按标准进行操作，这样的操作，才能持续有效。而且随着企业的发展与绿色环保要求的提高，不断修改操作标准与操作指导书，以适应供应链绿色环保的持续改善。

绿色供应链管理是工厂的一种社会责任，是一项艰巨而伟大的工程。它改善的不仅是生存环境，更重要的将是改善我们头脑中对绿色环保的重视程度。引领着供应链与制造业的发展方向。它不仅影响我们现在的几代人，而且将影响我们的子孙后代。工厂绿色供应链管理的目标，是通过符合绿色环保的整个供应链过程，制造与提供符合顾客要求的产品给社会。只要整个社会与各个工厂围绕这个目标，努力奋斗，坚持不懈，这个目标就一定会得到实现。

外包环境下的供应商协同生产管理初探

郝　皓

一、引言

进入21世纪以来，随着经济全球化以及供应链竞争的不断加剧，企业正面临着前所未有的市场压力。制造外包作为一项有效的竞争战略，为企业经营带来了一系列的优势，例如，成本效率的改善、核心竞争力的增强，资源的节约等。在全球范围内，制造外包正呈现迅猛发展的趋势，并成为众多跨国企业普遍采用的一种战略经营模式。中国制造以其低成本、柔性强的优势在过去的十多年里赢得了无数的制造外包订单。然而，伴着“金融海啸”的不期而至，我国制造企业营运利润缩水状况非常严重，与此同时，一些世界级企业抱怨把制造外包给国内企业后的制造效率反不如外包前，另外一些企业由于国内供应商的供货问题导致市场反应速度降低。高德纳（Gartner）年度统计显示半数的外包项目无法取得利润预期。

究其原因，主要是由于核心企业与外包供应商双方在战略上缺乏一致目标，而在运作上又缺少有效协同配合所致。为了避免外包中的诸多风险和取得期望的外包绩效，核心企业必须与外包供应商保持良好的伙伴关系，并协调一致对市场需求做出快速高效响应，才能最终实现1+1>2的协同效应。

二、外包供应商协同生产的动因

促使核心企业寻求外包供应商协同生产的原因有许多，而主要动因可以归纳为以下四个方面。

1. 高效客户响应

要对客户做出高效快速的响应，企业就必须不断地缩短供应周期、降低材料库存、增强生产柔性、提高产品可得性及不断提高质量，而这些仅靠核心企业局部单方面的努力收效甚微，因为当工厂需要生产的物料无法准时到达或者供应质量低劣的话，即使企业有再好的设备和技术人员、再充足的产能，依旧是“巧妇难为无米之炊”，难以准时制造交付客户所需产品，如果没有供应商连动式的缩短制造周期、改善质量和增强生产柔性，企业要最终实现快速客户响应是不太可能的。外包供应商所承担的制造任务远比普通供应商复杂和困难，产品的集成性也比一般零部件更高，因此当核心企业接到了客户订单并需要在短时间内完成时，外包供应商能否能配合核心企业准时完成就变得格外重要。当外包供应商能够在给定的时间内准时完成交付，则核心企业一般能快速进行组配集成完成客户订单，然而，一旦外包供应商在其供应链环节上出现瓶颈问题，如测试能力不足、缺料、产品合格率低等而不能及时、高质量地完成制造任务时，核心企业就会非常被动，由于无法短时间内找到替代供应商，常常被迫调整生产计划，与客户协商延迟订单交付，这种状况的发生必然会使客户满意度受到影响，也造成生产成本的无谓浪费。故此，如何在动态环境中通过紧密协同配合、及时预测和发现问题，共同降低周期时间，强化外包供应链的柔性、加快客户响应速度将是协同工作的一项重要内容。

2. 所有权总成本（TCO）降低

当外包转移完成，供应商为核心企业正式提供外包制造服务和产品时，核心企业经常发现自己不仅要支付双方签约时确定的价格，还会额外支付许多成本，如呆滞料持有成本、追料成本、低质量控制成本、生产停线成本、客户订单损失成本等。这些成本的增加导致了企业所有权总成本的上升，使外包策略难以取得预想的成本竞争力。在外包运作中，所有权总成本的发生与许多驱动因素有关，这些因素包括了运营成本、质量、客户关联成本、物流、技术优势、初始价格、机会成本、供应商可靠性与能力、维护、库存成本、交易成本、生命周期等。因此，如何通过建立有效的协调机制来强化双方的动态协同性，从而降低所有权总成本成为核心企业与外包供应商在外包运作阶段必须共同长期面对和解决的一个关键问题，因为这既不同于企业在自制阶段那样可以直接控制各类成本的发生，也不同于决策阶段时的静态成本分析控制，它需要合作双方目标一致地付出共同努力才能真正改善，并最终构建具有竞争力的成本优势。

3. 强化竞争优势

迈克尔·波特教授（1997）认为："竞争优势来源于企业在设计、生产、营销、交货等过程及辅助过程中所进行的许多相互分离的活动。这些活动中的每一部分都对企业的相对成本地位有所贡献，并且奠定了差异化的基础供应商拥有创造价值和交付企业价值链所使用的外购输入的价值链（上游价值）。供应商不仅交付它的一种产品，而且影响到企业的很多其他方面。"外包使企业得以从非核心业务的价值活动中脱离出来，而把企业资源放在最有价值的核心业务上，创造出更有竞争力的产品，以便获取最大的投资回报。近些年来，随着制造外包比例的持续上升，外包失败的案例也越来越多，美国德勤公司（Deloitte Consulting）（2005）的一项调查表明，有25%的企业将外包收回并恢复自制，而主要原因则是与供应商出现协作问题。由此可见，企业试图更好地集中核心业务、降低成本和加速产品开发，不仅应当有形式上的外包，更要有实质上的供应商协同，即双方应当为共同目标而努力、相互扶持、充分沟通交流、多为对方着想以及彼此信赖。

4. 外包风险降低

当企业越来越多地把资源集中于核心业务，而将制造业务外包给外部供应商时，企业一方面可以放开手脚拓展市场、加速技术创新，另一方面也必须同时面对由于制造业务外包造成失去原有对生产的直接控制力所带来的一系列的挑战和风险。基于上文对外包风险进行的分析，可见外包风险主要表现在：丧失控制力、顾客服务水平降低、市场反应速度慢、额外费用增长、失去关键技巧和生产生产能力、供应商选择问题、供应商技术落后等。

事实上，许多外包运营中的风险是可以避免和控制的，而关键就在于，首先，双方不能只片面地考虑自我的局部利益而应当明确共同的目标利益，从而使双方有一个共同努力的方向；其次，双方应当建立沟通与信息共享的机制，使信息流能及时、准确地传递给双方，从而在动态过程中完成计划及决策；再次，双方在业务执行过程中要充分信任对方，因为怀疑、猜测及自我保护只会使情况恶化或风险升级，只有信任才能使双方实事求是地面对问题并及时地控制风险的发生。事实上，这也正是双方协同的重要特征。

三、外包厂协同生产的主要特点

1. 外包供应商和核心企业的制造过程高度集成，并实现同步化

伙伴双方车间加工过程的信息共享和加工系统的快速响应性、柔性化是实现集成和同步的关键因素。合作双方既通过制造信息的可视化实现优化加工系统性能、提高快速响应能力，也通过制造体系模块化的高效组织，实现彼此间的紧密集成，并有机地融入供应链中去。同时，还要对加工单元进行协同，实施生产线的信息共享。随着车间层/设备日益复杂，对制造柔性和信息可视化要求越来越高，对于生产运营的信息搜集、分发、分析是决定双方协同制造能否成功的关键因素。因为，市场如果发生波动，核心企业的制造计划或产量就会有相应的调整，供应商需要在相关管理工具的的支持下快速地获取相应的生产信息，实现各个层面的有序组织，增强和优化业务流程。

2. 外包合作双方制造节点之间的配合协同

通过协同制造实现核心企业和外包供应商之间生产链上车间加工信息的实时传递性，以选择合适节奏进行安排，提高了对生产需求的响应速度。经过优化的生产链中任何一个节点都是一个响应单元，为使工作有效协同，需要构建生产协作机制以快速响应每个节点的需求和供应变化。理想状态下，节点和节点间的协作必须在有紧密运作关系的同一层面的工作单元间进行，避免由于订单输入无序性导致生产的延误和过量。

3. 协同生产过程的系统协作性

基于协同生产计划，供应商执行生产管理的过程涉及的不仅仅是现场制造作

业及产成品的出入库活动，还可能涉及研发、物流、采购、质量、工程、财务等多个相关功能性活动，这些相关活动跨越了核心企业与外包供应商的企业边界，常常需要双方企业多个环节的协作才能完成，如某 EMS（电子制造服务）厂商生产的 PCB（印刷电路板）测试合格率偏低，导致产出量难以达到 OEM（贴牌生产）企业要求，因此为提高该产品的产出合格率，需要组织核心企业与供应商双方的研发、质量、采购、生产、计划、工程等多部门的成员共同参与协作攻关才可能发现问题症结并提出解决问题的方法，如果仅仅依靠 EMS 本身的生产部门很可能难以在短时间解决问题从而导致生产成本上升。

4. 协同生产管理的动态并行性

由于核心企业与外包供应商分属不同的企业实体，供应商企业具有权利的自主性及管理的自治性，出于生产效率与发展的需要，供应商与核心企业之间依然会存在合作与竞争、冲突与协商、联合与自主并存的状况，与此同时，协同生产系统中存在多个过程，而在每个过程可能同时存在几个并行的环节或作业，例如，某规格的产品产生紧急订单，为满足客户需求，可能要暂停计划规格的批量生产，并需切换生产线和准备原材料，而这往往会导致生产成本增加，为此，核心企业与外包供应商如能进行一定协商，综合考虑各种因素影响，平衡好客户需求与生产效能之间的关系，找到最佳的生产时机和资源支持，如延迟次要规格的生产、合并订单生产、增加设备或人工、进行精益制造等方式同步化进行，这样，就有可能既满足了客户需求，又确保了效率，当然前提是核心企业与供应商能够充分互动和紧密配合。因此，协同生产管理对外包合作双方在执行生产任务过程中的共同控制和管理提出了较高的要求。

四、供应商协同生产管理模式

根据笔者针对国内外 117 家电子行业制造企业的访谈调研，结合笔者在外包管理领域几年来的一些工作实践。本文提出了如图 1 所示的协同生产过程控制的基本模型。

（1）整个系统是由横向协同层和纵向系统层组成的闭环体系。横向协同层包括中间协同层与供应商内部协同生产管理层。中间协同层居于最高层级，体现为全局性的协同管理，主要由核心企业负责和组织。中间层的协同管理主要通过总体控制协调、流程集成化和协同生产计划来实现。供应商协同管理层从属于中间协同层，并根据中间管理层的指令规划执行供应商内部生产中更为具体细节的协同管理活动，因此也是局部性的协同管理，该层的协同管理控制内容包括生产活动中各类重要的功能性活动，主要有生产计划、质量管理、资源管理、成本控制、信息系统等。纵向系统层包括了协同生产信息共享系统和协同生产绩效评估系统。其中协同生产信息系统是实现各项协同管理的基础，信息只有共享和开放才能使供应商在动态变化的环境中与核心企业的生产节奏保持同步和保持生产的高效率。

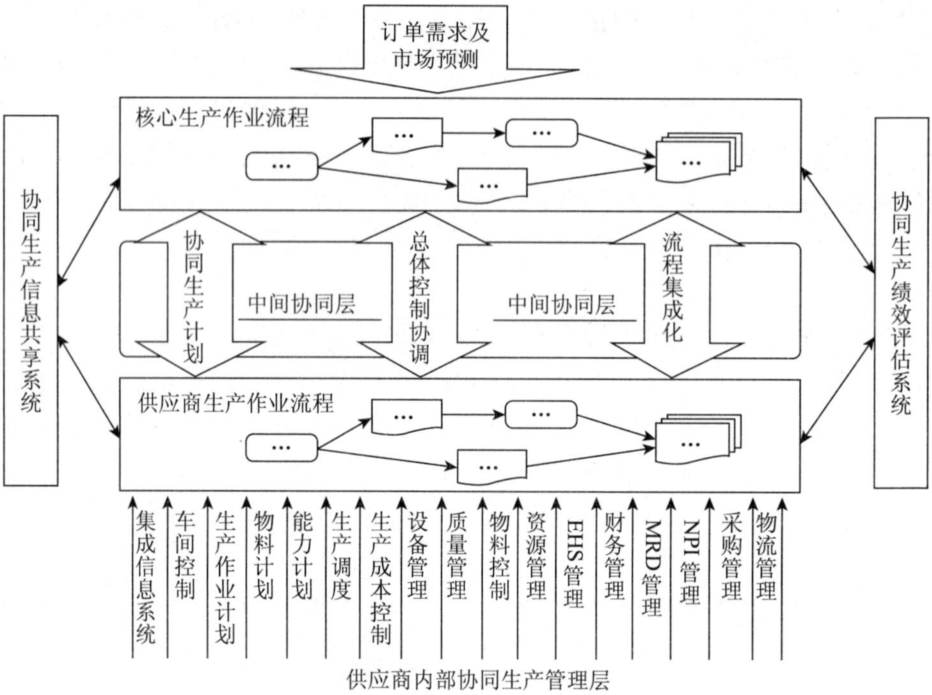

图1　供应商协同生产过程控制的基本模型

（2）中间协同层是驱动核心企业与外包供应商之间总体生产集成同步的核心层，也是紧固双方生产协同程度的“黏合层”。中间协同层的主要活动有协同生产计划、流程集成和总体协调控制。协同生产计划是以最终用户需求为导向协调核心企业与外包供应商局部生产计划从而找到平衡支点的整合生产计划。它的平衡性是通过统筹权衡多个效能因素，如快速客户响应、总成本和库存优化、批量及产能规划、生产均衡及同步、前置期缩短的优先度和综合效应来实现的。因此，协同生产计划是一个全局性的计划，它追求的是整体最优和客户的满意度。流程集成以双方运作流程一体化和模块化供应为主线，核心企业视供应商为本企业的延伸，具体表现为供应商生产外包产品的加工过程成为核心企业工厂生产步骤的“前线”，而核心企业对零部件的装配集成则被称为“后线”。同时，供应商生产也是核心企业生产总控的一个过程单元，面对市场不确定性的变化，核心企业必须将供应商生产单元与其他所有过程单元集合起来才能整体性实现敏捷高效的需求响应。总体控制协调是对协同生产过程全局式地动态协调控制，并主要由核心企业负责，通过与供应商协商处理的方式确保协同生产高质量的输出。

（3）供应商内部协同层由实现供应商内部协同作业的一系列管理活动构成，并和中间层有机关联和相互作用，它将总体生产协同落实到具体的作业管理。同时，供应商内部协同作业也是核心企业与供应商之间高层次协同的基础，缺乏高质量的内部协同就不可能有良好的整体协同绩效。

供应商的作业协同通过生产计划控制、物料管理、资源管理等一系列生产过程管理控制得以实现。这些管理手段的执行既相互交叉又彼此并行，所涉及的作业活动主要有：生产/物料计划管理、资源管理、质量管理、生产过程及车间管理、物流管理、新产品导入（NPI）、物料管理和生产成本控制等。良好的供应商内部协同生产管理控制过程应当通过上述有效管理手段的运用达成设定的生产协同目标，并与外包合作双方确定的总体生产目标取得一致。

（4）建立面向核心企业与外包供应商整体的分布式生产信息共享系统。有效地实现供应链上的关键信息采集、传递、发布、利用及沟通是促进协同效应，增进外包合作双方信心的关键因素。从核心企业与外包供应商共享的信息内容来看，应当是对外包绩效及外包合作双方整体快速响应能力有直接影响的关键动态信息。从表 1 可见生产信息共享系统包含的主要信息内容类别。

表 1　　协同生产信息共享系统的内容结构

		生产信息		销售信息	
		生产计划信息	生产过程信息	销售预测	订单信息
信息提供方	核心企业	滚动交付需求计划、库存计划/实际状况、EOL（停产）计划、新产品计划	实时 BOM 清单（物料清单）、缺货状况、ECN（工程变更通知）、质量要求、设备要求、生产准时性要求	滚动月/年销售预测、销售变动状况说明、销售机会/风险	客户订单信息、紧急订单、预期订单准备、候补订单
	外包供应商	承诺交付计划、产能计划、物料计划、生产进度计划、车间计划、ATP（可承诺量）、ASN（预先发货清单）	质量计划/报告（如 SPC）、工单执行状况、PCN（工序改动通知）、供应周期、维修保养计划、WIP（在制品）、新产品试制报告、组织结构	物料/产能预测、瓶颈/风险预测	订单完成承诺、订单完成状况、预期完成计划、订单完成风险、订单未完成调整

通过共享上述表格中的信息内容，信息的透明度大大增强，双方可以在彼此信任的环境中进行充分有效的协商和决策分析，组织生产资源和调整生产能力，从而在最短的时间内对需求变动做出响应并取得整体效率的最优。

（5）协同生产绩效评估系统是基于核心企业和外包供应商双方追求生产协作

一致性及持续改善协同绩效的目的而构建的。协同评估系统主要由评估指标、评估周期、评估方式、主要问题和改善措施五个方面组成。评估指标主要包括：生产与质量、交付水平、库存金额、成本控制、新产品支持和客户服务水平等。

一个完善的协同生产绩效评估系统能在每个评估循环迅速反馈给外包供应商及核心企业在一定时期内供应商协同核心企业生产的绩效表现，通过对比目标值，供应商可以查找差距和根本原因，并寻求持续提高。核心企业根据供应商生产绩效的表现，判断供应商的努力水平和能力，它可以采用一定的激励机制来调动外包供应商的积极性，兼顾合作双方的共同利益，消除由于信息不对称和败德行为带来的风险，使外包生产运作更加顺畅，实现外包合作企业共赢的目标。核心企业常用的激励手段可以是价格激励、订单激励、信息激励、淘汰激励、组织激励等。在此基础上，核心企业和外包供应商可以不断改善协同水平，缩小协同偏差，使双方所结成的扩展型企业能更协调一致地进行快速响应，增强整体性竞争能力。

五、结论

随着制造外包越来越多地成为众多企业选择的一种运营模式，核心企业与外包供应商如何以供应链协同为导向降低外包风险，提高生产运作的效率并对客户需求做出快速响应，已经成为国内外优秀企业普遍关注的问题。对这一问题的解读不仅涉及决策概念的把握，更涉及协同生产系统如何设计、运作乃至自我修复完善的整体过程。本文抛砖引玉式地提出的外包供应商协同生产的基本模式，是在结合笔者自身的管理经验和总结一些领先企业的运作实践的基础上形成的，因此粗陋之处在所难免。在未来的研究中，将进一步结合相互关联的外部系统和风险防范机制进行探究，以期为我国制造外包企业竞争力的提升提出一些有价值的建议。

专题报告三

国际采购研究报告

采购新前沿
——一体化采购组织即将崛起

埃森哲

一、引言

2012年1月，根据美国《破产法》第十一章，柯达公司正式申请破产保护——这标志着一个时代的结束。作为世界上最伟大的创新企业之一，柯达有着130多年的悠久历史，曾在数百万人的生活中扮演了非常重要的作用，“就在这一刻，别让它溜走”这句广告词可谓家喻户晓。然而剧变突生，从2005年到2012年，柯达公司收入在短短七年间便惨遭腰斩。

业绩显著下滑并非源于柯达创新乏力，也不是人们的摄影热情日渐减弱。事实上，如今每年上传至脸谱网的数码照片达700多亿张，而数码照片恰恰是柯达的一项创举。那么，导致其破产的根本原因究竟何在？答案其实就是“恐惧”——担忧数字技术蚕食其利润丰厚的胶片业务。正是这种恐惧导致柯达忽视了不断加速的数字化趋势，虽然公司于1975年就开发出了第一部数码相机，但却在接下来的37年中刻意回避这项业务；甚至是在消费者快速拥抱数码科技的时候，柯达也未积极把握住这一有利契机进行必要改革，这一切都为其日后的衰落埋下了隐患。

柯达的教训并不罕见。在商业环境中，不能或不愿意果断采取大胆举措、直面新趋势或新挑战的公司比比皆是。无论是安于现状，还是厌恶风险，种种原因都可能导致公司裹足不前，在更有远见的竞争对手面前落于下风。

在许多方面，采购组织都发现自身同柯达一样，站在命运抉择的十字路口。过去二十年，在集中化和节约成本方面，采购职能取得了惊人的成功。然而，正是由于此番成功经历，所以当采购组织听说要采取非常规手段，利用数字技术彻底重建职能工作，否则就无法满足未来发展需求的时候，很可能会心生畏惧。这种情形早有先例：至少在最近二十年间，采购组织都未真正重新评估技术如何从根本上改变工作的基本组成部分——某些核心要素早在3000多年前便已存在。

本报告以综合调研为基础，其中包含了对50余名领先高管和采购专家的访谈（参见“关于本研究”详情），深入探讨了当今采购组织所面临的机遇与挑战。报告揭示了未来5～7年内，数字技术将通过何种途径改变采购组织和从业人员，以及对于采购部门与企业内部利益相关方和外部供应方之间的互动方式，这场革命会从本质上产生怎样的深远影响。报告同时还指出，依托数字技术的全新采购组织将推动运营成本持续显著下降，并为大型企业创造更多战略价值。我们的研究已描绘出了一幅有关未来采购组织的生动画面。现在的问题是：哪些企业已做好准备全力拥抱新格局，而哪些企业还在继续沉湎于昔日荣光？

（一）新型采购组织：由数字技术驱动、专注于战略事宜

历经数十年的努力，采购组织已将易于采摘的成果基本收获殆尽：帮助企业优化采购支出，同时依靠自身力量提高运作效率。

例如，埃森哲2007年采购卓越绩效研究发现，同样是运行采购组织，采购大师所花费的成本仅为普通同行的1/10，即尽其所能减少开支。仅仅四年之后，埃森哲2011年的后续研究发现，采购大师已经发展出了一套自己特有的采购方法：尽管依然专注于节约成本以及高性价比的采购业务，但同时也在各方的压力下进一步采取行动，关注质量、可持续发展、创新和风险管理等工作。企业对采购大师的要求比以往任何时候都更高，而采购大师也交上了一份满意的答卷（见图1和图2）。

今天，采购效率已达到前所未有的水平。典型采购组织的运营成本约占企业整体开支的0.8%（较2007年的约1%有所降低）。某些行业得益于其业务性质及支出分配特征，在采购方面的表现更为出色，平均而言，这些行业中采购部门成本仅占整体开支的0.5%～0.7%。

我们的研究表明，未来几年对“价值”的定义将进一步演变，从单纯专注于削减成本和实现节约转变为助力企业构建差异化战略优势。对采购绩效的评估将越来越多地依靠先进措施，而且它们会最终与企业战略和财务指标密切联系在一起。那么，采购将如何应对这一系列新需求？

我们预计，所谓的“虚拟整合企业”将异军突起——他们与一小批战略供应商维系着紧密关系，使买卖双方企业均可获得较以往更大的互惠型战略利益。在这种关系下，买家和供应商之间的界限将变得模糊，战略供应商会被视为整个企业不可或缺的一部分。利用技术对彼此间的密切协作进行虚拟整合，能够极大增强这种合作关系。最关键的是，我们还可在创新领域开展此类紧密合作。作为虚拟整合企业的一分子，供应商将逐渐被视为创新理念的主要来源，助力企业打造竞争优势。

我们同样预见到，在企业内部，采购组织自身也会经历巨大变革，逐步向新结构转型。专业采购人员将嵌入业务部门当中，并在先进技术的支持下，以一种独特的方式与规模更小的中央核心决策团队进行反向连接。这些嵌入式人才能够充分发挥自身的采购知识，利用大部分时间来帮助解决业务问题。而核心团队则将运用实时透明的需求、供给和定价信息来处理业务战略、全球供需、政策、合规，以及全球战略供应商管理等问题。这种新的结构需要新的技能和职能，也需要进一步强化战略重心，支持采购部门专注于战略性的差异化行动，从而缔造更广泛的价值（见图3）。

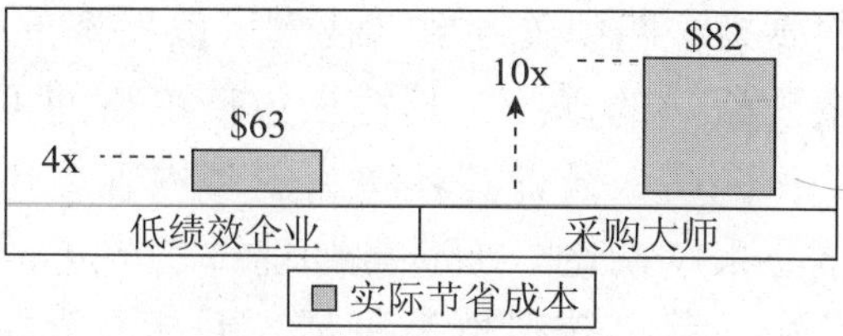

2007 年，采购大师的部门开支节约水平较普通企业高出十倍

注：可管控的正常支出，单位：十亿美元

资料来源：《财尽其用》，2007 年。

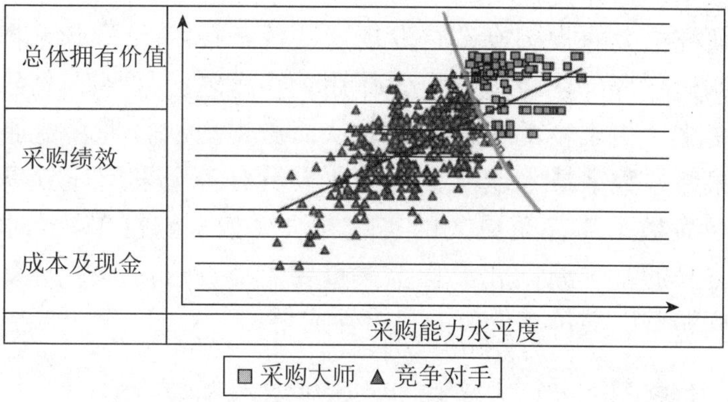

图 2　2011 年，采购大师扩展了工作重点，在成本节约的基础上进一步实现创造价值

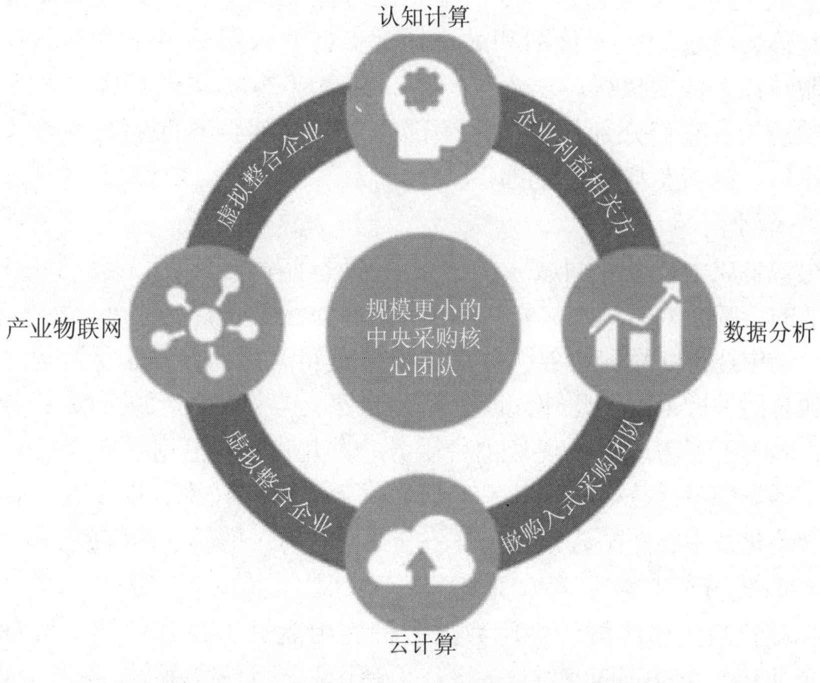

图 3　2015—2022 年，一体化组织将逐步崛起

对于这一新的采购愿景，四项关键数字技术可以发挥催化剂和助推器的作用。云计算将成为数字化采购战略的基础，其特征包括更高的可用性、有助提升员工的工作效率和工作热情；同时，云计算还将为更多内容提供访问路径，企业可以利用这些渠道来推进核心采购活动。而企业如能部署先进的产业物联网，同时再配套开展实时的数据分析，就可获得更为深刻、更具价值的洞见，借此大幅提高决策水平，并且识别出潜在问题、确定缓解策略。此外，认知系统将以数字代理人的身份介入采购工作，成为其不可分割的组成部分，最终不仅可以负责处理事务性活动（如应答问询），还能够完成更具战略性的行动（包括现货购买，甚至是利用智能增强技术加强分类管理）。

我们此项研究最大的收获或许是发现这些数字技术除了能帮助企业以渐进方式持续改进采购运作外，还将发挥更多作用。换言之，数字技术可以支持采购组织收集和分析更多、更丰富的实时数据，从而做出更加合理、更加智能、也更加准确的决策。最终，数字技术能够支持从业人员对各个采购环节提出质疑，甚至包括稳居核心位置数十年甚至更久的实践方法（如采购订单）。对于采购组织而言，勇于质疑自身的基本原则和流程至关重要，唯有这样，才能像企业高管人员期望的那样不断转型，交付高价值的战略性成果。

（二）五款应用：新型采购组织的技术基础

我们的研究表明，未来5～7年，采购工作将发生根本性转变，转变范围既包含其组织形式，亦涉及与业务部分及虚拟整合企业的互动方式。颠覆性数字技术则是这一整体转型过程的催化剂和助推器，支持着采购的各个方面，包括情况了解、决策制订以及流程执行。埃森哲预计，到2020年，采购所需的配套基础设施将包含五款应用，它们分别代表了采购部门未来制胜必不可少的主要“应用程序包”（见图4）。这五款应用分别如下。

1. 虚拟企业商城

采购组织将成为“企业商城”的建设者和管理者，该应用的特色在于：拥有一套预先核准的、基于云的私人和公共“店铺”（即涵盖来自企业外部的内容），内部客户可在店铺中选择商品和服务，并获得业务逻辑支持，在其引导下基于政策、首选供应商和合同进行采购。此外，该商城还将建立强有力的服务台，指导客户访问目标店铺，同时根据需求提供现货销售服务，并且由虚拟代理人提供统一的自动化购买支持。各类颠覆性数字技术——包括通过智能增强技术，以及在可能的情况下利用智能自动化技术打造的认知系统，将会共同发力，推动上述服务。

2. 供应数据分析

通过标准化的监测面板，供应数据分析应用能够将各种数据汇集起来，使采购用户和企业用户双方均可对其进行分析解读，进而解决具体问题或回答疑问。大数据将成为供应数据分析应用软件的重要组成部分，引入来自产业物联网等外部资源的信息。最重要的是，供应数据分析应用不再停留于单纯提供信息和洞见的层面，而是日臻成熟，直到能够通过认知计算能力来为采购部门推荐可用的决策和机会（如优化供应和实现成本节约的契机）。

3. 虚拟供应商空间

虚拟协作空间是虚拟整合企业的一个重要组成部件，将支持企业与战略供应商利用虚拟型互动来共享洞见与理念，并通过公共社交媒体方法合作开展创新项目。虚拟协作空间还将为潜在供应商提供一个途径，以便未来与企业开展创新合作。

4. 虚拟分类仓库

这是虚拟化的集中汇聚地点，企业的品类经理会到访此处，根据所处流程环节分门别类地跟踪自己所开展的项目。此外，品类经理还能够在此找到各类相关市场的情报数据——既包含自身上传的信息，也包含内容聚合器自动推送的内容。由于虚拟分类仓库依托社交媒体运行，因此它属于一种环境驱动型应用。品类经理的偏好与合作行为都会影响其收到的推介信息，例如，联系人或商机。

5. 供应商网络

供应商网络可通过一款应用程序接入，实现企业与供应市场、虚拟企业商城（即采购订单和发票相关业务），以及供应数据分析应用软件之间的无缝连接。该程序运用技术解决方案支持招标、绩效评估、供应商挖掘和供应商互动，同时也与虚拟供应商空间和虚拟分类仓库这两款应用相关联。

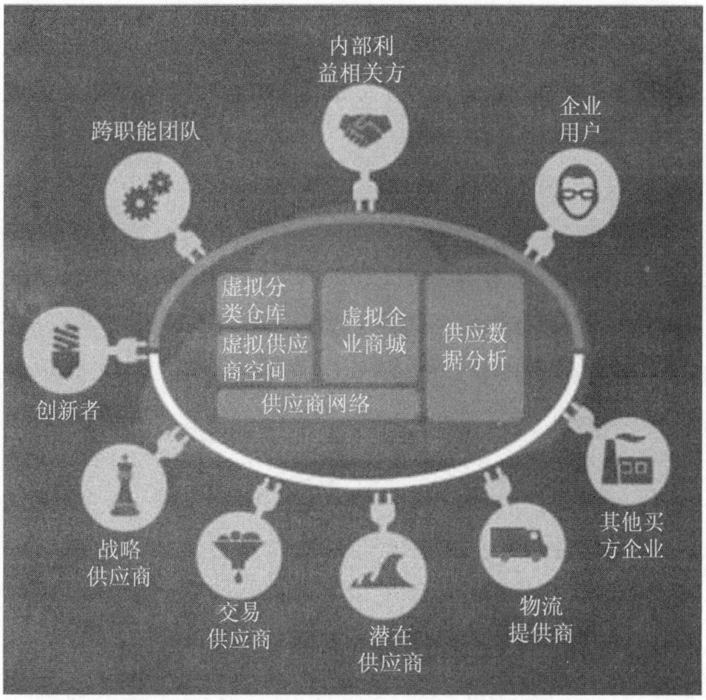

图 4　五款应用

二、虚拟整合企业的崛起

1. 战略供应商将成为创新来源

企业将比以往任何时候都更加依赖一小群战略供应商——借助他们来显著降低成本和风险，更重要的是通过更有效的创新大幅提振企业营收。

供应关系从创建伊始就具有不同的重要性，因此供应商管理不能采用一刀切的方法。虽然这都是事实，但我们的研究表明，未来 5 ~ 7 年，这一规则将越来越展示出其合理性。我们预计，战略供应商与其他供应商之间的两极分化将愈演愈烈，比较而言，前者会对企业的增长计划产生远超后者的更大影响。

事实上，我们的研究特别指出，未来企业将选择与更少的战略供应商建立更加密切的关系。在这种关系中，买卖双方之间的界限将会变得日益模糊，且供应商将作为买方企业的一部分采取相关行动。例如，战略供应商未来很可能会被单纯视为企业制造、或产品设计与开发过程的扩展。如果两者间建立了真正的密切关系，供应商甚至可以充分融入产品开发团队的运作，与企业员工一道参加所有内部会议，帮助企业推出新一代产品。

通过此举，企业就将成为伟创力公司（Flextronics）首席采购官兼首席供应链官汤姆·林顿（Tom Linton）所说的“虚拟整合企业”，相比以往的“垂直整合企业”又向前迈进了一大步——它摆脱了实体资产和流程所有权的制约，通过外部机构组合来运营这些资产和流程。

关于虚拟整合企业，林顿设想了这样一个场景：其中的战略供应商实际上可以利用自身设施设立店铺——比如塔吉特百货（Target）店内的星巴克咖啡、诺德斯特龙百货（Nordstrom）或梅西百货（Macy's）商城中的拉尔夫·劳伦（Ralph Lauren）专卖店——部分商品可以直接通过供应商订购并付款，无须另行下采购订单。林顿解释道：“这样一来，供应商可直接读取来自我们工厂车间的一切需求信号。”他甚至预见了收取供应商渠道费用的可能性——消费品制造企业会向大型零售商交付上架费，目的是确保在店铺中获得最显眼的货架和展示空间。

关于虚拟整合企业运行的另一个案例则是某领先通信公司正在与 30 多家主要供应商建立采购同盟。其重点是采取措施降低成本并共同提供新的服务，以此实现增收。但实际上，虚拟整合企业并不一定仅局限于供应商，大学、供应研究机构和互补型企业等其他实体均可加入。例如，四家消费品企业同属一家私募股权投资方所有，而部分董事会成员业已联合起来，采取多项举措来开展协同采购并降低成本。

然而站在采购方的角度，尽管战略供应商和合作伙伴最具影响力，但通常情况下，对于具有前瞻性的全面整合计划，这些机构仅仅构成了未来三级供应商生态系统的顶层（见图 5）。同当前类似，未来企业将继续保留战术供应商网络，着眼点在于实现效率最大化。如同我们将在本报告后面篇章中讨论的那样，此类关系和交易属于常规性工作，不具战略性，因此会更多地依托高度自动化程序完成，而人际互动需求也随之显著降低。

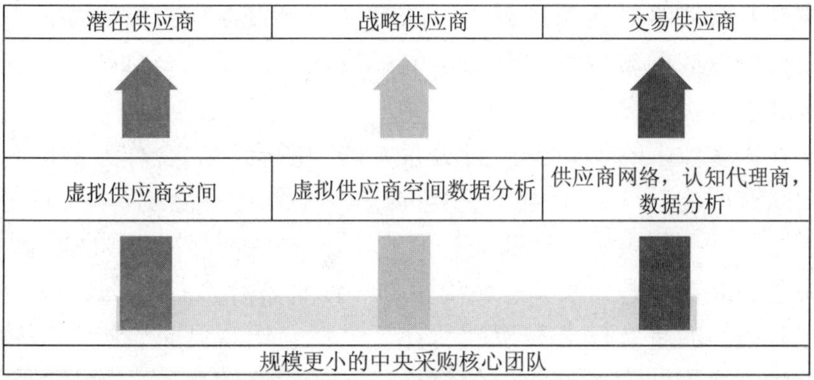

图 5　在虚拟整合企业中，采购将通过选定的供应商实现一体化

第三层包括一系列供应商，相较于当下，未来企业将更加广泛而有效地利用这些供应商：对于企业来说，这些“潜在”供应商目前还是未知数，但这并不妨碍其在未来某一时间点为企业提供相关产品、服务和创新。

未来，企业将借助数字技术管理供应商生态系统的访问通道。战略供应商会通过虚拟供应商空间与企业连接在一起开展密切合作，进行必要的信息交流，实现买卖双方互惠互利。对于潜在供应商而言，在买卖双方之间，供应商网络以及虚拟供应商空间的受管控部分将提供渠道，支持他们进行适当的联系与沟通，以促进创新理念。

完整的供应商生态系统对于企业打造竞争力优势仍具有重要意义。但是，作为虚拟整合企业的一部分，战略供应商的运营势必会对企业赢利的增长能力产生更大影响。当然，在帮助企业减少浪费和缓解风险方面，这些战略供应商仍发挥着重要作用。但更重要的是，他们将被视为重要的创新来源，能够为企业带来切实的竞争优势。

2. 虚拟整合推动更大创新

的确，到目前为止，虚拟整合企业模式最大的优势便是具备更强大的创新能力，帮助企业实现显著增收。事实上，参与我们研究的数家企业如今正开始以这种方式运作为将来发展指明方向。

高科技制造商爱立信便是这样一家企业。爱立信副总裁兼集团采购负责人伊娃·安德伦（Eva Andrén）指出：“我们与一家供应商组建了一支团队，负责开发全新的产品，解决客户遇到的一些问题与难点。这一新产品在市场上属于首开先河，令我们遥遥领先于竞争对手。当市场上其他企业还未推出类似产品时，我们就已开发完成并交付给爱立信的客户了。”

如果问题与供应商相关，巴斯夫公司（BASF）的克里斯·图梅（Chris Toomey）指出“会将一组供应商召集起来讨论三四天”，以此应对增长挑战。

同样，另一家公司的首席采购官指出：“采购职能占据着创新工作的半壁江山。与供应商开展战略对话的过程中，品类经理可以在任何时候提出与创新相关的问题。仅凭研发或创新技术本身并不能解决问题，我们会拿这些问题与全体供应商一道来寻求解决方案。”

目前，在大多数采购组织中，买卖双方的团队会一起合作，共同直面创新挑战。这些团队有时专注于研究某个特定理念，其余时间则被召集起来集思广益，就更广泛话题展开头脑风暴。巴斯夫公司的运作方式便是这方面的典范。

巴斯夫公司北美采购高级副总裁克里斯·图梅解释道：“我们与业务部门密切合作，确定其增长的重点任务和挑战所在。之后会出现两种情况：一种情况是我们召集一组供应商展开为期三四天的讨论，共同设法解决这一增长问题；另一种情况则是采用‘连点成图’的形式厘清思路，也就是把供应商与企业内部不同部门的代表召集起来，由供应商阐释自身的理念，同时也让业务部门谈谈所面临的挑战。‘连点成图’的想法是为了把目光投向整个企业，将分布于企业中的零散想法与供应商的能力匹配起来，借此构建有意义的计划。”

麦当劳在今天所采取的举措或许就是企业未来的标准创新方式之一。该公司设置了一系列常设的供应商协商会议，各自负责某一具体品类或业务领域的新产品开发工作。公司全球供应链副总裁弗朗西斯·德比亚斯（Francesca DeBiase）指出：“我们建立了厨师协商会议机制，让所有供应商的厨师都来到这里（指麦当劳总部），与我们的厨师一道，共同推进新产品的开发工作。我们的每款产品都有该会议的贡献，从土豆、鸡肉、牛肉，一直延伸至玩具。”

协商会议系统的独特之处在于它将相关企业集中到一起，支持他们专注于创新，而非在其他方面展开激烈竞争，最终使麦当劳成为受惠方。“本来供应商彼此之间都互不理睬，但通过加入到我们的协商会议，他们会围绕最佳实践展开探讨，看看可以采取哪些行动来帮助麦当劳完善体系。”

德比亚斯解释道：“如果其中一名供应商想出某个流程改进思路——有助于发展业务和节约资金，他们就会很清楚地知晓，作为麦当劳的供应商，自身的部分责任就是与其竞争对手共享，为麦当劳的系统创造价值。”德比亚斯表示，这些供应商之所以愿意这样做，不仅是因为麦当劳公司规模巨大，有着极大的采购量，更是因为“双方能够同舟共济。供应商们都明白，自己将在麦当劳的业务中拥有某一个环节。我认为，其根源在于这样一个事实，即我们的长期供应商已建立了专门为我们服务的业务部门，而且这些业务部门已与我们建立了基于相互信任的长期承诺和伙伴关系。”

伟创力也采取进一步行动，建立了多家产品创新中心，利用这些机构从其一系列战略供应商处获得能力或预建模块。这些创新中心对于创业企业特别重要，可以助其顺利推出新型产品。汤姆·林顿指出："假如你是一家刚刚起步的公司，想要开发某种新式耳机。那么只要走进我们的创新中心，便能够找到树脂供应商、WiFi部件、接线组件和音箱组件等。只需三个月时间，你就可以满载而归，打造出一套按自己期望设计而成的耳机。我们同时还提供3D塑料和金属打印机，只要一晚便可完成3D设计样品。"

林顿表示，产品创新中心（在撰写本文时，正在与约100家初创企业开展合作）充分应用伟创力公司战略供应商的能力，将有前景的新产品加速推向市场。如果该产品大获成功，初创企业希望将其做大，伟创力还可以立刻调动全球各地生产设备的产能来实现这一愿景。林顿指出，专注于初创企业至关重要，因为创新方式已焕然一新。她表示："过去，创新主要由大企业开展。但现如今，九成的创新和新产品都来自新公司，甚至很多只是随手写在餐巾纸背面。我们所做的就是努力适应，改变自身产品创新模式，通过新方法来加速产品上市时间、提高产品质量，同时降低成本。"

受访高管普遍承认，采购和供应商之间的协作创新是与企业生死存亡相关的重要事项。但要想取得成效，就必须让来自供需双方的每一名成员都认识到创新合作有助两家企业共同受益，而且思想交流不存在任何障碍。但要做到这一点并非易事。例如，要求工程师共享甚至放弃责任，很可能遭遇到相当大的阻力。一家全球性制造商别出心裁地铲除了这道阻碍，创立了广为人知的"非我发明奖"（Not Invented Here Award）——如果公司的研发人员展示出必要的开放态度，愿意利用公司外部资源创新，那么公司便会对该员工授予此项嘉奖。但关键在于，企业首先需要打破内部重重屏障，否则便难以将外部供应商有效整合到创新过程中。

同时，企业还必须建立正式的流程和技术来支持创新，发现和培养恰当的创意理念。当前已不乏这样的成功范例，比如涵盖供应商和买方团队的紧密一体化流程，以及支持此类流程的各项技术（如汽车行业）。不过，在实现跨行业增长方面，我们仍有提升空间。

虚拟供应商空间是一项前景光明的新兴技术，它可作为虚拟中心汇聚地，供企业及其供应商入驻，以方便彼此保持联系（见图6）。虚拟供应商空间拥有多项功能，包括展示各项重要衡量指标（如供应商绩效、需求信息、供应商能力和材料可用性等）的监测面板、以当前技术和新兴技术为基础的平台（支持特定项目日益紧密的虚拟协作）和协作面板（简要介绍影响双方的思路和挑战）等，将创新、成本管理、市场波动、供应风险和可持续发展等关键领域有机地合并到一起。而内置工具则有助促进团队间合作、强化思维能力，并且明智选择机遇。

为了支持核心战略供应商以外的创新活动，虚拟供应商空间还可以为潜在供应商提供专门的"更小独立空间"。通过访问该空间，潜在供应商可以了解企业面临的重大问题、进行自我介绍并提出自己的解决方案。潜在供应商的访问会受到一定限制，无法应用虚拟供应商空间的其他功能，这有助确保企业与战略供应商之间所讨论事项的机密性。

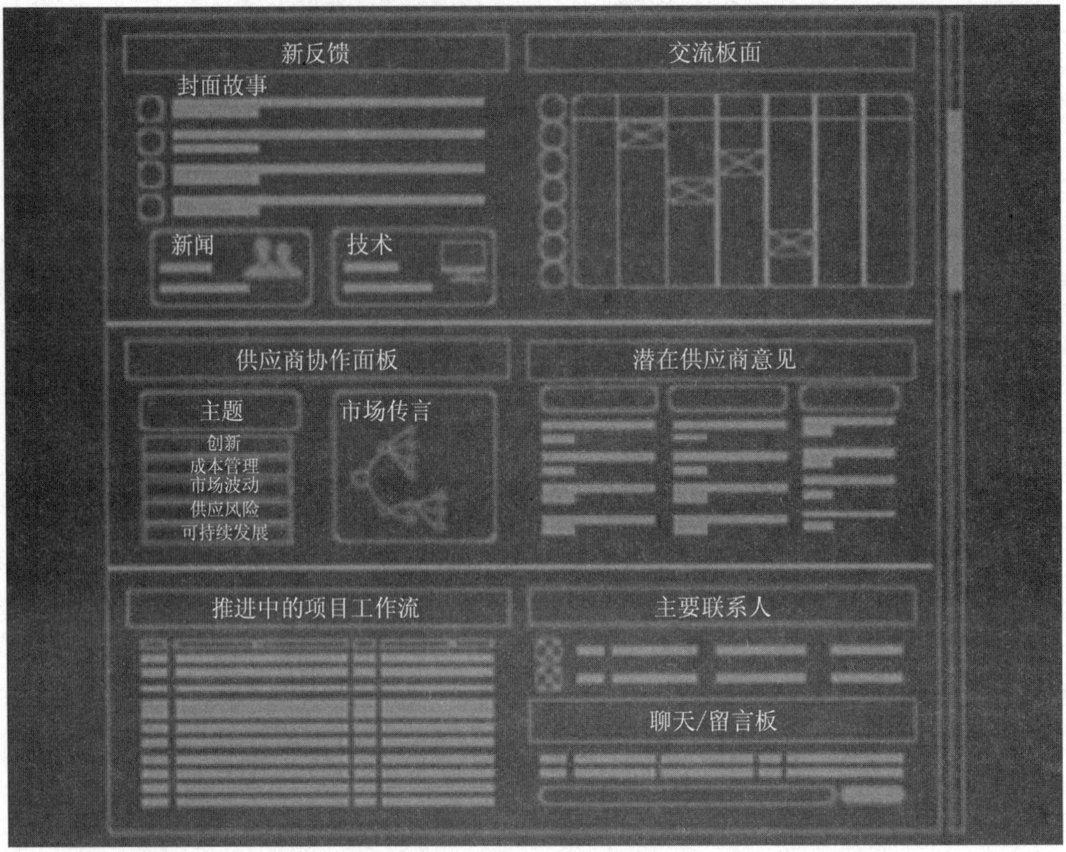

图 6　虚拟供应商空间能够在恰当时间、为合适的供应商提供清晰透明的协作机会

3. 虚拟整合企业模式的五大关键结构要素

前文关于创新的讨论表明，采用虚拟整合供应商模式的前提是全面提高透明度，促进维持较高的信任度，而且能够在整个企业和供应商之间实现创新理念的无缝流动。这意味着合作双方都不能有所隐瞒。买方企业和供应商必须彼此完全公开自身的战略、计划、能力和局限性。这种坦诚和开放的态度，正是麦当劳与其战略供应商群体维持高效协作的基础；而这些战略供应商，则代表了麦当劳绝大部分的运营开支。

弗朗西斯·德比亚斯解释说："我们花了大量时间与这些供应商谈论麦当劳的增长计划、发展计划以及创新方向。我们与他们分享大量的信息，而且他们告诉我们，'与其他客户相比，贵企业向我们展现了更高层级的透明度和信任水平。'因此我们的确相信，这是我们的一项竞争优势。"

持续评估关系对于维持透明度具有至关重要的意义。以勃林格殷格翰集团（Boehringer Ingelheim）为例，针对那些唯有通过共同创作才能达成预期结果的领域，该集团对供应商关系展开了 360 度的全方位反馈评估。集团企业负责采购工作的高级副总裁沃尔克·巴根（Volker Bargon）特别指出："我们关注的是，在不同的组织层面上，合作双方如何看待与对方的关系，然后与各方分享我们发现的所有优势和不足。双方开放和坦诚的反馈开辟出了一块不设防的阵地，有助我们开展重要讨论——我们能够为改善彼此间关系做些什么，同时需要怎么做才能扫清障碍。”

然而，评估只是其中一个方面。建立虚拟整合企业所必需的、真正开放透明的关系，还离不开其他五大根据“结构意义”的要素（见图7）。

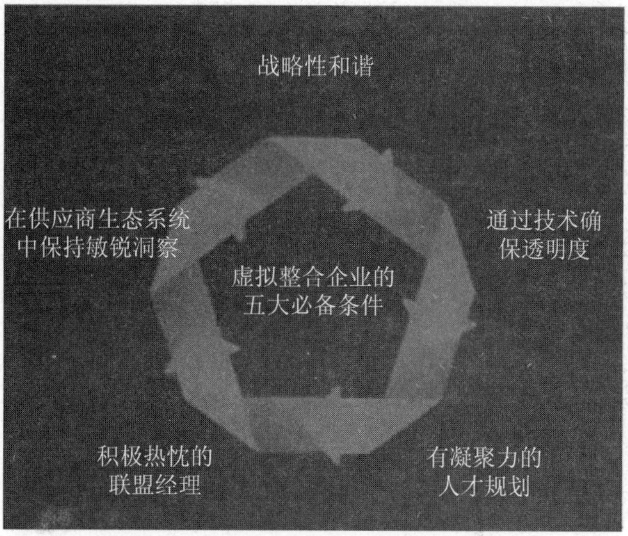

图7　构建虚拟整合企业的五大任务

在战略、业务计划、目的和指标等方面，买卖双方必须实现紧密协调。而维持此类协调的关键在于强有力的正式治理（由双方首席高管牵头）、共同衡量指标、适当的合同要素，以及供应商激励措施（包括利润共享）。

技术将是打造透明度的一个关键驱动力，有助合作双方均可获取重要信息（如库存水平、买卖双方能力、关键生产设备或机器宕机时间，以及发货状态等），并且随着业务的不断发展接入更广泛的供应商生态系统。虽然目前缺乏成熟的软件工具来提供全方位信息，但假以时日，这些信息将不可或缺。现存少数解决方案基本上都属于定制系统，不过这一情况有望在未来几年内得到改善。

人才方面同样需要透明度。德比亚斯表示：“我们花了大量时间来审查供应商的人才计划。我们会问他们与自己同样的问题：贵公司是否有合适的人才和充足的人手来支持我们的增长？”

未来，各企业与战略供应商很可能会进行联合招聘以确保人才质量，甚至可以考虑在双方企业间开展岗位轮换。

要想采用虚拟整合企业模式，企业需要解决的最重大问题之一就是从性质上厘清组织架构。当前，战略供应商管理的责任一般被划分给品类经理。但随着供应商逐渐不再被视为制造活动的外包分支，而是更紧密地融合在企业当中，专门负责战略供应商的正式职位将应运而生——我们称其为“联盟经理”，他们并不参与谈判事宜，而是集中精力构建和培育同每家供应商的关系。通常，企业会安排一名级别非常高的管理者出任该职，这位高管甚至可能不属于采购组织，而是来自制造业部门或业务部门。通过单独设立一个职位，企业可以将负责战略供应商的责任从传统的采购分类管理中剥离出来，使之成为由专人掌控的重点领域。这位负责人将全职开展工作，集中精力确保每项行动都取得成功。

总之，无论谁来主管这项工作，对联盟经理的技能要求始终是一致的：他们必须善于关系管理，而且深谙采购流程。此外，联盟经理还必须具备与所管理供应商相匹配的专业知识；比如，对负责管理高科技供应商的联盟经理来说，强大的工程行业背景必不可少。

最后的一个关键要素则是维持供应商生态系统的稳健性和敏锐性。为此，采购需要具备能力以持续寻找新供应商，这便是让潜在供应商成为生态系统一部分的重要意义所在。例如，采购组织或许会发现，将差旅支出交由潜在供应商来处理是一种可行的选择（如通过缤客网这类企业，可提供覆盖所有相关类别的服务）。它还可以帮助企业轻松打入尚未积极（但可能或将会）向其销售产品或服务的供应商网络，发现企业可能错过的新技术，并确定目前的战略合作伙伴较之其他供应商是否仍具竞争力。

4. 结论

虽然大量证据表明，与重要供应商建立更深入、更具实质性的关系，可以为买卖双方企业创造优势，但我们所采访的高管一致认为，建立这样的关系并非易事，也无法一蹴而就。它不仅需要企业实施大刀阔斧的文化变革，还需要有一定的耐心和决心。甚至在初期转型结束后，企业还必须不断努力，确保花费大量时间和精力建立的战略关系持续取得成效，同时监督供应商，防止其变得懒惰自满，或者利用自身已嵌入企业中的优势满足一己私欲。

虽然实施虚拟整合企业模式面临着种种挑战，但基于研究，我们认为虚拟整合企业将在未来几年成为现实。如果将密切的供应商伙伴关系作为采购及总体业务战略的核心要素，企业就能从中斩获诸多收益——从麦当劳和伟创力的成功中，我们可以略见一斑。

三、一体化采购组织初具规模

具备战略重点的新型采购组织正在逐步成型，它将襄助采购职能超越以往优化成本、保障供应的业务范畴，为企业带来更高价值。

从结构和技能的角度来看，2020 年的采购组织将会是何种面貌呢？参与埃森哲研究访谈的大多数受访高管一致认为：届时，我们可能会看到采购工作演化为一种全新的模式，支持采购部门更有效地实现企业战略价值。未来，这种“理想”

的新型采购组织将专注于战略性差异化活动，采购专业人员将嵌入业务部门内部，并以一种独特的方式反向与规模更小、具备先进技术支持的中央核心决策团队建立连接。至于非差异化活动，则可通过技术进行操控，亦可交由虚拟整合企业进行管理（见图8）。

然而，虽然许多人都被这种理想状态所吸引，并且认为切实可行，但问题在于，我们怎样才能将其转变为现实。许多人已然认识到，要想成功达成嵌入式状态，首先需要采购组织自身实现正规化、专业化，进行充分协调，才能竭尽所能捕捉价值，实现协同。因此，不少受访高管人士都倾向于谨慎实施这一变革。无论何种情况，企业最终的成果以及所需要的时间，都将受到各种因素的影响，其中最为重要的包括企业文化和所在行业、现有的采购组织结构和功能成熟度水平，以及技术发展的步伐。

1. 专注成本节约以外的价值交付

根据我们的研究，未来理想采购组织交付的价值将蕴含更广泛的意义。但大多数受访高管认为，成本节约仍将是价值交付不可或缺的组成部分。

考克斯通讯公司（Cox Communications）战略采购副总裁比尔·曼根（Bill Mangen）表示："节约始终占有其重要位置——这是无法改变的事实。但我认为，这与我们一直以来的做法并不相悖。"

图8　嵌入式采购团队和虚拟整合企业将作为一个实体进行运营

但正如曼根所指出，未来通过特定交易或年底采购为企业实现节约，将不再是衡量采购职能所创造价值的主要方式。他说："在我们如何与企业战略保持一致方面，我认为'价值'所代表的含义将会更加广泛。"（见图9）。

EBITDA	税息折旧及摊销前利润
EPS	每股收益
Reduction in function's budget	削减职能部门预算
Supplier inovation	供应商创新
Time to market	上市时间
Other	其他

图9　贵企业未来采购组织将如何衡量价值

此外，大型企业竭力想达成的各项业务成果，将成为对新一代采购组织贡献大小进行测评和奖励的标准，其中包括：税息折旧及摊销前利润（EBITDA）、每股收益（EPS）、削减职能部门预算、缓解风险、供应商创新、上市时间、可持续发展、多样化、商品价格风险管理、推动持续改进和合规等。在参与我们调研的企业中，荷兰高科技公司阿斯麦（ASML）负责战略采购的执行副总裁保罗·凡·阿特库姆（Paul van Attekum）表示，该公司已率先采取这一举措。作为阿斯麦十大高管之一，首席采购官不仅在执行委员会中占有一席之地，而且在公司的战略制定过程中也发挥着重要作用。在这一层面上，首席采购官不再专注于建议供应商将采取何种行动，而是将关注重点放在公司需要采取的行动——视角和责任都发生了重大转变。例如，他如果认定某些供应商在管理特定活动方面能够比阿斯麦做得更好，便会将相应工作转移给他们负责。

这一更广泛价值观的另一个好处是提振采购组织的声望。一位受访高管告诉我们，即使在经济繁荣时期，采购职能也对整个企业具有重要意义——而不只是在经济衰退时期着力压缩节省时才能发挥显著作用。

加拿大国家银行（National Bank of Canada）负责采购和不动产事务的副总裁大卫·阿内特（David Annett）对此表示赞同。他说："由于大多数容易实现的目标都已达成，因此采购人员可能会到某个业务部门指出，'如果我们这么做，你们的支出就能减少百分之多少。'这虽然也非常好，但实际上大部分工作已经完成。因此，目前该部门需要关注战略性问题、内部合作伙伴的优先任务，以及如何令自身服务迈上更高的层级。采购职能必须发挥领导作用，而且与内部业务部门之间的合作正是未来企业制胜的要诀。"

2. 利用新角色和新技能，完成更为战略性的工作

为了交付更广泛的价值，以及专注于战略性差异化活动，采购组织将需要采用新的模式——包含新的技能和职能，且更具战略重点。我们的研究发现，两类

群体将应运而生。第一类群体为专业采购人员，他们将充分融入到业务当中发挥领导作用，将大部分时间用于解决业务问题，同时充分扩充自身的采购知识。而这里便是爱立信副总裁安德烈·来·勒尔（André Le Lerre）所称的“最为薄弱的前线”。

爱立信副总安德烈·来·勒尔认为，采购专业工作“最为薄弱的前线”就是融入业务当中，专注于战略性的差异化活动。

第二类群体则是规模更小的核心决策团队，他们在分析法和认知计算（我们将分别在第五章和第六章中专门讨论）支持下，掌握着关于需求、供应和定价的透明化实时信息。该团队将着力满足更高层面的跨业务部门采购需求。就像我们在本报告引言中所描述的那样，要想在现实中打造这一全新的小规模核心团队，所需的技术基础设施将主要依托于五大应用。

3. 嵌入式人力资源

这些嵌入到业务中的资源将成为业务工作密不可分的组成部分，专注于战略性差异化活动。例如，这些人员可以同研发部门、产品开发部门以及供应商合作，开发出新型产品，缩短产品上市时间，解决产品或生产问题，由此帮助企业创造更多价值。同时，嵌入式资源通过产品创新、产品成本管理、规格合理化与整合（必要时与核心决策团队进行适当合作），可以协助企业实施供需战略；并且在条件允许情况下，与全球团队同心协力，助力企业在业务部门和市场两个层面上管理商品价格及供应风险。

出于对战略议题的关注，这些人员的一个显著特征就是具有更先进的多元化技能。这些新型专业人士将需要同时成为变革的推动者、合作者和风险顾问，他们不仅要精通技术，拥有深厚的金融知识，还应了解产品的开发情况，并善于建立各种关系。通常情况下，这些人士是拥有某些业务领域专业知识的专家（视需求而定，如生物化学），并且很可能来自采购部门以外的其他业务部门。许多企业已经做到了这一点，或者正朝着这一方向前进。例如，当前已经存在结合采购和专家资源（如工程师）的跨职能团队。未来，这两项技能会集中到同一个人身上，而这名人员也会融入业务队伍当中。

重要的是，“嵌入式资源”这一概念并不意味着企业需要重新构建自身的采购组织——但如果企业中存在影子采购现象，不受管控的分散式采购组织四处滋生，那么这一举措便必不可少。这些嵌入式人力资源在采购部门接受技能培训，同时在业务部门内部开展工作，并将继续受企业整体采购任务的管制，由中央核心采购团队统筹安排。而那些非战略性需求则可以由业务部门采用熟练且合规的自动化方式进行处理，也可以由虚拟整合企业的成员来管理。

作为阿斯麦十大高管之一，公司首席采购官不但在执行委员会中占有一席之地，并且在公司的战略制定过程中也发挥着重要作用。

核心决策者团队的规模很可能会比今天典型的中央采购组织缩小很多，主要是由于技术将在日常采购活动的处理中发挥更大作用——甚至对于某些目前被认为需要人为大力干预的战略性举措，情况亦是如此。埃森哲专家认为，这支团队将完全不同于当前的大型中央采购组织，其工作焦点会主要集中在以下五项关键限定因素上：

（1）企业战略；

（2）全球供需；

（3）政策；

（4）合规；

（5）全球战略供应商管理。

每一项决定性因素都将通过人员与技术（包括认知系统）的结合来达成。在非常先进的情况下，核心团队成员将主要负责确定数字技术的基本限定因素（如智能虚拟代理、分析算法等），以及管理企业内部蓄意从事不合规行为的利益相关方。

企业战略限定因素将由首席采购官掌控，并会列出必要的原则和范围界定，使规模更小的中心核心团队能够支持并推动企业战略的实现。因此，企业战略限定因素将专注于识别能够使企业产生业务价值（成本节约之外）的方法，并确定优先顺序。例如，团队可监测当期以及预期经济状况，并据此调整企业营收增长和成本削减，达到两者平衡。

全球供需限定因素将包括两方面内容，一是使用先进分析法，以便更好地了解不断演进的发展趋势并预测需求（如对各业务部门及全体合作伙伴的需求加以汇总）；二是在供应来源方面实施可能的变革。

以某制造公司为例。全球供需智能代理（即计算机化代理）可能会向负责多个品类和业务需求的嵌入式团队成员进行通报，告知他们可以通过多种方式节省经费，包括：统一采购各业务部门所需的部件、了解需求、识别替代或等效部件、在技术上证明新部件的用途，以及推荐并确保供应来源。然后，嵌入人力资源主管负责确定将合适的嵌入式业务部门团队与全球供需智能代理联系在一起并建立合作，通过“常规”采购活动汇总需求，改进跨业务部门的部件采购行为（即汇总需求、找到最佳来源并订立合同）。这种情境下，在确保供应的整个过程中，智能代理将主要负责增强嵌入式团队的能力（并在可能的情况下实现自动化）。

政策限定因素事关核心以及非核心品类采购的具体治理方式，以此为企业创造竞争优势。正如差旅政策对行程预订时间表、差旅标准和违规后果做出规定那样，政策限定因素同样管理着其他类别的工作（如研发或合同工等）。

合规限定因素将强化供需限定因素和政策限定因素，主要包括以下方面：了解持不同意见者的行为、与企业就如何适应自动化合规管理算法达成一致、确定对不合规个人应施加的干预。例如，对不合规情况的监测范围可扩展到，利用预测型数据分析做出问题标记，进而审查和干预那些有重大欺诈嫌疑的申请（见图10）。

图 10 在更先进的情况下，规模更小的中心团队将负责管理员工和流程以外的限定因素

最后，全球战略供应商管理将应对全球战略的整体风险。这包括确定企业独特的战略关系，也包括协调最高级别的关系。核心团队将与嵌入式业务部门团队合作开展工作——后者将与供应商就合作创新及其他项目等举措在更细化的层面上进行运作。

短期内，随着该团队不断发展，非战略性、战术性的采购活动将被逐步剥离，充分实现自动化，抑或交由虚拟整合企业的成员处理。差旅服务采购是这条自动化路径的典型代表。仅仅二十年前，业务部门员工只要有需要，就会自行购买差旅服务，很少考虑政策、首选供应商或最佳定价之类的问题。到 20 世纪 90 年代，差旅服务采购则通过公务旅行服务台实现了集中处理。而在 21 世纪初，技术支持下的差旅服务采购又被重新放回业务部门，将人员引导至特定的供应商。最终，这些工具得以完善，足以能够基于政策限制来管控合规性。因此，我们预计其他类似管理类别也将沿着这条发展道路实现自动化。

未来五年，核心团队将采用更先进的技术和数据分析来进行决策。正如我们在后面中所详细讨论的，因为认知系统会随着时间的推移不断学习，所以只需十年，先进的认知计算技术就能够支持更为战略性的采购活动，比如在分类管理的关键环节采用智能虚拟代理等。而能否以更完善的方式扩大对技术的应用则将成为关键所在，推动企业让合适的人在恰当的时间利用正确的信息或建议进行完美决策。

4. 思考未来

为了促进该新型采购组织走向成熟，必须解决以下三大问题。

第一个问题对于究竟采取何种方式实现向未来的采购模式过渡，高管人员明显缺乏共识——当然，这在一定程度上缘于各采购组织的起点有所不同。不过受访高管还提到了其他一些影响路线选择的因素，其中包括：成本、目前组织的结构和复杂性、企业所在市场的性质、企业文化，以及政府法规等。

员工或许是这一转型过程中最大的未知数。转型总是非常艰难，我们研究所涉及的这种剧烈变革更是难上加难。现有采购人员采用的是历史悠久的传统方法，加上其他受影响的因素，企业必须给予充分帮助，才能顺利实现改变。

埃森哲首席采购官阿尔·威廉斯观察认为："人们往往会固守自己工作中那些习以为常的特定内容。如果企业品类经理过去 15 年中一直在负责寻找战略资源，而他目前的工作需要进一步拓展，成为客户关系经理的开支顾问，那对他而言无疑是一场巨变。"

第二个问题涉及技术层面。高管们尚不确定，是否构建未来组织的技术已经出现。即使的确存在这样的技术，但仍有许多人认为实施工作必将花费大量时间和成本，而且十分复杂，企业会遭遇巨大障碍。事实上，受访者普遍认为，所在组织往往为了获取有效的基本采购技术而精疲力竭，更别说是更加先进的解决方案。能否迅速采用更先进的技术，主要制约因素在于这些技术是否普及（如当今的互联网或手机应用程序），或者是否需要更长的时间来实施（如企业资源计划或电子采购系统）。

第三个问题则是围绕着核心决策团队而展开。高管们一致认为，即使将大部分采购人员已嵌入到业务部门内部，但最终仍会保留中央采购团队；此类团队的规模和职能需要认真商榷——因为适合一家企业的模式，可能在另一个组织中却全然行不通。

5. 结论

前文所述的这种呈现"理想"未来状态的采购组织，展现出了采购职能下一步发展的重点与范围。我们认为，这将为采购组织自身带来实质性的成本削减，并相应改变其为企业所创造的价值。埃森哲此前的研究发现，从 2007 年至今，典型采购组织已将其运营成本从占企业整体支出的 1% 削减至约 0.8%。而最佳行业则更为突出，平均仅为 0.5% ~0.7%。我们最近的研究还表明，未来，积极利用数字技术或有助显著降低采购部门的成本，并通过实现节约成本之外的更大业务价值来大幅提高其投资回报率。

据数名高管反映，这种新型组织的部分要素（如高级技能组合、业务咨询能力、专注于战略性差异化活动等）已经被落实或提上日程。这些企业已取得了良好的开端，其进步可以为那些正设法重塑自身采购部门和技能的企业带来启发，帮助他们努力构建未来、收获更多期望的成果。

而最关键的问题是，今天的首席采购官必须率先垂范，带领其团队乃至整个企业披荆斩棘，踏上一段波澜壮阔的变革征程。但为此耗费的时间和精力最终将有所回报——以更具战略性的方式实现采购组织与业务部门之间的互动，更有效地支持业务部门创造前所未有的价值。

在这份报告的其他部分，我们仔细分析了四大关键数字技术（云计算、产业物联网、分析法和认知计算）将如何形成未来采购组织的基石，并且成为采购能力发展的关键，从而满足业务部门不断增长的需求。

四、云计算——凭借内容保持领先

随着行动迟缓者也开始更为积极地接纳云解决方案，可用性和内容将取代低成本、标准化以及快速获取新技术，成为基于云的竞争优势来源。

云计算将对采购产生重大影响。在2013年召开的世界采购大会上，伟创力首席采购及供应链官汤姆·林顿提出，云计算将成为未来十年影响采购的十大趋势之一。并且到目前为止，我们采访的大多数高管均认为，未来数年，云技术将在采购领域发挥强有力的作用。至关重要的是，云技术将成为基础，帮助企业以有意义的方式与外部世界实现虚拟连接。它不仅可以提供强大的新内容和基于数据分析的洞见，还将引导企业以更紧密的方式与供应网络相连接起来、展开通力合作。

然而，随着较晚应用“采购云”的企业开始大力转型，积极利用云技术，成本削减、流程和技术标准化、加快获得新功能等传统效益也将成为常态。虽然这些效益曾为率先采购云技术的应用者带来竞争优势，但未来3~5年，他们将逐步丧失这种差异化优势。因此，当大多数采购组织都在充分挖掘云技术的效益时，未来的领军者需要将眼光放得更加长远，寻找另行探寻基于云的竞争优势。

（一）下一个战场：可用性和内容

当人人都开始使用相同的标准化最佳实践流程和技术时，基于云的全新竞争优势又将来自何处？我们的研究表明，领先企业将寻获以下两方面的优势：一是通过提供卓越的可用性，选择能够提高生产率和参与度的解决方案；二是丰富内容并对其进行分析，生成有助于完善采购决策的洞见。

1. 从降低成本到提高生产率和参与度

迄今为止，云计算最常见的一个优势就是降低运营成本结构。例如，一项消费品与服务调研分析了企业“从货源寻找到支付”（source - to - pay）的技术成本占净收入的比率，结果显示，通常它在0.046%~0.132%浮动，而达到最佳水平正是依靠了更多地应用云技术。云计算改变了采购技术的资金需求，从最初投入现金进行部署和维护，逐步转变为基于服务收费的模式。这一变化降低了采购组织为利益相关方提供服务的整体成本。

然而，随着越来越多的采购组织加入这些云计算早期应用者的行列，降低成本已不再是获取竞争优势的关键驱动因素。为了重获竞争优势，之前的早期应用者必须密切关注生产率和参与度的提升——它们是提升可用性的主要推动力。

改造后的全新云解决方案选项提供了简单、友好且直观的用户界面，同时保留了全球采购组织所需的功能。这些特性使解决方案更加实用，由此成为确保员工参与度和提高生产率的一项关键手段。未来，充分挖掘可用性的关键则是找到可用性和强大功能性的恰当组合。随着现有云服务提供商提高了自身解决方案的可用性，而新的云服务提供商也在效仿成熟供应商的服务，对可用性进行了补充完善，这项工作将变得更为容易。

强生公司副总裁兼首席采购官汉斯·梅洛特（Hans Melotte）很清楚提升采购界面整体用户友好度的益处。他表示：越来越多的员工都想知道，为什么工作中应用的技术不能变得更加简单和直观，如同他们个人生活中使用的那些工具？技术的复杂性不仅使员工备感沮丧，更重要的是会影响他们的工作效率，进而影响企业的创新和发展能力。如图 11 所示。

图 11　未来的采购云技术应用者将获得新的竞争优势来源

2. 内容将推动更完善的采购决策

从职能角度来看，如今真正的云解决方案应专门针对云计算而打造，而非只是在云基础设施上对现有技术进行简单的重新设计。因此，这些解决方案可以提供标准化技术，支持同最佳的关键采购流程，以此降低采购的复杂性（和成本），使采购流程更容易维护。此外，这些解决方案还有助企业更快获得新的功能，快速部署应用软件（尤其是游离于采购组织核心之外的应用），从而提高企业运营的速度、敏捷性和灵活性。

然而，只要企业加入应用云计算的行列，便可建立最佳采购流程并快速获取新功能，故而这些差异化优势正逐渐式微。新的领军者群体需要以一种不同的方式来把握未来的收益：他们必须更有效地部署和利用云端内容，以此促进核心活动——例如，供应基础管理、分类管理、合规管理和风险管理等。

此外，他们也可采用多种形式来丰富并利用内容，从而获得竞争优势。例如，它可能意味着，买方在目录中能够对内容布局和信息进行简单管理；抑或涉及更为复杂的行动——包括对通过互联网获取的所有信息进行解读、支持使用动态价格搜索功能来获取价格较低的项目；还有可能，以此访问新一代电子市场中的可用内容。

某大宗消费品企业为我们带来了另一个与丰富内容有关的实例：其首席采购官将150个应计成本模型视为内容的核心部分，由此形成了一项关键的竞争优势。未来，这些模型将可能会被打造成动态成本模型并放入虚拟分类仓库当中。包括商品价格风险管理（CPRM）模型在内的其他模型为企业创造了竞争优势，正日益成为企业重要知识产权的一部分。这些模型包括了为不同对冲策略而建立的情境模型，可以利用基于云的商品价格风险管理系统进行先进数据分析。

此外，更有效使用内容还意味着，领军者必须善于通过分析，从数据中获取的商业情报和洞见。根据一项研究，2014年66%的数据都储存在云端，而这一比例有望在两年内增长到73%——其中80%均为非结构化数据（即以书面文字形式存在，并未存储在数据库或电子表格中，因此很难进行分析）。随着企业将自身越来越多的采购活动迁移到云端，云服务提供商可通过其有利的核心位置，收集并合并越来越多的运营数据；而其中，将有更多数据来自与其解决方案相连接的移动应用，这一比例正不断升高。随后，这些供应商可以利用分析法，对这一日趋丰富的数据集进行分析，生成同时可供采购组织和供应商借鉴的供应与风险管理洞见。

例如，在实际运作中，云服务提供商发现，某一特定行业的客户突然开始大量订购某款商品。通过将这些订单与该商品当前有效的全球供应相匹配，该提供商预测到：很可能出现商品短缺问题，从而导致客户计划遇阻。由此可见，企业只有准确接收并解读这些洞见，方可成为下一波领军者。

内容分析能够产生可观影响的另一个例子是：云服务提供商可识别趋势，以此确定贸易正向某一特定位置迁移，并使用预测分析法来确定，某些瓶颈是否会导致企业此处的营商前景变得困难重重。GT Nexus公司创始人、副总裁兼首席战略官库尔特·卡瓦诺（Kurt Cavano）向我们讲述了当制造业开始从中国部分地区向孟加拉国转移时，公司所能够采取的有关举措。卡瓦诺解释道："当我们发现制造企业集中将生产能力迁往孟加拉国时，我们会判断说，'达卡和吉大港将出会问题，因为那里的进出口货物将会暴增，超过港口吞吐能力，延迟收发货物的现象肯定会出现'，或是'你将发现货物滞留港口的时间正在变长，因为大量的贸易转移到了这里'。"企业如果能够以更具影响力的方式在短时间内使用这些数据，那么就可以明确发现导致港口延误的突发事件，如停工、海关延迟或设备故障等。因此，企业能否理解和消化这类情报，并迅速调动资源予以响应，将成为其超越竞争对手的关键所在（见图12）。

内容知识也将成为领先企业和普通企业之间的一道分水岭。这取决于企业能否通过云技术与其供应商网络（特别是战略合作伙伴）很好地共享信息和情报，从而影响其供应基地管理及合规策略等环节。因此，企业需要善用云平台来推动与供应商之间的深入合作，共同应对一系列问题。此举可包括通过云技术共享透明化的实时信息，以此改善合规管控，并在某些情况下鼓励使用云应用软件来实现合规管控系统化。买卖双方组织之间更加紧密的集成，将使采购人员更便捷、更有效地接入供应商网络，并与之在更广阔的市场中紧密互动。

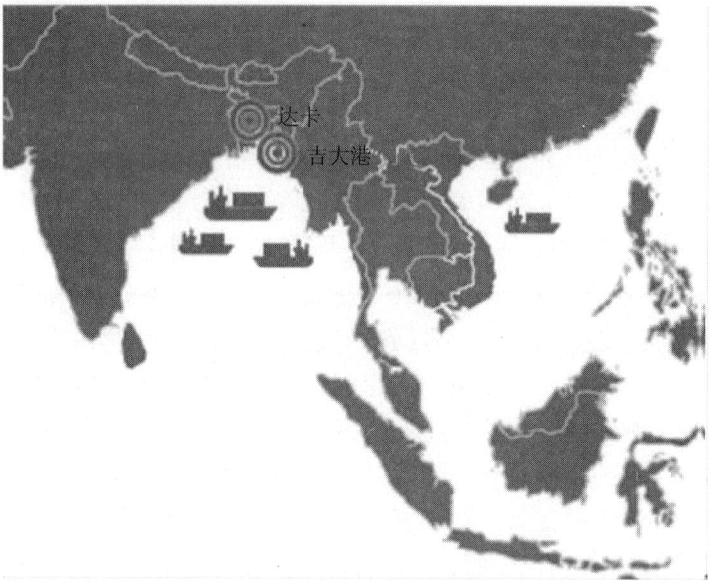

图12 基于云的数据将支持通过分析来预测风险，由此缓解风险

（二）学习如何应对隐私和安全风险

然而，尽管云技术能够提供诸多潜在益处和机遇，企业也应清楚地意识到，随之出现的各种风险、威胁和挑战可能会使云技术应用变得困难重重。在我们的调研中，受访采购高管普遍提到的问题是数据隐私和数据安全，这也与其他调研结果相一致。随着未来几年采购组织开始应用云解决方案，它们将在缓解上述风险方面变得富有经验，并且能够运用自身的学习能力，来帮助企业在其他领域实现更加顺畅的过渡。

数据隐私主要是指：确保被授权对象合理使用数据。对于拥有全球业务的企业来说，这是其非常关心的问题，那些需要应对不同国家个人信息和机密信息相关法律法规的企业尤其如此。在相关规定影响云应用软件部署的案例中，我们调研的部分企业选择将流程的核心部分及有争议的数据保留在自身防火墙以内，从而减轻对隐私信息泄露的担忧。

随着云端出现海量数据，人们自然会问：如果发生故障，一家企业未经授权便得以访问其他企业的数据；或者数据莫名其妙被另一方滥用、泄露或盗取，将会出现怎样的情况（即数据安全性问题）？鉴于目前数据泄露每每引发严重后果，加之缺乏有关相应损失的实质性量化方案，因此在数据保护方面保持时刻警惕便显得尤为重要。例如，在云服务提供商的合同中，数据泄露条款可能只规定了2000万美元的赔偿上限，而实际给企业造成的损失究竟是5000万美元还是1亿美元，甚至达数十亿美元（在当今世界很可能发生），该提供商就无须再承担责任。

有线电视运营商Liberty Global（全球自由）的全球执行副总裁巴兰·奈尔（Balan Nair）认为："如果云端某些环节受损，数据就将被黑客盗取，因此造成的实际损失可能远不止数百万美元。因此，我们的提供商已开始习惯这样的事实：在这个全新世界里，每个人都想从他人的数据中获取自己想要的东西；而当你替他人管理数据时，你也要承担巨大风险。"

然而，即使黑客袭击的频率在不断增加，手法也变得越来越复杂，但研究表明，与涉及企业自身的袭击事件相比，涉及云服务提供商的袭击次数可谓微乎其微。例如，针对英国250位高级信息技术和业务决策者的一项调查发现，只有2%的企业认为自身曾出现与云服务相关的安全漏洞。与之形成鲜明对比的是，覆盖英美400家大型企业的另一项调查表明，53%的受访企业都遭遇过其传统本地安装型IT解决方案发生数据泄露事件。形成这一差异的主要原因是，云服务提供商花了比许多企业更多的功夫来保障信息安全，尽最大努力将安全隐患降到最低。

领先的云服务提供商还采用多种技术，尽可能确保其客户的数据安全。其中包括：使用最高级别的加密和认证，进行安全审计，聘请第三方"黑客"测试漏洞，持续对企业所有员工开展积极的安全培训。我们采访的一家云服务提供商还将"社会学"黑客攻击作为其技术的补充测试，派遣"卧底"人员进入办公室，或冒充客户给员工打电话，看看究竟能打探到多少信息，以及需要为此付出多大努力。这类云服务提供商大多认为，从本质上讲，安全无疑极为重要，而如果自身将其作为优先事项，则完全有望实现妥善管理——他们也正在采取这样的行动。

（三）结论

我们的访谈显示，采购高管们对充分利用云技术的优势抱有很大的兴趣——目前，云技术的优势已超越了流程和技术的标准化及低成本，转移至增强可用性和高效利用内容等方面。鉴于长期以来，采购系统一直无法将员工获得的用户体验与消费导向型技术恰当地匹配在一起，可用性方面的问题始终非常突出。例如，在看到了亚马逊和苹果公司所展示的出色可用性之后，采购专业人员便理所当然地期望，现有采购应用软件也能具有同样优秀的表现。采购组织可以通过使用云技术，将消费者和软件用户的体验加以准确匹配，进而通过提高生产率而获益。

然而，要想在消费者互动空间也完成相似的改进工作，就需要向消费者提供易于获取且有深度的内容，并在适当时间告知用户，由此提升可用性。事实上，目前几乎所有内容都可在消费者互动空间里找到。对于企业来说，未来的采购组织将掌握着丰富而深刻的内容——包括目录内容、涉及政策的合规信息，以及动态成本模型，他们可以在有需要时，随时通知买家和业务利益相关方。

将兴趣转化为行动尚需时日。但高管们的意见清楚地表明，未来五年，企业将向基于云的采购解决方案稳步迈进，而采购部门对这项强大技术的利用也有望与其他职能部门并驾齐驱。

五、产业物联网——为采购敲响警钟

移动网络及其与产业物联网的连接，必将从根本上改变采购的关键环节，包括替换甚至完全消除某些业务流程。

从采购的角度来看，使用传统移动设备和新兴产业物联网来改造采购职能存在着巨大机遇，但并非所有采购高管都已同样认识到其真正潜力。在本次调研中，大多数受访采购高管均深知，自身企业正越来越多地使用移动设备，并了解移动技术对采购流程事务性要素的潜在支持作用。这些高管清楚地看到，移动技术可以帮助专业人员更快速而灵活地完成采购数据获取、跟踪订单、订立合同、审查发票、批准付款等工作。

但少部分高管能够站在更广阔的视角上看待移动技术。他们将移动技术视为构建紧密联系群体的起点，以及未来应用产业互联网的基础——移动技术能够将传感驱动型计算、产业数据分析和智能机器应用软件组合在一起，使之融入到智能工业产品、流程和服务互联互通的“统一世界”中。未来 5 ~ 10 年，移动技术将日臻成熟，从而超越跨渠道互动的基本作用，最终与产业物联网相连接。在产业物联网解决方案的广泛应用中，我们看到这一趋势已初露端倪。据一项全球信息技术和业务决策者调查显示，2014 年，全球 25% 的受访企业已实际部署了产业物联网解决方案（2012 年为 15%），而 65% 的企业正处于项目实施过程中。如图 13 所示。

随着越来越多的“物体”接入互联网并与其他“物体”相连接，企业业务的主要环节也会随之发生根本性转变。

图 13　当前的移动设备驱动型市场将转向互联互通的产业物联网市场

（一）采购职能的产业物联网应用展望：2020 年

有远见的企业已看到了产业物联网的广阔发展前景。未来 5～10 年，这一技术将通过以下三种基本方式重塑采购：第一，大幅提升整条供应链上产品和材料的可追溯性；第二，推动企业进一步通过数据分析提高决策能力；第三，助力企业改造关键流程（包括采购流程和企业所在行业的特定流程）。如图 14 所示。

	为何采购职能必须关注产业物联网
	提高可追溯性
	增强分析法应用
	质疑现有流程

图 14　有远见的企业已看到了产业物联网的广阔发展前景

1. 提高可追溯性

对许多企业来说，了解产品的成分、所在地及其运输路径，已日益成为其制胜的关键。而且对于某些行业而言，这也是满足相关监管要求的核心要素。随着产业物联网最终全面渗入到产品和部件中，该工作会变得非常容易。

伟创力汤姆·林顿表示：“透明供应链的确意义非凡，而且势不可当。它们即将出现，并会不断深入，一直到延伸至供应来源层面的控制工作当中。”

产业物联网有助企业了解产品和材料在整条供应链各个环节中的情况，进行全程追踪——从原材料供应商到生产和运输过程，最终到达用户手中。如此全面的可追溯性对于提高供应链透明度至关重要：它能使企业更好地了解产品或部件的库存时间（有助企业避免使用过时或陈旧的商品），同时获得产品所有原料的准确来源信息（例如，有关是否为有机食品或是否含有潜在有害物质的担忧）。伟创力公司的汤姆·林顿表示："你只需走进任何一家全食超市（Whole Foods），就能清楚了解透明度意味着什么。你能看到生产某款奶酪的农民和乳牛的照片。透明供应链的确意义非凡，而且势不可当。它们即将出现，并会不断深入，一直到延伸至供应来源层面的控制工作当中。"

这种可追溯性可能对采购工作产生重大影响，不仅仅是体现了采购组织对企业社会责任的承诺。互联网提供了有关产品供应商的大量信息，有助采购者更方便地了解供应商是否践行承诺，是否真正采取不懈努力，开展了可持续发展举措。同样，信息的透明度将使供应商罔顾企业社会责任的行为无所遁形，买方企业可据此调整与供应商的关系。

2. 增强分析法应用

正如我们将在后面内容所讨论的，领先采购组织正越来越多地应用分析法，生成各种洞见，从而做出更完善的业务决策。分析法的关键在于拥有丰富的数据，而这正是产业物联网真正的优势所在。它能使企业步入一个足以发动数据分析引擎的全新数据世界，帮助企业描绘出更加全面、准确显示自身运营状况的图景。如图 15 所示。

图 15　透明供应链正在深入实现源头控制

必和必拓首席采购官德克·范德普特正与供应商合作开发传感器，以监测公司运输卡车的健康状况，预测可能出现的故障，由此提高利用率。在这样的情境中，数据有助采购组织调整分类策略，减少不必要的部件库存，防止出现供应商过多的现象。

最典型的一个例子是，传感器与分析法的结合，能够帮助企业进一步了解自身资产的运行状况，以及何时需要采取怎样的举措，从而确保其运行能力保持在峰值。此举有助企业在关键设备出现故障时避免陷入危机，四处寻找人员和部件来紧急抢修。必和必拓首席采购官德克·范德普特（Dirk Van De Putte）认为，公司的原料运输车队就应避免出现这种情况。他解释道："这些设备成本高昂，消耗大量的燃料，而且需要花费大量资金来维护。因此，必须下大力气保持尽可能高的利用率，同时尽可能有效地进行使用。"

范德普特表示，必和必拓正与供应商合作开发和部署传感器和追踪设备，监控公司运输卡车的健康状况。此举有助公司通过数据分析，预测可能出现的故障，提高车辆利用率（例如，制订更高效的行驶线路、优化每辆卡车的载重等）。

此外，基于关键数据预测故障率亦能增强寻源决策流程，而且有助调整品类战略，以减少不必要的部件库存，防止出现供应商激增的现象。例如，某公司打算从两家不同供货商处购买两台水泵。这两台水泵的规格几乎完全一样，但乙泵的费用要比甲泵高出 10% 以上。问题在于公司是否需要两台水泵，如果不需要，那么应该买哪家的水泵呢？通过添加传感器现场监测两台水泵的工作情况，公司会发现，实际上，在一定天气条件下，甲泵的故障率往往比乙泵高出一成。采购部门可以利用这些数据来决定只采购乙泵，因为虽然最初成本高一些，但却具有更高的可靠性，减少了保修申请及部件报损工作。由此可见，产业物联网（IIOT）正是采购中运用基于事实的实时化数据分析的重要环节。

同样，位于阿布扎比的阿提哈德航空公司（Etihad Airlines）也借力产业物联网，监测其机队中 80 架飞机的运行情况，预测潜在故障并采取预防措施，以减少突发的运营中断。Taleris 公司提供的"智能运营"服务是阿提哈德航空的坚强后盾。Taleris 是通用电气和埃森哲联手打造的合资企业，能够结合传感器、数据分析等技术，帮助航空公司及货运企业预测并防止出现运营中断问题，同时恢复运营。

从最基本的影响来看，由于产业物联网能够在部件、产品和供应商层面上提供大量可用信息，所以必将推动采购与企业利益相关方做出更有理有据的决策。而在更广泛的层面上，越来越多蕴藏深刻洞见的信息将有助减少临时流程和战术行为，并支持采购部门对最基本流程进行反思。如果将阿提哈德航空公司的经验投射到更大范围，我们便会明白，产业物联网已蓄势待发，将在未来 5 ~7 年彻底改变采购工作。

3. 质疑现有流程

虽然提高可追溯性、增强分析法应用具有重大优势，但产业物联网真正的变革力量却在于，它能够帮助企业彻底重新思考采购组织流程的运作方式。事实上，相比通过产业物联网大幅提升生产率、工作效率和成本效益，分析如何重塑流程更为重要。

这一概念被形象地描述为“第二机器时代”，它强调有必要进行“补充性创新”（通常在流程和组织中），以便对新技术进行最有效利用。这意味着不仅需要精简现有流程（许多企业已经将其作为自身部署技术时的一项内容）；更应当对流程或组织及其运作方式进行全面重新评估。

书中引用了一个著名的例子，即20世纪初从蒸汽机动力过渡到电力后，彻底重新设计制造车间布局的需求随之应运而生。高效的蒸汽机布局是，一台大型蒸汽机占据中央位置，为环绕在它周围的机器提供动力。当引入电力后，制造商只需以大型电动机取代蒸汽机，无须大幅更改配置，因此对生产率的影响不大。整整三十年（时间之长，以致原管理层都已退休）之后，企业才开始为每台机器配备专属电源（小型电动机），由此使机器可以非常便捷地放置在工厂中任何地方。这一突破令全新的整体布局更为高效，物料流变得更为顺畅，从而可以快速完成最终产品。此后，生产力得到了大幅提升。

当然，现在回过头看，这一切都非常有意义。但是在当时，补充性创新需求往往不被人重视。对于采购来说亦是如此。虽然一个世纪以来的大量数据显示，要想通过技术应用实现生产率最大化，必须对生产方式进行全面重新评估；然而过去二十年里，采购流程几乎没有任何改变。在实施ERP、互联网和电子采购应用程序等新技术的过程中，企业很大程度上忽略了补充性创新对采购流程的支持作用。相反，这些企业将注意力集中在增加效率方面——通过实现工业化和事务处理自动化，对采购流程进行分组并引入共享服务模式，同时采取其他举措，包括实施部分流程改进以补充新技术。

未来，这一局面必将发生改变。我们采访的埃森哲专家和采购高管一致认为，企业需要挑战自我，考虑如何最大限度发挥产业物联网的效力，而绝不可将目标简单设定为“我们能把同样的事情做得更好”。此外，企业还必须考虑合适时机，替换以往曾必不可少的一些采购流程工作，以便大幅提升此类流程带来的价值。

假设采购组织是一张白纸上的一系列“流程点”，汤姆·林顿建议不要将重点放在消除点与点之间的空白区域上，而是应关注每一个点自身的特别需求。

汤姆·林顿解释道：“理解这个问题的一个好办法是，你假设供应链或采购组织是画在白纸上的一系列黑点，这时我们往往会关注点与点之间的空白区域。换句话说，我们也许会问，你如何精简流程，如何杜绝浪费，如何消除各环节之间所有的管理空白？但我认为，我们更需要关注各点本身。我们需要关注这些点存在的原因，并对最基本的采购流程进行反思：我们为什么不能重建这些点，而不是去疲于填补空白。”如图16所示。

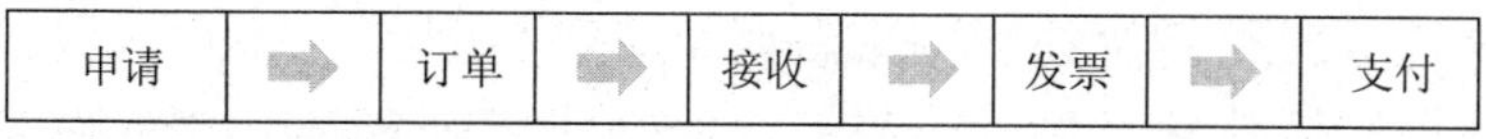

图 16 随着产业物联网的崛起，采购部门需要认真反思："采购订单是否真有存在的必要"

例如，林顿大胆质疑了采购订单的必要性。但是，应当审视的不仅仅是采购订单这一个"流程点"。如果继续深究，人们可能会问，发票凭证真的很必要吗？抑或公司应当进行定期支付，并在事后依靠审计部门来确保其准确性。此外，随着数字货币与产业物联网一道应运而生，是否可以将特定采购的支付与数字合同紧密联系起来，全面实现自动化？

我们可以试想一下这个看似不可思议、但却有望实现的情境：当采购商品运抵到指定地点，嵌入式传感器会自动完成接收工作，并通知系统此次交付是否按时。系统在查询与供应商签订的数字合同后，确定此次交易需付的正确价格（例如，按时交货为原定价，延迟交货则为折扣价）。然后，系统发出授权，采用数字货币将相应资金直接从企业账户转往供应商的账户。

在这种情境中，产业物联网消除了耗费资金、时间、资源和精力的大量事务性工作。更低的成本，加上虚拟企业商城（参见"引言"）固有的数字合规管控手段和较低价格，在结合虚拟供应商空间所引入的潜在供应商，企业真的没有必要再去统计和控制供应商的数量。

如果对产业和采购流程的基本要素都提出质疑，那么产业物联网改变的可能就不仅仅是采购环节，而是整条供应链。巴斯夫公司的克里斯·图梅讲述了彰显物联网潜力的另一则例证。他假设一辆运载着潜在危险性化学品的卡车在从工厂到目的地的途中出现翻车。在卡车倾覆的一瞬间，其内置传感器会立即向公司发出警报，触发公司指挥中心的警报。于是危机管理专业人士会立刻行动起来，警方和当地社区也会接到通知赶赴现场，最大限度减少对周边环境和人员的潜在危害。

由于运输涉及内部供应，因此公司还必须应对供应中断问题。加工原料的制造厂和初始原料生产厂将会自动接到通知，于是，前者可调整其生产进度，后者亦清楚应立即向制造厂运送新原料，最大限度地减轻该突发事件带来的干扰。与此同时，电子通知也将发送到卡车驾驶员所属的货运公司，两家企业就此可开始分析事故卡车机载电脑记录的数据，以确定事故原因。

产业物联网一个更为不可思议的应用则是"自我导向部件"。汤姆·林顿以海豹的故事来打比方：这种神奇生物六个月大就能穿越太平洋，从加利福尼亚迁徙到阿拉斯加，根据周围的自然声音来指引方向，最终到达目的地。既然如此，我们为什么不能在创建部件时，也"告知"其将被发往的最终目的地呢？林顿提出了这样的设想。部件中嵌入的程序可"告知"工厂最终的需求目的地，而传感器则在整个供应链流程中引导部件——所有这一切都无须人工干预。在此情况下，虚拟整合企业就可利用产业物联网来跟踪部件，一旦发生不可预见的情况，当即在运输途中进行重新分配。显然，与当前的运作方式相比，这的确是向前迈进了一大步。虽然鉴于现有水平，该模式尚不具备可行性，但无疑是我们能够预见的移动技术和产业物联网的发展轨迹。

为了明确技术实施能否为流程革新创造更多价值，我们必须要对最基本的流程提出质疑。当然，这也需要考虑法律和商业方面的问题，以及其他一系列因素。但既然我们已手握颠覆性技术，特别是各种以产业物联网为基础的技术，那么启动变革的时机已然成熟。

（二）结论

前文的论述详细阐释了移动技术发展已势如破竹——从当今越来越广泛应用的智能设备，到能够将世界各地的产品、人员和流程融为一体的产业物联网。但与此同时，由于技术发展日新月异、层出不穷，猜想未来还会出现哪些技术变得极具挑战性，因此，要想预测技术的发展方式和时间将殊为不易。

一位首席采购官慨叹道："当前，技术进步可谓日新月异，光是各种概念就令我难以消化。以前觉得不可能出现的事，现在已成为现实，我对此已习以为常。如果这种事情发生在身边，我也必须做好准备来接纳。"

尽管人们对变革的范围和时机问题还没有定论，但有一点不容置疑：移动技术的进步将从根本上改变和塑造未来采购流程的执行方式。事实上，产业物联网很可能会为我们带来巨大的变革——采购专业人员将对整个采购职能部门的业务提出质疑。因此，采购专业人员必须明白产业物联网的本质是什么：挑战现状。这种质疑可能引发颠覆性创新，从而显著提升采购组织的绩效，同时为更大型企业创造更大的整体价值。

六、数据分析势不可当，采购应用万事俱备

采购组织将构建新的能力，推动先进分析法得到更广泛的应用，并在此过程中，助力五大关键采购领域实现转型。

过去十年中，利用分析法改进业务决策的企业已呈现指数级增长。埃森哲调查发现，1/3 的企业正积极推动整个企业层面的分析法应用，而预测性分析法的应用比例自 2009 年以来更是增加了近两倍（从 12% 增长到 33%）。受访企业中，只有不到一成的企业表示尚未进行任何的分析法应用。

目前，分析法应用的拓展工作主要集中在其他运营及面向客户的职能部门，而采购并不在此列。事实上，根据埃森哲同一调查，相比财务、客户服务、生产/运营、销售、信息技术/电信和人力资源等其他六大职能部门，采购部门（除报告工作外）应用先进分析法的可能性最小（见图 17）。

1	财务
2	客户服务
3	生产/运营
4	销售
5	信息技术/电信
6	人力资源
7	采购

图 17　在企业职能部门中，采购应用先进分析法的可能性最小

我们对采购高管的访谈结果也支持了这些研究发现：将分析法（尤其是预测性分析法）应用于采购，目前尚处于起步阶段。其中一位首席采购官总结了大多数企业的典型做法。他指出："我们主要是将分析法应用于由外向内的物流管理，以此预测耗用模式。在纯粹的采购方面，我认为，我们大多仍在基于内部数据和历史数据来进行数据分析。"

当然，在一些特定行业和某些类别（主要处于业务核心地位）中，也存在着许多更为成熟的活动热点。例如，对于利润微薄的加工和产品生产企业而言，其生存很大程度上取决于能否预测原材料成本并管理商品价格风险。自然，这些企业往往拥有相当成熟的商品定价算法和流程，知道自己应该以什么样的价格购买原料，以及某种原料应保持怎样的库存水平。

未来，采购中的分析法应用格局将发生重大变化。随着首席采购官在管理队伍中的地位日益上升，以及赢利管理责任的不断增加，越来越多的采购组织将会大刀阔斧地利用分析法。十年前，采购负责人主要专注于采购、成本节约和保障供应，而今天，其角色的战略意义已大大增强。该角色要求上任者对企业现状有更深刻的洞察，能进一步应用数据驱动型流程进行有效决策。

（一）分析法助采购职能创造更大价值

数据分析位于业务和技术的交会处，对提供各类以战略发展为焦点的洞见具有至关重要的意义，而这些洞见正是采购高管们所需要的。正因如此，许多采购高管预期，建设更强大的数据分析能力不仅能表明过去发生的事情（描述性分析法），还有助他们预测未来发展趋势并予以回应，从而对业务产生重大影响（预测性分析法）。我们的研究表明，未来 5 ~7 年，数据分析将处于更为完善的决策与商业智能引擎的核心位置，与供应链的各个层面相连接。这将有助进行采购管理，预测和调整定价、材料、资源和其他运营杠杆，从而推动整体业务绩效攀升。

品类经理将最有希望成为这些效益的收获者：分析法将有助分类管理实现新一轮价值创造，同时注重更加有效的品类合作。分析法和功能强大的新工具将对当前及未来的动态数据进行管理，支持品类经理利用洞见来指导自身的日常行动，同时打造长远的品类战略。

广泛应用先进采购分析法将使许多采购领域获益，其中五个领域尤为明显（见图 18）。相当长一段时间，某些类型的数据分析已是屡见不鲜，但不同之处在于这五个领域将享受实时大数据管控升级的优势，获得更先进的技术（包括机器学习和推荐系统），聚焦企业战略，汇集恰当资源，从而推动各个领域实现前所未有的发展。

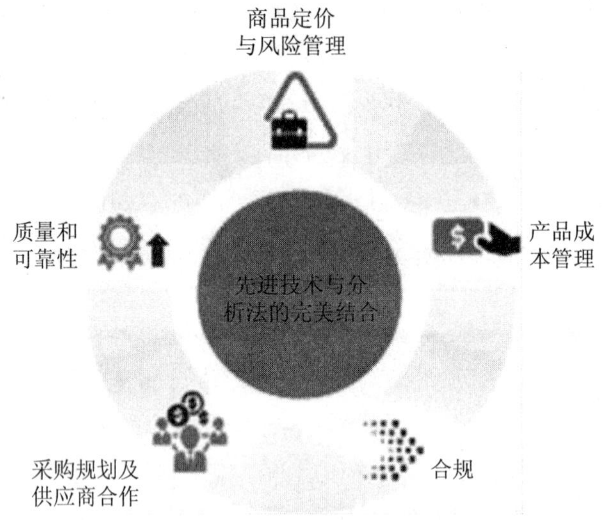

图 18　未来 5～7 年影响采购的五大分析法

1. 商品定价与风险管理

企业可借力分析法，将商品价格洞见纳入合约建构中。同时，他们也可将先进的商品定价算法与广泛采购分析法结合起来，了解特定制成品中各种商品所占的成本百分比，确定该商品的价格和可用性风险，并预测相关风险对企业产生的影响。此外，企业还可利用分析法来了解供应商行为的驱动因素，明确自身依赖特定供应商（或该供应商的上游供应商）可能导致的风险。最后，相较于指标驱动型定价模型，应用分析法还可帮助企业建立动态定价模型，从根本上改变定价条件和协商频率。

一些受访高管正考虑在这些更广阔的领域中应用分析法，而其他一些高管已率先采用了这种方法。德克·范德普特指出："我已看到它在很多领域中的价值。例如，对我们的供应商进行财务分析有助降低风险；而对行业需求和未来增长进行建模，并与供应市场连接在一起，可以帮助我们发现潜在的瓶颈和风险。同时，由于我们的许多合同都与某些原材料密切相关，我们希望利用原材料价格预测，帮助做出合同决策或实现供应基础的多元化。"

2. 产品成本管理

我们预计，不同于目前普遍根据商品来确定成本，未来几年，采用更先进分析法的企业将能够确定特定库存量单位（SKU）的细化成本。他们还将能够预测属于业务核心的间接资源需求（如某些类型的合同工），并确保后续的质量可靠性、价格合理性和供应充足性。

放眼未来，展望预测性分析法的前景，让智能虚拟软件代理（主要是程序）自行处理商品采购并非不切实际的空想。通过将业务规则嵌入程序，拓展其学习能力，这些代理就会应用分析法来评估决策，确定它是否正确，并根据需要进行调整。

3. 合规

此外，通过应用分析法，企业还将大幅提升合同的合规水平。今天，大多数采购高管并不清楚所在组织履行合同的具体情况——主要因为相关分析目前由人工完成，耗时耗力。然而，随着闭环间接开支管理等创新型成本管理技术的出现（具有嵌入式、零基预算等独特特点），这种情况正在发生改变，为多个行业的合规管控奠定了坚实基础。在间接支出管理方面，采购部门负责按月披露并报告不合规原因，向高级别品类管理者解释实际支出和计划支出之间的差额（按业务部门、区域、地理部门、部门和个人划分）。未来，此类成本管理将越来越普及，不再局限于当前的消费品和服务产业当中。

如今，结合描述性分析法和预测性分析法的平台已然崛起，未来将得到强有力的发展，并开始与员工组合在一起，承担更多的合规管控责任。这种平台可以将每笔交易和其他购买行为与相应的合同进行对比，确定个体与整体的合规性，以及违规成本。结合其他相关数据，该系统不仅可以帮助采购高管了解当前和预计的合规情况，明确违规责任方（是采购机构、供应商，或是公司员工），还可帮助他们预测合规管理技术对采购组织的影响。

对于采购用户或企业利益相关方来说，分析这些数据的意义在于可能进行重大的行为干预。例如，在考虑合规性时，决策者能够迅速、实时地识别违反某一特定政策的所有单项行为，并采取行动，防止发生进一步的违规活动。而另一组分析则可将实时供应商绩效监控纳入其中。此外，还有一些其他分析方法有助于识别欺诈行为并进行干预。

4. 采购规划及供应商合作

未来，技术将使采购与企业下游流程更紧密地联系起来，帮助企业打破流程中的“组织孤岛”，使其更快速、更准确地将基于业务的需求计划转化到采购计划中。例如，当营销人员宣布新的促销活动计划时，数据分析引擎可以快速确定该计划对于寻源工作和供应商网络的影响。

5. 质量和可靠性

越来越先进的采购分析法将对多个领域产生影响，其中影响最大的就是设备和部件。通过将自身的数据分析引擎与整个企业中的其他部门相整合，采购职能可以深入了解所购组件的可靠性。于是，采购人员可与供应商协商，争取更有利的保修条款，同时将所购买设备与实际需求更紧密地匹配在一起，以此节约运营资金。此外，应用采购分析法还有助提高实际所需备件类型和数量的可见性，并在需要时，确保其可用性。

（二）打造强大的分析能力

虽然先进分析法具有显而易见的诸多巨大优势，但受访高管承认，他们在利用该技术方面还有大量工作有待完成。根据我们的研究，大多数企业的工作将主要集中在以下两个关键领域，一是数据和技术基础设施，二是企业架构。

1. 分析法、数据和技术基础设施

要想运用分析法进行预测，企业需要具备四个基本要素：历史数据、一套算法、一系列企业或业务规则，以及一项外部事件或数据（如一条“触发因素”）。未来几年，企业将在强化上述所有因素方面取得重大进展——特别是最基本的历史数据，能充分发挥描述性分析法的更大优势。

一位采购高管表示：“在一些领域，我们拥有十分丰富的数据，但在其他领域，我们的数据却非常匮乏。如果没有收集到很好的数据，我认为所做的分析肯定也不准确。事实上，在涉及有关（我们）运营的所有方面，我们掌握着充足的数据。但就供应部门来看，数据却相对缺乏——我们甚至不知道大多数供应商的供应商质量或交付标准，也没办法去追踪部件的可靠性。目前我们正在安装企业资产管理系统，但还需要一段时间才能完成。”

虽然拥有良好的历史数据是成功运用分析法的一个组成部分，但保持整齐清楚的主数据同样重要，而且往往很难做到。即使是那些对自身历史交易有着深入了解的组织，也常常会发现数据被错误分类，归入错误的总分类账，导致难以标记正确的采购类别。一旦缺少有效的主数据，决策效果就会大打折扣。

未来5～7年，采购组织将进一步开展能力建设，不仅要使用和维护整齐划一的内部数据，还要超越自身壁垒，纳入大数据——从各种来源获取海量的结构化和非结构化数据，用于采购数据分析。如果企业仅仅依靠自身的内部系统获取数据，其开展供应数据分析的能力将受到严重制约。但是，企业如能通过技术获取外部来源的数据，而且不再受企业的内部信息系统的约束，那么针对供应、价格、风险和其他分析的机会则会显著增加。未来，这些外部数据来源将包括产业物联网、基于云的供应商网络、社交媒体和时事新闻等，不一而足。将这些分析绑定到监测工具中，便于企业利益相关方和采购部门了解相关情况、进行解读并做出决策，从而形成新的差异化竞争优势。

采用这种方式分析大数据，有助采购更有效地应对地缘政治风险和供应商风险——这项采购分析法概念被经常加以探讨，但目前仍未在采购组织中得到广泛部署。例如，在整个全球供应中，社交媒体的趋势热点分析主要针对那些特定的高危地区。此外，通过社交媒体直接获取的信息，如主要供应商未能履行企业社会责任等，可帮助企业主动评估潜在的干预措施或替代方案，避免此类突发事件影响企业的品牌形象。

除良好的数据支持之外，进行数据分析还需要合适的工具。要想部署更加成熟、先进的数据分析，企业将必须借助更强大的技术，而非 Excel 之类的简单软件——后者虽然仍是许多企业当前常用的数据分析工具，但无法满足未来的分析需求。加拿大国家银行的大卫·阿内特着力强调了这种需求。他说："很多机构……并没有投资于必不可少的技术。许多采购组织还在使用落后的传统系统，尤其在整个采购组织中都按 Excel 电子表格开展工作，仅重复现在正在做的事情就要花费大量的时间。因此，只有投资开发适当的工具，抑或与拥有特定专业知识的供应商合作，才能使采购管理水平更进一步。"

而最得力的工具包括各种供应分析法应用，埃森哲已将其确定为组成未来采购组织核心技术基础设施的五大领域之一。供应分析法应用将各种数据汇集起来，并通过标准化监测工具，使采购和企业用户双方都能够解读分析结果，从而解决具体问题或回答问题。这些应用还可为用户提供建议，并支持他们进行预测和开展假设性分析。

开支可见性领域亦将通过更强大的分析法、数据和支持工具而显著获益。目前，有助企业了解资金的去向以及开支方式的解决方案已经面世。但是，几乎全部的现有解决方案都只针对一些基础项目，如协商的成本节约、开支发展趋势、简易监测工具和计分卡等，而且主要集中在自动化报告流程方面。在不久的将来，随着新工具的出现，我们希望在该领域应用更为先进的分析法，例如，对供应商的价格进行对比分析，确定同一种材料在国内不同工厂位置的买方价格优势，以及确定有效的购买渠道。这将为采购部门指明另一条道路：寻求其他尚不明显、但切实可行的机会，从而释放更大价值。

从技术角度看，未来的趋势显然是进一步朝着自动化方向发展，以便为更强大的数据分析提供支持。描述性分析法将主要针对交易数据，从而支持各项程序有效处理（并优化）常规分析流程。对于更复杂的预测性分析法——包括"认知引擎"的崛起，能够自主做出更明智的决策，并不断从经验中学习。

2. 分析法与企业架构

然而，即使拥有合适的数据和技术，企业仍需要善用人性因素，来通过数据分析创造价值。如果没有合适的员工，就无法充分发挥商业情报的作用，也不知道需要问些什么问题，企业的数据也是一盘散沙。联合太平洋铁路公司（Union Pacific Railroad）供应与持续改进副总裁林恩·凯莉（Lynn Kelley）总结其职业生涯，得到了这样的结论。她说："每个人都知道'分析法'非常有用，认为自己应当了解它。但是，除非他们已经参与了统计分析或预测，否则他们很可能不知道该从何处入手。"

她认为更糟的是，这些人最终可能经不住诱惑，购买了预包装的商业分析法软件，但却不知道如何利用，结果导致投资收效甚微，甚至没有取得任何回报。凯莉说："由于不知道怎样解决问题，他们并没有得到预期的结果。"

因此，采购组织未来会在企业分析法架构内开展工作，在两个不同维度上对技能进行适当组合。第一个维度是"机械"纬度，主要是确保数据分析结果的正确性（见图19）。

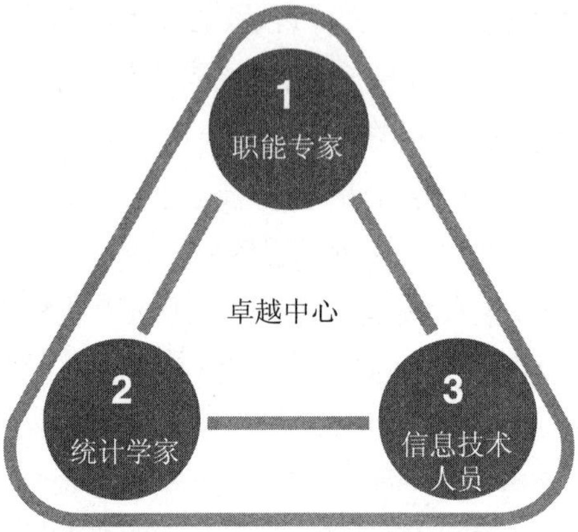

图19　维度1：强大卓越中心的"分析法三要素"分析法

这需要凯莉所说的"分析法三要素"：

（1）职能专家（如能够利用正确知识来定义有待解决问题的采购专家或金融专家）；

（2）统计学家，负责创建合适分析模型和算法来揭示这些问题的答案；

（3）信息技术人员，旨在确保分析法技术与恰当的企业系统和其他数据源相整合，并在恰当的时间提供给合适的人员。

第二个维度是"诠释"，这需要对市场和行业知识有着深入了解的人员（包括企业的内部采购人员和利益相关方）来解读并应用数据分析结果，以此提高业务绩效（见图20）。

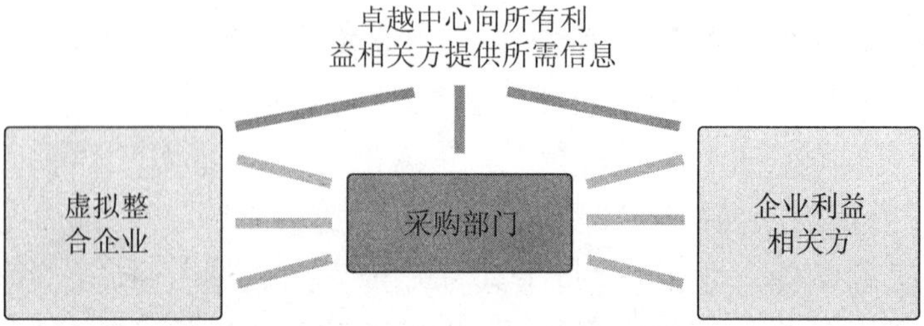

图20　维度2：将关键洞见交给适当人员

未来5~7年，分析法三要素很可能会被集中于正式的卓越中心（COE），致力于开发和部署先进综合分析法能力。对于尚未开始培育分析法能力的企业来说，很可能将建设卓越中心，为企业各个领域（如销售、营销、财务和供应链以及采购等）提供支持。随着分析法能力日臻成熟，卓越中心的每个人将逐步融入其各自的职能领域，与企业建立更密切的关系。

为了充实卓越中心，企业还将调整招聘章程，着重寻找日益稀缺的数据科学家和其他分析法专家——他们对于卓越中心的有效运作具有至关重要的意义。它们也将为这些人员制订恰当的支持架构和正式的职业路径，让分析法专业人士觉得自己在企业中有用武之地，并且明白自己需要学习什么、应当做些什么，才能在自己所选择的角色方面有所作为。

（三）结论

毋庸置疑，采购分析法可为企业创造巨大价值。但面临的更大问题是，采购组织（特别是品类经理）应如何迅速与信息技术同事和统计学家合作开发必要能力，以发掘价值，并加入到席卷企业其他部门的分析法大潮中。我们的研究表明，由于企业要求采购组织解决更具战略性的业务问题，因此他们将积极应用更先进的分析法，着力改进现有活动，同时识别并利用各种契机，为拓展型企业创造更大价值。

通过部署新兴技术工具（包括非常先进的认知引擎），以及核心采购、数据分析和技术技能专家团队，企业将依托数据生成更深入的洞见，进而制定更妥善的业务决策。

七、从增强技术到自动化——认知型服务代理崭露头角

能自主学习的智能电脑将成为采购专业人才信赖的“专家顾问”，增强复杂决策能力；并且某些时候，在人工监督下实现独立运行。

如今，很多过去只在科幻小说中出现的东西已成为了现实。新兴认知计算工具异军突起，关于技术潜力极限能否取代人类劳动的论战之火也再度点燃。这些新工具远远超出了简单的人工劳动自动化范畴，在更加有效、统一运行的同时释放人力，使他们专注于从事更具战略性的增值活动。如今，这些工具拥有了更大的潜力，能模仿人类的非结构化命令、直觉和判断等行为，参与更复杂的、基于知识的人工活动（如精密外科手术）。

加德纳公司的Maverick（小牛）研究项目显示，“到2023年，在医生、律师、贸易商和教授等高级技能型工作中，有1/3会将被智能机器或由认知计算技术辅助的次级技能（非专业）人员所取代。”该研究甚至进一步预测，“到2030年，就我们目前所知的所有职位而言，九成都将被智能机器所取代。”

究竟什么是认知计算？埃森哲定义，认知计算专注于使计算机模仿人类运行，从而创造出更智能的信息技术解决方案，能够感知、理解并采取行动。它由多种技术构成，支持计算机去感知世界（如计算机视觉、音频处理或传感器处理）、分析并理解所收集的信息（如自然语言处理或知识表达），由此做出明智抉择并采取行动（如推理引擎、机器学习或专家系统）。

如果将此类技术与业务专业知识适当结合，便可衍生出一系列功能，包括智能虚拟代理（能够表现出类似人类的互动特征，可与人类进行自然沟通，以协助并执行业务流程）、自然语言问答系统（提供一种新界面，以获取大量知识）、机器学习应用软件（针对系统优化、自动化趋势检测、异常检测或建议系统）等。

我们的研究描绘了一幅新的情境，即随着采购组织开始拥抱认知计算，该情境有可能在未来5~7年得以展示。目前，技术处理数据和信息的速度非常快，不仅显著提高了现有流程的效率，降低了成本，还有助决策者获取必要信息，从而做出更好决策。未来，认知工具将发挥增强作用，通过使用自然语言和现有数据与人类实现自然交互，而无须人工将数据或问题重新格式化为机器语言。这种工具将处理数据和信息，并基于所有可用信息向决策者推荐特别行动方案——即该工具认定的“最佳”行动。决策者可选择接受建议，亦可直接忽略。随着时间的推移，系统将了解好决策所包含的要素，届时，系统不仅仅可以提出建议，还能够替人做决策——即充分实现行为或流程自动化。

（一）认知技术日臻成熟

关于认知计算将对实际决策产生怎样的影响、涉及面有多广，以及如何快速地达成目标，一直颇有争议。然而，该技术正迅速成熟，并将在不久的未来对企业很多方面（包括采购）产生重大影响。

例如，试想：基于认知技术的系统，可以实现自助式的护照检查通关。该系统采用人脸识别技术来比较过境旅客与所持护照相片、利用计算机视觉技术检查假冒护照，并通过面部识别侦测通缉名单上的面孔。该系统已在世界各地主要机场得到了广泛部署。谷歌的无人驾驶汽车亦采用了智能系统，能够不间断地监测各种限定因素，以此“决定”汽车的目的地以及行驶速度。在截至目前的测试中，谷歌无人驾驶汽车已行驶70万英里，期间仅发生两起事故——且都是因人为错误而造成。

为了形象说明该技术已发展到何种程度，让我们再来看一个例证：香港生命科学风险投资基金Deep Knowledge（深知）任命机器学习程序为公司董事，听取其在生命科学领域给出投资建议。该基金高级合伙人德米特里·卡明斯基（Dmitry Kaminskiy）向我们解释了这一决定背后的理由。卡明斯基指出：“对于生物技术企业而言，影响长期成功的变量可谓纷繁复杂。我们之所以被该软件工具所吸引，是因为很大程度上它可以实现尽职调查的自动化，利用庞大的历史数据集来揭示人类分析师无法直接观察到的趋势。我们计划将有关前瞻性投资的新信息纳入数据库，以便将分析结果与我们所选择的投资项目进行比较。”

认知计算的一个最大优势是，它能使决策者对正确的信息了如指掌，有助专业人士基于事实更快做出决策。例如，认知计算能够通过企业内部的大型知识库快速完成数据分拣，帮助管理人员找到问题的答案，从而消除人工搜索的耗时耗力以及潜在的错误。此外，由于认知计算使用自然语言处理方式，因此管理人员只需以自然语言提问即可，而无须技术专家编写复杂的查询语言。由于认知体系能不断学习，因此它可以成为推荐最佳选择的能手，根据相关变量从一系列备选方案中找出最合适的一项。在此过程中，认知计算能帮助人类提高决策的质量和准确性。

认知计算具有非常直观的潜在优势。但是，人们对这项技术非常担忧（甚至根本不了解这项技术），不确定它在商业环境中的用途和潜能，这完全可以理解。我们采访的采购高管当然也抱有同样的疑虑。虽然多数管理者都看到了采购职能部门实现事务性活动及人工活动自动化的巨大潜力，但许多仍对认知系统能否最终取代大部分知识工作岗位持怀疑态度。当然，没有人知道认知系统将会接手多少工作，速度又将有多快。但有一点毋庸置疑：认知计算的发展很可能远远超出今天很多人已习惯的使用范畴，同时它对采购工作的影响将更多取决于采购团队是否愿意接纳它，而非技术本身的局限性。

（二）认知计算在采购中的用途

在我们的采访中，采购高管们相信，未来 5 ~ 7 年，其所在组织的日常人工工作将逐步由越来越多的智能系统来处理（包括“请求—支付”环节的交易流程）。受访采购高管列举了一系列潜在目标，包括：

（1）设定和实施建议请求；

（2）寻找相关供应商；

（3）评估供应商绩效；

（4）创建成本模型和行业成本曲线；

（5）数据分析和高级建模；

（6）合规；

（7）订单履行、报表生成、报告和目录维护；

（8）物流、分拣和包装。

对于认知计算如何改进具体采购环节，某主要油气公司实施智能代理试点项目就是有力例证。该公司与一大批供应商合作，测试运行智能虚拟代理，使公司的供应商问询中心很大程度上实现了自动化运行，当供应商有问题时，与虚拟代理联系就可获得满意答复。

当供应商登录问询台门户进行询问时，首先接触的就是智能虚拟代理，它模仿真人的行动，通过聊天界面与供应商对话交流，支持供应商以自然语言提问并获得答复。该代理通过一个知识体系持续不断地学习——其信息来源包括工作手册、书籍、维基页面、流程图表以及其他信息，并且还能够消化和借鉴所获取信息，找到针对供应商问题的满意答案。同时，该虚拟代理还录入有问询中心现场人员所准备和使用的参考资料，包括所有相应说明、本地工作指令及规程。例如，如果某供应商正寻找过期发票，虚拟代理可能首先会提出一系列问题作为回应（如询问发票号、提交时间及金额等）。基于供应商的回答，代理将对事务处理系统进行搜索并做出回复。

这一特殊虚拟代理的魅力在于，它能通过自然语言处理，理解并分析非结构化文本，而且基本上与人类心算过程差不多——都是针对相同类型的内容给出答案。该代理明白同义词的应用，能够解读字里行间的含义，知悉不同类型的表达和上下背景。此外，如果它不理解供应商的具体要求，还会请求对方对问题进行清楚解释。

据加德纳公司预测，“到2017年，依托自动技术和认知平台的托管型服务将完全告别人工，从而降低60%的服务成本。”我们认为，正是虚拟代理具有如此巨大的潜力，才令油气公司等资源企业高度关注自动化工作。而“品类咨询认知代理”则更为神奇（将需要时间来开发），它能为企业提供正确的品类战略指导。在此过程中，该代理将对各种维度进行评估，包括组织在实现成本节约、确保合规和达成其他目标等方面取得的进展，也包括累积经验、对标、应计成本模型等。然后，它会提出一系列非结构化问题，针对某一特定品类找到明确需求。同样，“供应风险认知代理”则可对供应商进行分层，将其归入各自所属的风险象限内。于是，该代理就可以连续查看内外部的数据源（包括社交媒体、金融行业机构、申请者反馈和地缘政治信息等），从而形成有关潜在风险的监测面板，并提出相应的缓解策略。

巴斯夫公司的克里斯·图梅预言：“整套传统采购流程已难以为继……十年后，所有流程即使没有完全实现自动化，也必将发生显著变化。”

但是，谈到技术将如何影响需要更多判断和软技能的知识性工作，其前景尚不甚明确。我们调研中采访的采购高管普遍坚持认为，在某些采购活动中，人类根本不会被技术取代。这些活动包括面对面谈判、业务需求收集、合同审查、战略寻源以及几乎所有的企业核心战略决策。

劳埃德银行集团（Lloyds Banking Group）首席采购官迈克尔·惠特比（Michael Whitby）表示：“对我来说，企业最关键的是人才。我需要使企业变得更高效，但实际上，我认为无论是真正的价值，还是你与供应商之间的真正关系，都是通过人际互动获得的。”

巴斯夫公司的克里斯·图梅则表达了更为激进的立场。他预言：“整套传统采购流程已难以为继。十年后，内部需求的发展、各种申请的建立、投标活动的开展、评标活动、供货商/产品主数据、订单处理等，即使没有完全实现自动化，也必将发生显著变化。”

未来，技术是否能够以及是否应该完全代替人工介入这些领域，我们将拭目以待。但毋庸置疑的是，现如今，认知计算能显著增强需要人工参与的活动，并且可能在未来某一时点充分实现自动化——今天汽车领域的巡航控制、泊车辅助和车道保持等功能最终将被全自动驾驶汽车所取代。

（三）采购职能应用认知计算的效益

当人们考虑认知计算时，往往首先想到的是，利用该技术通过自动化实现成本节约。然而，自动化还能带来其他效益，如提高质量、确保一致性和合规性，甚至是更巨大的成效——人工增强技术正在支持管理者更快速、更妥善地制定决策，从而发挥强大的潜在影响力。

例如，智能虚拟代理等认知系统能可靠、始终如一地提供高质量服务，并采用标准化的方式执行流程，完全符合相关法规及规章制度。这些代理不会生病，不会失去关注焦点，不会心烦意乱，不需要进修培训，也不会辞职或必须替换，而且永远不用休息。相比人类，这些系统通常更为有效——近期的一个案例显示，智能虚拟代理能同时处理 2.5 万条聊天互动信息——因此它们能大幅减少完成任务所用时间。如果实施和“训练”得当，智能代理的服务质量可以媲美，甚至超越人工服务。如图 21 所示。

图 21　智能虚拟代理可同步处理 2.5 万条聊天互动信息

问询中心再次成为了这方面的典范。如果某公司仅在正常办公时段内运行其人工问询中心，但客户却有相当大的全天候服务需求，因此公司不得不安排工作人员倒班，从而造成了巨大的新增费用压力。但借助能够处理一线客户问询的认知系统，企业便可通过最低成本来解决客户查询不断增加的问题——多数情况下，公司只需增加几名训练有素的人工代理，就能在必要时发挥扩充系统的作用，并且避免了成本激增的状况。而一旦问题被报至人工代理，认知系统就能够“监听”双方的交流并从中“学习”，以便在下一次遇到类似问题时自行给出答案。

此外，这种系统还使企业能够更轻松地为客户提供多国语言服务（比如埃森哲的一个虚拟代理就能够理解并应用20余种不同的语言）。它有助企业提升成本效益，确保在请求数据时遵循特定国家的政府规章：企业无须在这些国家设立问询台并安排员工接听电话，而是可以通过部署低廉虚拟代理的方式来处理来自这些地区的问询。

（四）结论

只要提到认知计算和智能代理，人们不禁会联想到计算机正全面接管世界。但是，尽管此类想法为科幻电影提供了大量素材，但它们在现实中的应用远没有那么激动人心。要想让认知系统发挥最大效益，仍需要适当的人工监督。

巴斯夫公司的克里斯·图梅指出：“尽管认知系统具有无比巨大的威力，但在一天的工作结束时，仍需要对它进行适当的检查和控制。认知系统并不能成为自主运行的实体，也不可能完全胜过活生生的人。它具有一定的决策能力，但不能完全独立。”

毋庸置疑，认知计算是技术世界最振奋人心的领域之一。迄今在这种系统中取得的进步，以及尚未出现的应用，都具有推动企业展开多方面变革的力量，更遑论对我们日常生活的诸多影响。事实上，认知计算的应用正在不断增加，将会对未来的采购组织架构和采购人才产生一系列显著影响。回顾我们之前讨论的内容，如果认知计算不断进步并得到全面应用，企业便有望在未来5~7年培养一支面貌全新的采购队伍——无须一心扑在纯粹的采购领域，而是具备更多的业务专长，专注于更多的战略追求，以较低的成本释放更大的业务价值。

（五）关于本研究

开展本项研究的目的旨在了解未来5~7年，势必切实影响全球采购组织的业务趋势及采购趋势。我们总共进行了52次一对一的访谈，每次持续一小时。访谈期间，我们对几项研究假设进行了测试。访谈对象均为各地区各行业的企业高管人士，其中大多数来自营收达到1300亿美元的大型全球跨国企业。

研究洞见代表了当前采购领域首席采购官、首席供应链官、首席财务官、首席执行官、首席战略官，以及采购、供应链和技术领域其他高层管理人员的观点。此外，我们还采访了一些高管级数字化和技术专家。

（作者：凯·洛沃塞尔、阿比吉尔·泰瑞尔、克里斯·蒂莫曼斯）

展望大数据
——数据分析驱动的现代组织

大数据正在蓬勃发展，现已发展到什么规模了？让我们来看下面一组信息。

（1）人们每天创造超过 2.5×10^{18} 个字节的数据，这些数据所涵盖的范围包括社交媒体发帖、购买交易记录、手机的 GPS 信号、供应链和物流数据、数字视频、图片和语音。

（2）在所有生成的数据中超过 70% 的数据是由个人创造的；企业存储并管理 80% 的数据。

（3）2014 年，平均每个企业会在大数据相关的项目上花费 800 万美元。

（4）大数据相关项目支出中的一部分将用于员工招聘。据估计，在美国每创造出一个支持大数据工作的信息技术岗位，就会创造出另外三个与大数据相关的岗位。这相当于创造出数十万个，甚至有可能是数百万个新工作岗位。

（5）全球各企业在大数据方面的总支出以近 30% 的年平均增长率增长，估计到 2018 年该类支出将达到 1140 亿美元。

尽管这波汹涌来袭的大数据浪潮注定将会引领企业在收入和成本方面进行变革，但只有极少数的组织真正在企业中实践该变革并创造经济效益。成功管理大数据及数据分析不仅仅是拥有先进的技术、运营模型或者人才，而是要将这三个重要方面紧密联系在一起，创造出基于差异化数据分析的企业文化。

2014 年，科尔尼公司携手卡内基梅隆大学共同举办了执行官圆桌会议，旨在讨论如何在不同的行业运作大数据项目，为企业取得经济效益。在卡内基梅隆大学的会议厅内，展望大数据圆桌会议讨论了在政治、体育、保险和零售这些不同领域，数据是如何影响整体商业运作的。该论坛将数据领域的思想领袖和实践者聚集到一起分享经验，并对“数据分析将彻底打破现有商业格局”这一说法的相关机会与挑战发表自己的观点。

此文涵盖了在圆桌会议上演讲者和参与者所提及的内容以及在讨论过程中参会者给予问题的回答。

数据的增长、覆盖范围和处理速度注定将转变企业的管理模型并改变企业的决策方式。但要在这些方面获得真正的成功，需要鼓励组织成员探寻数据所提供的潜在价值。这需要一群熟练掌握信息技术及数据分析方法，且拥有核心的批判性思维方式的新人，以及有能力将这些技巧和方法与商业领域的知识及专业经验相结合的人才。技术将为企业的转型奠定基础，需要注意的是，技术虽不可或缺，却不是企业实现差异化的核心因素。

科尔尼公司和卡内基梅隆大学近期对全球范围内 430 个来自不同地区与行业的公司进行了有关大数据分析领域的卓越领导力调研（见图 1）。根据分析，按照企业的数据分析竞争力的成熟度及其利用数据分析影响企业商业绩效的能力，我们将这些企业分成 4 组：领先企业（占所有参与企业的 10%），探索企业（32%），跟随企业（38%）和落后企业（20%）。在所有参与企业中，目前只有“领先企业”达到了所需的数据分析竞争力水平，并且该竞争力水平显著影响了企业绩效。尽管每个行业都有领先企业，但是一般来说那些与顾客保持频繁接触的行业在数据分析方面明显表现得更成熟，因为他们更需要懂得如何利用创新的手段和方法开发产品和服务。

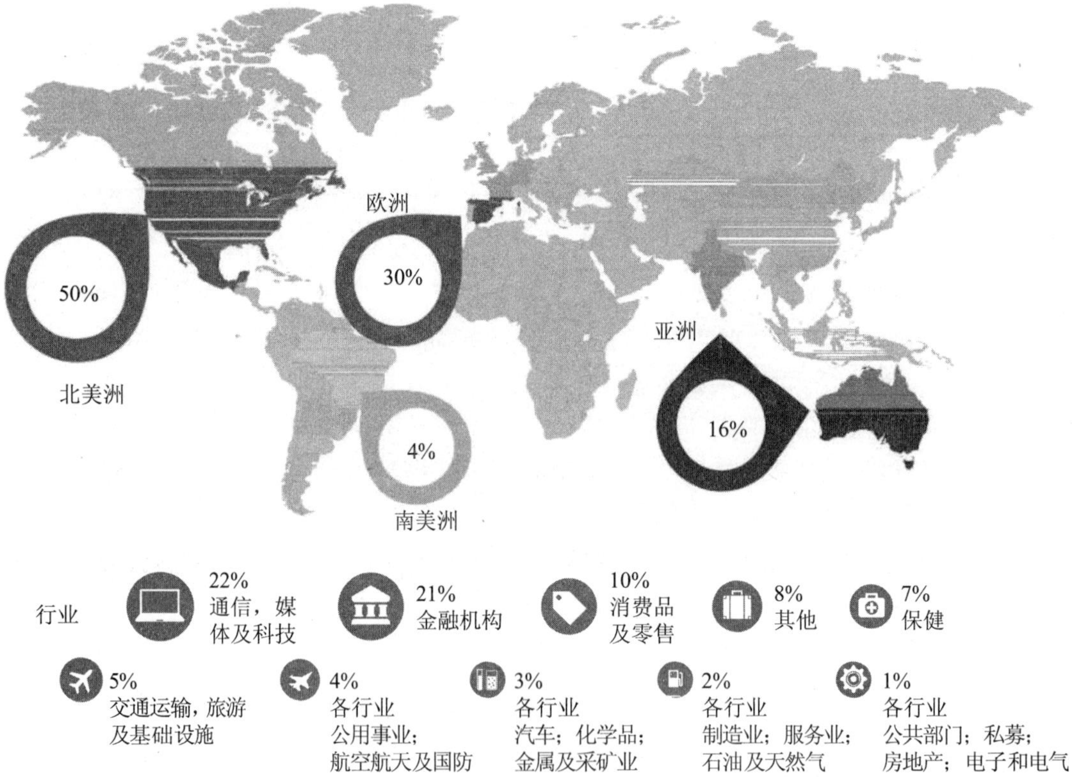

图 1　大数据分析领域的卓越领导力调研的参与者分布

资料来源：2014 年大数据分析领域的卓越领导力调研。

通过大数据分析领域的卓越领导力（LEAP）调查团队的分析，总结出 5 类领先企业的商业实践：

（1）企业价值。领先企业利用预测分析驱动企业的创新和增长。

（2）领导支持。领先企业引入总裁级别的“明星实践者”，从而建立数据分析的影响力。

（3）行动能力。领先企业利用试点项目和快速实施，迅速捕捉价值并创造商业引力。

（4）技术运用。领先企业采用较为平衡的方法建立先进的数据分析中心。

（5）授权人才。领先企业能将数据分析和决策制定有机结合起来，从而开创基于数据分析的决策文化。

领先企业已经建立了必备的竞争力，从而获得数据分析的成功。当落后企业仍然只专注于运用数据做报表时，领先企业已经阔步前进，他们利用数据分析评估风险并做出权衡，理解成本和收入的驱动因素并预测趋势，从而帮助企业驱动商业绩效并实现创新（见图 2）。高层领导者始终要对未来什么因素会影响他们的业务保持一种前瞻性，数据分析作为很好的载体，为领导们提供了更为全面和丰富的信息。

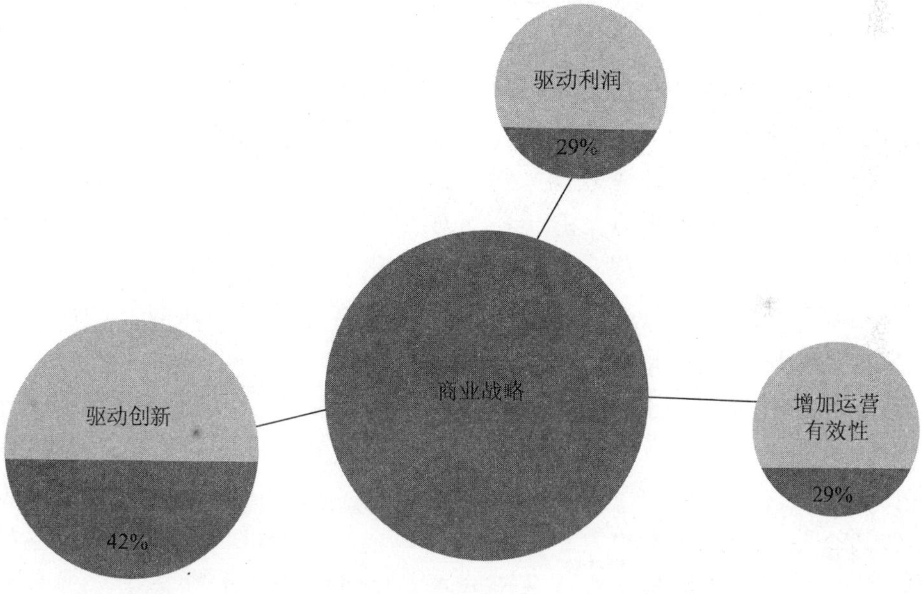

图 2　数据分析是如何影响商业战略的

资料来源：2014 年大数据分析领域的卓越领导力调研。

要激发出员工对于数据分析的热情，公司高层的支持至关重要。可从图 3 中看出，领先企业可在该组织的高层领导中找到明星实践者——比如首席运营官、首席财务官或者首席营销官——而落后企业的数据分析领导者更多是信息技术部门的负责人或是某业务单元的负责人，他们在公司的级别相对低一些，可调配的资源也比较有限。明星实践者往往会在日常业务运作中推广数据分析，并在组织内为数据分析这一服务创造需求。我们还看到了新的高层管理者——首席数据科学家或者首席分析官——负责将数据创新运用到企业的更多方面，该角色需结合若干个领域的专业经验，包括商业战略、数据管理、数据科学及信息技术。

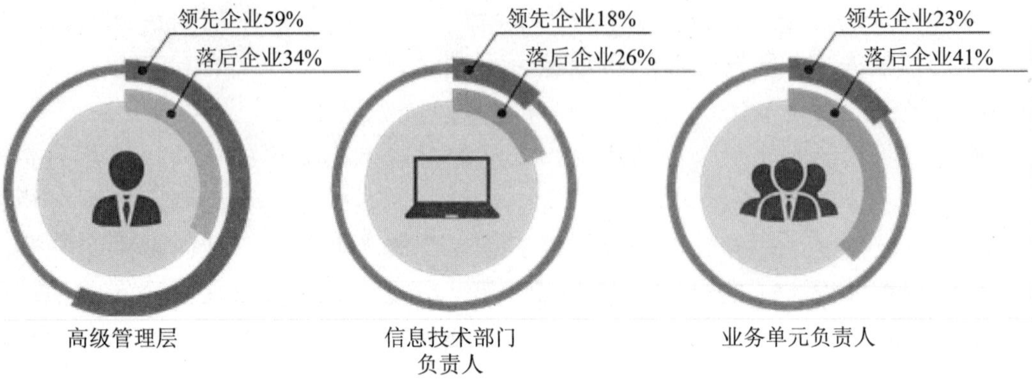

图3　数据分析明星实践者的职位分布况

资料来源：2014 年大数据分析领域的卓越领导力调研。

尽管信息技术可以使企业获得成功，但却不能驱动其成功——就这一点而言，信息技术在数据分析工作中所起的作用和其在采购、供应链或者其他部门所起的作用是一样的。领先企业关注数据分析的试点项目以获得企业内部的认可，并进一步开发可重复使用的解决方案和流程，如图 4 所示。领先企业重视相关部门间的共同创造与合作，从而实现企业绩效的最大化。举个例子，单个部门是无法有效降低产品复杂度的；需要在整个企业层面解决这个问题，并需要利用先进的数据分析方法系统且整体地解决问题。

大数据和先进的数据分析技术在大部分公司的整体技术支出中所占的比例越来越大。为了建立大数据及数据分析技术中心，领先企业通过具有灵活性的模型对已有技术进行升级，从而支持快速实验及创新。目前，复杂且分散的数据技术生态系统为企业提供了非常丰富的选择，但当企业试图进行大规模信息系统投资时就会面临来自选择的挑战。在未来几年中，行业整合可能会极大地改变整个格局，留下少数实力强劲的服务提供商与企业进行合作。

尽管企业可以购买信息技术和数据，并对数据进行清理和扩充，但几乎所有公司都会面临一个大问题：怎样找到合适的人才，从而使企业在数据分析方面获得领先优势，并建立卓越的公司文化。领先企业非常重视建立聚焦数据分析的文化，通过培养跨部门合作在整个企业内鼓励员工学习并采用数据分析技术，并通过开展试点项目增加信心，从而彰显数据分析的价值并提升企业的数据分析能力。如图 5 所示。

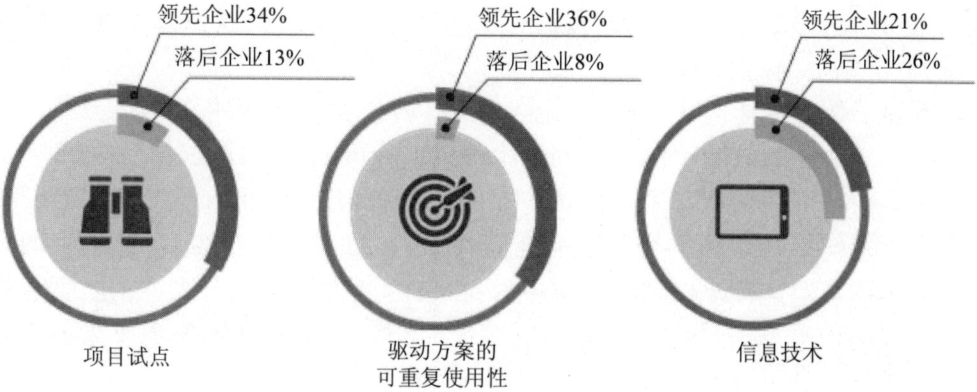

图 4　领先企业对数据分析项目进行试点，并开发可重复使用的解决方案

资料来源：2014 年大数据分析领域的卓越领导力调研。

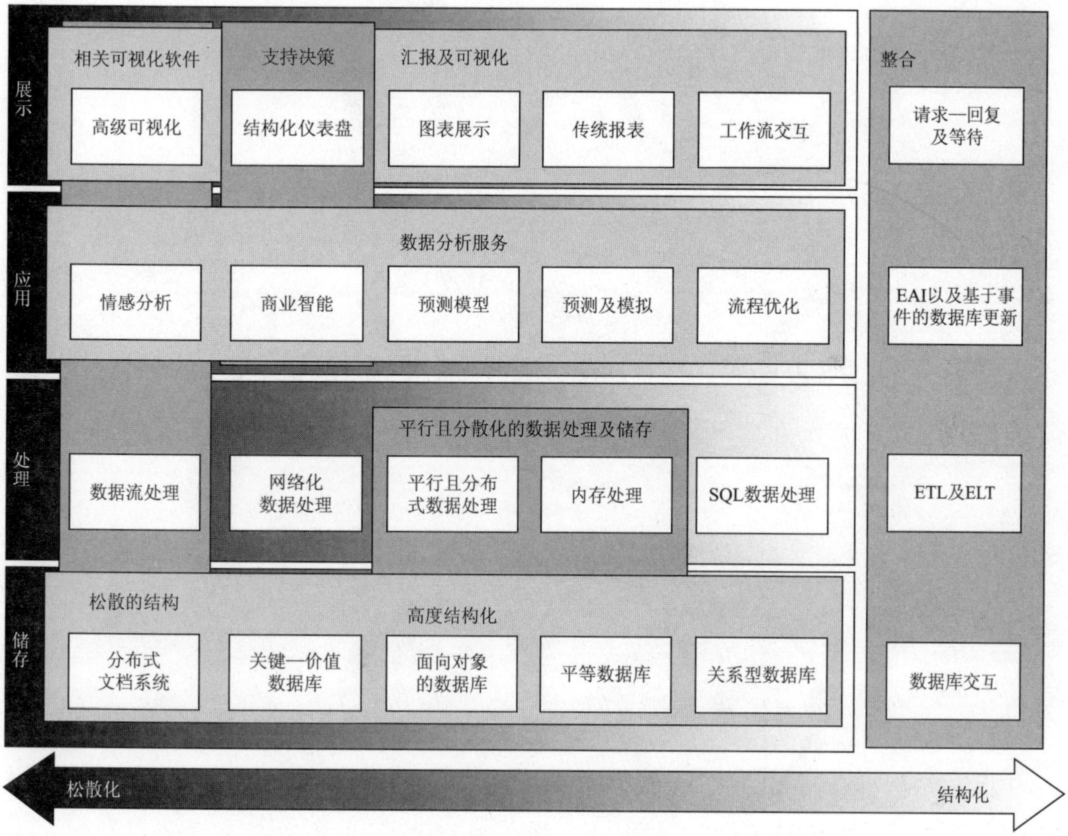

图 5　大数据结构图示例

资料来源：科尔尼分析。

EAI 是指企业应用的整合。SQL 是一种结构化的查询语言。ETL 是指数据的提取、转化及加载；数据处理整合在 ETL 工具中完成，比如，Talend，

SSIS®，Datastage 等。ELT 是指数据的提取、加载及转化；数据处理整合在数据库中完成。

图 6 显示领先企业对于合作的偏爱以及落后企业对于技术工具过分重视。领先企业展示着企业的共同价值，并创造出由数据分析驱动的社区。

数据分析为现代商业带来了巨大的改变，而已经习惯于“跟着直觉走”的高层管理者可能会抵制这种改变，因为他们并不习惯跟随预测模型计算出来的可能性而开展工作。但这种改变是不可避免的，只有 4% 的调查参与者认为数据分析技术早已过气而拒绝采用。将合适的人组织在一起，这甚至对领先企业来说也是一种极大的挑战。

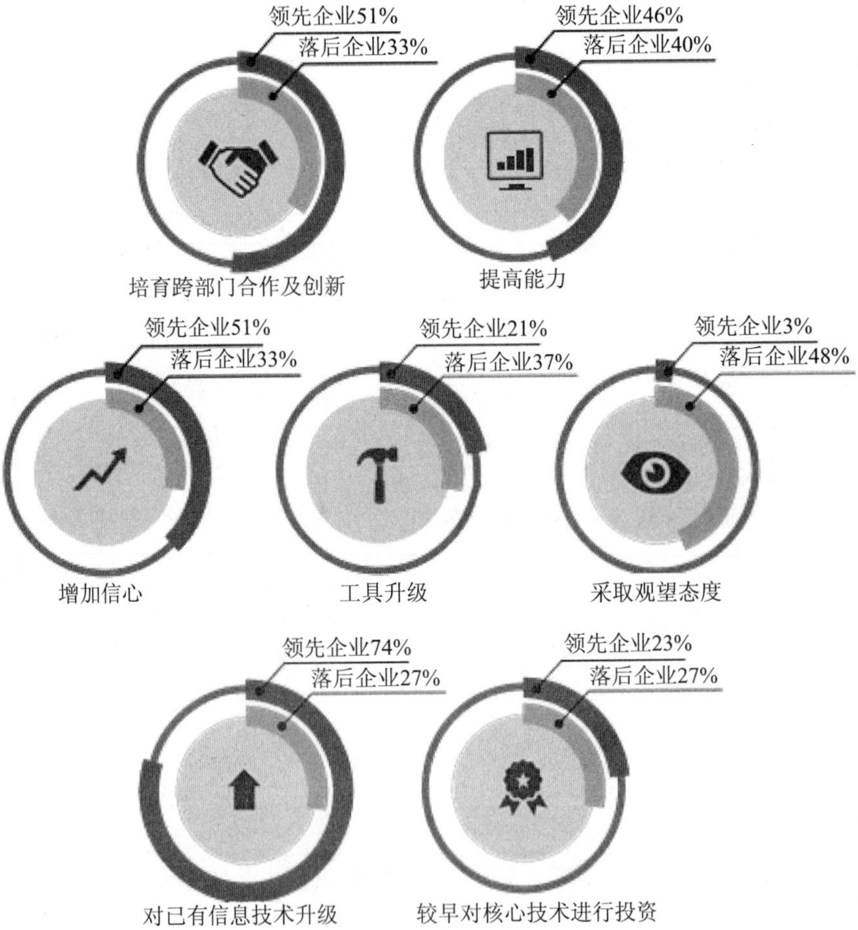

图 6　领导企业和落后企业采用截然不同的方法在企业中建立数据分析文化

培养一个数据分析团队需要将不同部门的专业技能整合在一起，这些技能包括商业战略方面的专业经验，数据科学和信息技术。

未来几年，许多公司都会设立首席分析官这个角色；大数据分析领域的卓越领导力调研中有6%的参与企业已经设立了这个职位。尽管对于该职位，商界仍存在着许多疑问：比如这些领导者从哪里来，他们向谁汇报，他们的角色与其他部门领导的角色有什么差异，但毋庸置疑的是数据分析将会成为日常商业运作中越来越重要的一部分。

第一部分

要点：

· CEO的支持对于整个公司转变为以数据分析为基础的企业至关重要。

· 在企业内建立无须额外投入成本的数据分析的能力，这使组织更容易采纳该方法。

· 在招聘人才时，应聘者提问的能力往往比行业知识更为重要。

· 将科学团队成员安排到各业务团队中，这有助于驱动企业的成功。

2011年，美国国际集团（AIG）负责350亿美元的财产保险部门通过引进首席科技官，旨在突破“虽拥有丰富的数据，数据分析相关知识却非常贫乏”的尴尬处境。这位首席科技官将带领一个新的团队，挑战传统智慧并提出具有深度的问题，然后进一步采用科学的数据分析方法解决这些问题。由于AIG需要支付的理赔金额每日高达1亿美元，因此仅减少1～2个基点就可为企业带来很高的利润。但从AIG所拥有的与风险相关的大量数据中提取价值，需要革命性的技术。

布勒斯瓦（Buluswar）在2012年1月加入了AIG，该公司的财产保险部门主管必须从头开始建立新的数据科学部门。首先，要确定该部门所需处理的事务范围，将团队成员安排至适合的岗位，确定需要解决的问题以及如何将其与成熟组织进行整合。为了建立数据分析的企业文化，科学团队将在最初两年为企业提供无偿服务，以低风险、无成本的方式开始为整个企业建立数据分析能力。

AIG科学团队最初由5位成员组成，现已发展至100位成员。由于所聘用的人才来自完全不同的行业，因此能提出富有洞察力的问题，并能在多个领域及不同职能间找出问题，这一点被认为是最重要的能力。团队成员主要具有以下三种技能：咨询技能、扎实的专业数据分析能力以及对方案的实施能力。该团队会兼顾数据分析为企业带来的短期、中期和长期效果。我们将数据分析技能运用于跨产品线及跨地区的销售与市场营销、承销以及索赔上。

由于AIG科学团队已获得成功并已明确制订了参与商业的合作规则，这使科学团队更容易参与到企业运作中。2014年，科学团队在核心及战略问题方面所做的工作为企业带来了可观的投资回报。这是科学团队所取得的初步成功——清晰展现出数据分析能为企业带来价值。

第二部分

要点：

· 可运用数据分析对人群进行细分，识别出潜在支持者或者客户。

· 信息可以锁定支持者或者客户，使其拥护候选人或品牌。

· 数据科学团队不能闭门造车，对商业知识的掌握以及对现场工作的参与是非常关键的。

· 实验可以创造出强有力的结果。

· 在实际工作中利用资源实践想法是第一步。向每一个人证明“这是正确的做法”才是驱动改变及传递信息最恰当的方法。

一些人认为2012年奥巴马（Obama）成功连任美国总统是由技术和数据分析所驱动的。该选举大规模利用社交媒体募集资金并与选民进行互动。该选举还利用移动通信技术，创建了一个捐赠程序。支持者只需点击“快速捐赠”按钮，就能向基金进行捐赠。该程序储存了支持者的支付信息，因此他们只需在手机、平板电脑或台式电脑上进行点击，即可进行捐赠——这项活动共收到150万次捐赠，共募集到1.15亿美元。对于营销者来说，在第二任竞选中更大的收获是利用数据分析找到并鼓励支持者说服自己所认识的人为Obama投票。换句话说，这次竞选通过数字化口碑效应建立了Obama品牌。

这场竞选的首席科学家加尼（Ghani）对于“只要精通技术并熟练掌握数据分析方法就可以赢得竞选”的这种说法并不认同。Ghani从2011年春季开始加入总统竞选团队工作，他认为数据最重要的作用是可以帮助竞选团队确定哪些投票者是最容易被说服的——这些人支持Obama，并会为其投票——之后需要调动资源吸引这些有希望支持Obama的投票者。Ghani的团队在最初成立时是一个专注于数据分析的咨询机构，该机构由20人迅速发展至700人。该团队包括建立数据分析模型的技术成员以及与其他团队合作，制订能够驱动分析模型的相关问题的分析员。

数据科学团队成员在制订问题之前，必须先向其所支持的团队学习业务知识，比如学习如何为基金筹款及进行媒体宣传等。数据分析员与团队合作得越紧密，他们所取得的结果就越有效。通常情况下，数据科学团队成员必须获得高层领导的支持，并在其支持下积极推动项目进程。在该团队对数据分析进行测试、试点并将其与竞选进行整合的过程中，速赢在建立信誉度方面是极具价值的。

为赢得这场选举，竞选团队必须为那些有可能给竞选者投票的新支持者进行登记，劝说还未决定支持哪一方的投票者，并鼓励已有支持者真正为竞选者投票。数据分析在以上三个方面都非常重要。该团队利用了海量（若干个太字节）个人数据，包括他们曾参加过什么选举，过往捐赠记录，以及所点击的电子邮箱信息等，预测出这个人是否会为 Obama 投票，或者能否被说服而为 Obama 投票。

按照以上三方面对个人进行打分，从而帮助竞选团队决定如何对待不同的选民。比如，按照两个维度（支持者和投票者）对选民进行评估，将其分成 4 组。在支持罗姆尼（Romney）的两组人中，Obama 竞选团队只联系了少数几个有可能被拉拢的选民。那些虽然看起来似乎是支持者但可能不会去投票的人，竞选团队鼓励他们去参加投票，出于这个原因，竞选团队还采用行为心理学的技巧开展实验。对于可能会投票的支持者，竞选团队则鼓励他们成为拥护者，并借助提供给他们的工具说服其他投票者。

在整个竞选期间，结合数据分析的实验有条不紊地开展着。尽管利用数据分析可以做出各种预测，但竞选活动的最终目的是要让选民为候选人投票。实验包括调整给选民发邮件的间隔时间，从而使竞选团队与选民间的接触达到最优频率。

数据科学团队对预测性数据分析的创新性使用为 Obama 赢得 2012 年竞选带来了巨大价值。未来全国性的、州立的，甚至是地区性的竞选也将尝试采用这些战略与方法，并对其进行改进，从而更有效地利用志愿者和每一位捐赠者的捐助，并最终让支持者去现场投票。

第三部分

要点：

·现今计算机处理数据的能力使 15 年前几乎不可能完成的数据分析任务变得相对容易实现。

·挖掘不同市场的历史数据，从而增加收入。

·可以控制的事情就可以进行优化。

·在一个高度相互影响的复杂系统中，“可能实现的最佳”结果比“理想的”结果重要得多。

在 1995 年，前棒球执行官道格·伯尔曼（Doug Bureman）找到迈克·特里克（Mike Trick），讨论是否有可能对美国职业棒球大联盟（MLB）的比赛时间表进行优化，该时间表包括了在 6 个多月时间里举行的 2400 多场比赛，在此期间，平均每队每 9 天要进行 8 场比赛。

在之后的 10 年中，Bureman 和 Trick 以及他们在体育赛程调度组（SSG）的合伙人考虑了通过运行测试及试点项目对这个体育界最紧凑的比赛时间表进行优化。当 SSG 对整个赛程系统进行优化时，软件速度慢，电脑运行速度慢以及来自 MLB 的 150 页有关比赛时间安排的限制成为了摆在他们面前的障碍。经过一番努力后，最终 SSG 收到了合同，从 2005 赛季开始制定 MLB 的赛程。

通过优化 MLB 的比赛时间表，SSG 为 MLB 带来了巨大价值，由 30 支球队组成的 MLB 的年收入预计将增加至 1.2 亿美元。从本质上说，每支队伍的比赛日，根据其所属的月份和在一周中的特定日子，具有特定的价值。比赛时间表无法将某些不可掌控的变量考虑进来，这些变量包括比赛队伍的实力是否强劲（获胜队伍很可能会吸引更多粉丝来赛场观看比赛）、比赛球员受伤情况或者天气情况，但其他可以控制的事情就可以进行优化。

历史数据可以帮助每支球队识别出趋势，他们可以拥有更多主场比赛，获得更多比赛收入。举例来说，周一和周四是棒球比赛中传统的“出差比赛日”。在这一天，一些队伍会休假，不参加比赛。另一些队伍通常在其中的一天或者这两天中都有更高的上座率；其余队伍则没有明显的区别。因此，SSG 根据球队的这些情况制定了新的赛程。类似地，一些队伍只在特定的月份中才有较高上座率，而其他队伍在整个赛季中会保持更为稳定的上座率。通过调整比赛时间表，在特定月份中为球队安排更多或更少的主场比赛，使每支队伍能更好地把握较忙碌的比赛月。

SSG 尽可能地对每支队伍的比赛时间进行了优化，但是要优化一张涵盖 30 支队伍的比赛时间表意味着球队要接受对于所有队伍来说可能实现的最佳比赛时间安排，而不是针对单支球队最理想的时间安排。SSG 的工作使赛程安排成为了 MLB 的一个重要的利润来源。解决好数据模型所带来的运营层面的问题，比进行数据分析和赛程模拟更具挑战性。

要点：

· 将合适的人与技术聚集在一起是一项重大的挑战。

· 具有不同技能的人进行相互合作是非常重要的，而他们对清晰的目标达成一致可以促进合作。

· 高层的支持是不可或缺的。

· 互联网商业模式具有内在优势，因为整个商业模式都是建构于数据之上的。

· 大数据与数据分析技术会不断进化，但不论如何演变，它们的最终目的都是为企业解决问题并提高业绩。

圆桌会议的第二天，大会的所有参与者进行了广泛的意见交换。在会议中讨论到怎样提升传统组织的能力，以便开展数据分析和大数据的相关工作。究竟该由谁来进行实验性的数据分析工作，是专业团队还是来自各事业部的基层实践者？落后的行业（如医疗保健行业）怎样才能赶上已采用先进的数据分析方法以及大数据的行业（如零售行业）？传统企业是否能赶上那些在以数据驱动为核心的环境中诞生的互联网企业？

许多大中型机构正努力运用先进的数据分析技术来处理大数据。关系型数据库采用先进的数据管理方法并可支持高级数据分析，但是许多公司还没开始进行这项工作。

尽管零售商正通过先进的数据分析获取结果，并且高校也在培养可以进行数据挖掘以及其他数据分析工作的人才，但是要将合适的人才与合适的技术结合在一起仍具有很大的挑战性。技术方面已经准备就绪，然而要找到合适的人才却是一个挑战。现今，数据科学家、信息技术工程师以及终端用户都需扮演不同角色，因此很少有人能同时具备定义问题、分析问题以及应用分析结果的全面技能。然而，为了在数据分析方面取得成功，这些来自不同领域的人才必须进行沟通与合作。同时，为获得成功，在激励机制方面达成一致也是至关重要的。对于重要的目标，企业必须与员工进行沟通并使其接受这些目标，而且企业还必须向员工展示一条清晰的通往成功之路。

对于数据分析较陌生的企业、或正努力开展数据分析的企业也许能在“从基层做起的方法”中收获更多，因为基层员工往往最熟悉基层工作，也最清楚哪些东西需要改进。同时，需要建立一个工作流程，该流程不仅能使数据科学家，而且能让所有实践者试用并开发能达到一定使用规模的产品原型。

极少数的组织真正通过先进的数据分析获得了深入的见解。数据分析可以通过创造新的商业机会以及减少商业与供应链间的摩擦而为企业带来巨大的价值。零售商利用数据分析确保在整个商业链中完美地计划并执行准时交货、产品定价以及店铺陈列。零售商继续解决关于目标客户营销方面的问题，他们将目标客户营销与定价和广告投放相结合，从而优化销售流程。他们必须愿意尝试并从失败中总结经验教训。

医疗保健公司在数据应用方面目前仍呈现出滞后的现象。他们还需要在数据方面进一步进行投资，并分析结果，并将所获得的分析成果与公司业务进行整合，从而使企业做得更好（例如，提高日常护理的功效，从而减少其使用者住院的需要）。

大数据分析领域的卓越领导力调研以及相关演讲表明，高层支持对于数据分析工作取得成功是不可或缺的。但也有一些研究发现，若企业员工对工作充满激情，并能从数据分析工作中直接获益，那么这个人也可以成为一个理想的支持者（比如市场营销部的领导者），这与获得高层支持具有同样显著的效果。赋予相关人员相应的责任是必需的，同时还需时常提醒团队建立并保持团队士气。

互联网商业（比如亚马逊），由于这些企业的文化是在数据的基础上建立起来的，因此从成立的第一天起他们就在数据驱动的先进环境中运营，并且他们能在实际商业环境中根据不同的数据情况采取应对措施，这是传统商店所做不到的。对于这些新兴业态，数据分析被运用于企业的整个销售与实施流程中，因此企业必须充分考虑在整个流程中数据分析可能出现的各种情况。亚马逊工程师了解数据驱动的观点，该企业分散化的结构也鼓励员工将工作从基层做起。相似地，易贝网（eBay）的中央数据库向所有员工开放，以便于他们做数据分析工作。在20世纪90年代末，即在电子商务的迅速发展时期到来之前，文化环境的改变对于这些商业机构来说是极具挑战性的。

企业继续寻找创新的方法用以收集数据。某家公司曾利用高分辨率热成像空中摄影机拍摄石油公司的管道利用率情况并对外销售该信息。有人在大型零售商店门口计算人流量，从而了解该门店的销售情况并预测其销售收入。实时数据非常有用，因为它创造了运用数据进行分析的新方法。

观点总结

大数据及数据分析技术代表着一场新的工业革命，这些领域会以振奋人心的新方式不断发展演进。这对企业来说是转型性的时刻，因为商业数据分析会为其同时带来机会和挑战。传统企业比如美国国际集团（AIG）、梅西百货、通用电气以及美国职业棒球大联盟都在与亚马逊开展合作，利用数据实现收入增长以及成本竞争优势。企业必须了解数据和决策不能割裂开来，数据必须为决策的制订提供信息，从而释放数据的竞争优势。

成功企业会牢牢抓住这个机会，提高企业的整体实力，以便在整个企业内驱动分析性运营模型，从而将数据科学置于企业战略和管理实践的中心位置。即便首席分析官或者首席数据科学家这些角色才刚刚出现，我们可以想到这个职位会成为通往未来之路的一个路标，在企业未来的发展道路上首席运营官和首席财务官以及他们的团队都会非常关注数据分析，并会将相关的数据分析职责纳入自己的岗位职责中。

转型需要时间，对于企业来说，要实现转型还有很长的一段路要走。那些走在前列的企业将会取得最为显著的绩效，而跟随企业和落后企业会遇到困难与挫折，甚至在某些情况下会失败。来自基层操作者、数据分析实践者、技术创新者以及学术圈的最优秀的想法会驱动变革并为企业带来成功。科尔尼公司会通过“展望大数据”领导人圆桌会议以及相关活动将人们汇集到一起，创造一个可持续性的社区，并且鼓励社区中的人们交流想法、探讨未来，为企业的转型做出贡献。

实时应计成本模型的问世

如果采购组织已部署了所有分析法工具，企业就能生成有益见解，为全体合作伙伴创造价值。下面有关应计成本模型的实例显示将必要的数据、技术基础设施和组织加以结合，以强有力的全新方式支持实时决策，企业未来会出现积极的转变。

应计成本模型将组件的总成本分解为各种构成成本，包括原材料、加工、制造（如模具、能源和维护）及劳动力等项目。平均而言，一个模型确定的成本驱动因素有 15 ~20 个，每项都有相应的百分比。

目前大多数应计成本模型的问题在于，这些成本驱动因素并没有根据真实数据定期更新，这就意味着此类模型使用的信息很快会过时，从而导致以下结果：

(1) 当商品、劳务或加工成本上升或下降时，企业无法基于事实与供应商进行谈判。

(2) 当某种商品的价格上升时，企业无法快速了解不同商品的受影响程度，也不清楚哪些项目会受到影响。

(3) 企业不具备预测能力，无法根据价格走势，做出有关增加或减少产成品库存，乃至价格的决策。

目前，除面临上述挑战外，应计成本模型主要由商品经理通过 Excel 电子表格来维护。这就使企业无法全面知悉产品的成本驱动因素，亦无法在采购领域内有效共享最佳实践。

未来，企业将基于实时成本模型的统一平台获取更有效的方法。该平台将通过以下方式创建：首先，将基于 Excel 的成本模型聚集到一个共同的技术平台上，创建前所未有的新模型；然后，将这些新模型与商品（根据行业划分，如钢铁、铜材和种子等）预测模型及制造成本要素（如能源、劳动力、通货膨胀率和利率）连接在一起。基于这些联系，采购组织将能够实时了解材料成本，并根据需要进行干预、缓解风险。同时，如果价格上涨或下跌，企业也会知道何时应清空库存，或应何时提前备货，进行更有依据的成本审查，并帮助销售和财务部门进行准确的成本核算、预测、规划和预算编制。

调查数据呈现

2015 年中国企业采购调查数据

基本信息

第一题

企业的注册类型	国有企业	其他	私营企业	中外合资或外资企业
占受访问者百分比（%）	7.66	1.38	22.59	68.37

第二题

企业所在行业	电子和高科技：计算机和计算机原件，电子器件	工业设备：工业和电气设备，重型设备，建筑，耐用消费品	公用事业：环境卫生、安全、自来水、电力、煤气、热力供应、城市基础设施及其他居民服务	化工：塑料、化纤	流通商贸及服务：主要含零售、消费品、旅行和仓储、包装、酒店等
占受访问者百分比（%）	19.06	26.92	3.14	6.68	10.41
企业所在行业	能源：开发煤炭、原油、天然气等一次能源，电、热、成品油等二次能源及其他能源开采加工	汽车：汽车供应商，经销商/零售商，汽车设备制造商（OEM），汽车零部件	通信：通信设备及服务	医药：医药、医疗器械、卫生材料、制药机械及药用包装材料	自然资源：生物、农业、海洋、国土、矿产、森林和水资源等
占受访问者百分比（%）	4.52	13.16	8.45	6.09	1.57

第三题

企业2014年销售收入（元）	小于3000万元	3000万~3亿元	3亿~10亿元	10亿~50亿元	50亿元以上
占受访问者百分比（%）	6.88	29.27	20.04	21.41	22.40

第四题

您在企业的哪一组织单元任职	地区分公司	公司总部	其他	驻中国代表处/办事处
占受访问者百分比（%）	44.20	46.17	3.34	6.29

第五题

您所在的区域	北京	东北（黑龙江、吉林、辽宁）	华北（天津、河北、山西、内蒙古）	华东（山东、江苏、安徽、江西、浙江、福建）	华南（广东、广西、海南）
占受访问者百分比（%）	10.41	0.59	3.73	34.77	7.66
您所在的区域	华中（湖北、湖南、河南）	上海	深圳	西北（陕西、甘肃、宁夏、新疆、青海）	西南（重庆、四川、贵州、云南、西藏）
占受访问者百分比（%）	1.57	24.17	15.52	0.59	0.98

第六题

您的职位	采购经理（如商品采购经理、计划经理、供应商质量经理、供应链经理等）	采购总监（或同等职位）	采购总监以上级别（副总裁、副总经理或其他）	经理以下级别（如计划员、采购专员和供应商质量工程师、采购工程师等）
占受访问者百分比（%）	59.53	12.38	4.13	23.97

宏观信息

第一题

应收账款天数（2013年比2012年）	持平	减少	增加
占受访问者百分比（%）	59.60	12.40	28.00

第二题

库存天数（2013 年比 2012 年）	持平	减少	增加
占受访问者百分比（%）	40.24	37.02	22.74

…用了供应链金融工具	否	是
…分比（%）	82.57	17.43

	没有，企业不缺资金	没有，主要是不了解这种服务	没有，主要是没有很好的合作伙伴	有
	27.77	40.04	7.65	24.55

	北美	西欧	中国	印度
	24.55	13.66	94.26	15.45
	东南亚	欧盟成员国	非欧盟成员国	俄罗斯
	28.51	14.65	1.78	2.57
	墨西哥	巴西	中亚/中东	非洲
	4.75	5.94	4.36	2.57

…比 2012 年	持平	减少	增加
…%）	31.18	9.68	59.14
…比 2012 年	持平	减少	增加
…%）	40.97	7.05	51.98
…2012 年	持平	减少	增加
…%）	60.56	11.42	28.02
2013 年企业的内包比例比 2012 年	持平	减少	增加
占受访问者百分比（%）	73.38	4.76	21.86
2013 年企业在华投资额比 2012 年	持平	减少	增加
占受访问者百分比（%）	76.32	7.89	15.79
2013 年企业在华投资额比 2012 年	持平	减少	增加
占受访问者百分比（%）	57.27	6.71	36.02

勘误表

页数	勘误内容	误	正
232 页—234 页	宏观信息中，	2013 年 2012 年	2014 年 2013 年
6 页	图 6 下方段落，第二行，	“占公司采购额 50%以上的占 4%”	“占公司采购额 50%以上的占 40%”
53 页	图 1 上方段落，第二行，	“其次是 11—12 年的群体”	“其次是 11—20 年的群体”
233 页	第 6 题，	第五行数据删掉，保留第六行即最后一行数据。	

第七题

2013年企业的出口比例比2012年	持平	减少	增加
占受访问者百分比（%）	51.17	8.64	40.19
2013年企业的采购金额比2012年	持平	减少	增加
占受访问者百分比（%）	32.87	14.22	52.91
2013年企业的原材料进口比例比2012年	持平	减少	增加
占受访问者百分比（%）	54.88	22.56	22.56

第八题

2013年人民币汇率的变化对贵企业采购成本的影响比2012年	持平	降低	升高
占受访问者百分比（%）	40.86	22.38	36.76

第九题

2013年企业在中国地区的采购人员数量比2012年	持平	减少	增加
占受访问者百分比（%）	62.24	15.92	21.84

第十题

原材料价格（2013年比2012年）	持平	减少	增加
占受访问者百分比（%）	28.83	38.45	32.72
供应中断风险（2013年比2012年）	持平	减少	增加
占受访问者百分比（%）	51.45	8.26	40.29
供应商管理难度（2013年比2012年）	持平	减少	增加
占受访问者百分比（%）	40.16	5.68	54.16

采购组织现状

第一题

主要的采购组织模式	分散采购	混合型采购	集中采购	项目采购	其他
占受访问者百分比（%）	7.13	51.09	33.27	8.12	0.40

第二题

采购部门职责涵盖以下哪几种	直接物料	间接物料	服务项目
占受访问者百分比（%）	92.14	82.12	64.44

第三题

直接物料的采购模式	不清楚	集中与分散采购相当	以分散采购为主	以集中采购为主
占受访问者百分比（%）	2.43	28.95	8.10	60.53
间接物料的采购模式	不清楚	集中与分散采购相当	以分散采购为主	以集中采购为主
占受访问者百分比（%）	3.68	37.83	27.40	31.08
服务项目的采购模式	不清楚	集中与分散采购相当	以分散采购为主	以集中采购为主
占受访问者百分比（%）	11.39	25.11	32.91	30.59

第四题

采购部门的流程状况如何	已经建立采购的操作流程、每一项采购活动都有记录	形成了较为完整的采购管理和操作流程，并得到严格执行	采购流程管理与 ERP 或相应系统的流程及数据保持一致、统一
占受访问者百分比（%）	13.08	15.69	33.40
采购部门的流程状况如何	对于不同复杂程度的业务、采购品类管理的操作流程和工具（例如，招标，反向竞标，总括合同，战略合作供应商等）的准确使用	动态的、系统性的方法（例如 PDCA，流程再造等手段）进行流程改进；采购流程随着企业的战略、规划和目标等持续改善提高	采购的流程纳入到整个企业的流程再造中；流程成为采购创新的驱动力
占受访问者百分比（%）	20.93	9.26	7.65

第五题

2014 年企业采购关键绩效考核指标	成本控制	寻源（供应商开发）	供应商管理	风险管理
占受访问者百分比（%）	95.18	59.21	75.66	46.49
2014 年企业采购关键绩效考核指标	跨部门协作	采购人员素质与水平	采购合规性	信息化
占受访问者百分比（%）	30.04	26.75	44.52	17.54
2014 年企业采购关键绩效考核指标	库存管理	质量控制	交付期	客户满意率
占受访问者百分比（%）	53.73	62.72	71.27	27.19

续 表

2014 年企业采购关键绩效考核指标	新技术运用	付款期	流程优化与创新	预测准确性
占受访问者百分比（%）	8. 11	42. 98	15. 35	14. 25
2014 年企业采购关键绩效考核指标	供应链柔性度	裁员	绿色环保	
占受访问者百分比（%）	14. 04	3. 95	17. 98	

第六题

2015 年企业采购的重点工作	成本控制	寻源（供应商开发）	供应商管理	风险管理
占受访问者百分比（%）	91. 57	55. 88	66. 74	46. 56
2015 年企业采购的重点工作	跨部门协作	采购人员素质与水平	采购合规性	信息化
占受访问者百分比（%）	25. 06	23. 50	30. 82	14. 63
2015 年企业采购的重点工作	库存管理	质量控制	交付期	客户满意率
占受访问者百分比（%）	45. 45	53. 22	53. 88	20. 62
2015 年企业采购的重点工作	新技术运用	付款期	流程优化与创新	预测准确性
占受访问者百分比（%）	9. 09	30. 60	12. 42	9. 31
2015 年企业采购的重点工作	生产外包	物流外包	服务外包	采购内包
占受访问者百分比（%）	10. 42	5. 99	5. 32	2. 66
2015 年企业采购的重点工作	数据分析	裁员	绿色环保	
占受访问者百分比（%）	12. 86	2. 88	10. 42	

第七题

在考虑使用采购外包服务时，最主要因素是什么	该流程或功能活动是否为组织的核心能力	市场上现在是否有相应能力的供应商	需要什么类型的供应商关系
占受访问者百分比（%）	56. 38	42. 80	16. 26
在考虑使用采购外包服务时，最主要因素是什么	对直接和间接成本有何种影响	对服务水平有何种影响	和组织的其他部分目前整合程度如何
占受访问者百分比（%）	60. 91	23. 05	14. 81
在考虑使用采购外包服务时，最主要因素是什么	供应商应当提供怎样的交付、质量价格和服务水平	是否有知识产权问题	是否会影响现有工会组织的员工
占受访问者百分比（%）	51. 65	19. 75	1. 85

第八题

在 2014 年参加培训的时间比 2013 年	持平	减少	增加
占受访问者百分比（%）	46.63	15.95	37.42
在 2014 年参加过何种与采购相关的培训	CPM	CPSM	ITC
占受访问者百分比（%）	13.29	56.48	2.66
在 2014 年参加过何种与采购相关的培训	CIPS	APICS	其他
占受访问者百分比（%）	2.99	3.99	32.23
企业采购部门采购人员 2014 年平均培训时间	8 小时以内	9～24 小时	25～72 小时
占受访问者百分比（%）	25.20	35.66	28.89
企业采购部门采购人员 2014 年平均培训时间	73～100 小时	100 小时以上	
占受访问者百分比（%）	7.99	2.25	

第九题

企业是否设置了采购管理部	没有设置	已经设置	准备设置
占受访问者百分比（%）	24.35	69.46	6.19

供应商管理

第一题

供应商市场定位分析	没有	有，但不完善	有，但没执行	有，较完善
占受访问者百分比（%）	13.91	57.46	3.89	24.74
供应商开发、培育管理流程	没有	有，但不完善	有，但没执行	有，较完善
占受访问者百分比（%）	15.26	41.65	6.80	36.29
供应商质量管理流程	没有	有，但不完善	有，但没执行	有，较完善
占受访问者百分比（%）	7.01	35.26	4.74	52.99
供应商关系管理流程	没有	有，但不完善	有，但没执行	有，较完善
占受访问者百分比（%）	21.65	43.51	8.66	26.19
建有优秀供应商库	没有	有，但不完善	有，但没执行	有，较完善
占受访问者百分比（%）	15.08	39.67	10.33	34.92
供应商年度评审计划	没有	有，但不完善	有，但没执行	有，较完善
占受访问者百分比（%）	6.43	31.33	8.71	53.53
标准的供应商评审表格	没有	有，但不完善	有，但没执行	有，较完善
占受访问者百分比（%）	5.14	23.66	6.17	65.02

续 表

供应商数据库维护	SQE 来维护	采购专员来维护	没有人维护	以上都不是
占受访问者百分比（%）	11.63	65.31	7.76	15.31

第二题

企业采购部门对供应商绩效评估的情况	定量的评估供应商的质量、成本、交期等基本参数	建立了供应商评估体系与标准，并定期对供应商进行评估	能够利用评估结果推动供应商的绩效不断改善和提升；评估体系紧跟企业的战略发展、客户和市场要求
占受访问者百分比（%）	32.99	46.11	20.90

第三题

供应商平均支付账期	120（含）~180 天	180 天以上	30（含）~45 天
占受访问者百分比（%）	3.08	1.44	20.94
供应商平均支付账期	45（含）~60 天	60（含）~90 天	90（含）~120
占受访问者百分比（%）	28.95	31.83	13.76
供应商支付账期与 2014 年比	不变	缩短	延长
占受访问者百分比（%）	48.81	6.29	44.90

第四题

供应商付款时间	晚 3 个月以内	晚 3 个月以上	准时
占受访问者百分比（%）	29.18	2.24	68.57

第五题

供应商付款方式中是否有承兑汇票	否	是
占受访问者百分比（%）	48.88	51.12
有承兑汇票的一般为多少天	180 天	30 天
占受访问者百分比（%）	23.18	29.76
有承兑汇票的一般为多少天	90 天	
占受访问者百分比（%）	47.06	

第六题

2014 年供应商数量较 2013 年相比	持平	减少	增加
占受访问者百分比（%）	38.74	27.58	33.68
企业 2014 年供应商变化情况	均值		
引入供应商的比例（%）	10.72		
淘汰供应商的比例（%）	7.46		

第七题

企业是否定期考察供应商的财务状况	从不主动了解	进入供应商名单后就不再考察	进入名单后不定期进行考察/交流	进入名单后进行定期考察	其他
占受访问者百分比（%）	14.40	21.40	41.36	20.58	2.26

第八题

企业目前供应商总数	10 家以内	10～19 家	20～49 家	50～99 家	100～199 家
占受访问者百分比（%）	2.66	2.04	10.84	15.34	21.06
企业目前供应商总数	200～299 家	300～399 家	400～699 家	700～999 家	1000 家以上
占受访问者百分比（%）	12.88	9.41	10.84	3.27	11.66

第九题

企业前五大供应商的采购额占公司采购额的比例	30% 以内	30%～49%	50%～69%	70% 或以上
占受访问者百分比（%）	29.74	33.20	21.18	15.89

第十题

占企业 80% 以上采购额的供应商总数	5 家以内	5～9 家	10～49 家	50～99 家	100 家或以上
占受访问者百分比（%）	16.16	23.11	41.31	11.04	8.38

第十一题

对供应商是否有明确的准入机制	没有	其他	有，完整的体系
占受访问者百分比（%）	5.32	1.43	54.40
对供应商是否有明确的准入机制	有，主要是技术/质量上的门槛	有，主要是通过公开招标	有，主要是业务配合上的
占受访问者百分比（%）	26.99	3.68	8.18

第十二题

对供应商是否有明确的淘汰机制	没有	其他	有，完整的体系	有，主要是技术/质量上的门槛	有，主要是业务配合上的
占受访问者百分比（%）	18.20	1.43	37.22	25.77	17.38

第十三题

企业与上游供应商分享哪些数据	没有分享任何数据	生产预测计划	产品库存数据	产品运输在途数据	其他
占受访问者百分比（%）	15.85	72.56	6.91	20.73	7.72

第十四题

2014 年供应商准时交货率（OTD）	80% 以下	80%（含）~95%	95%（含）以上
占受访问者百分比（%）	12.23	46.94	40.83
2014 年供应商平均交货期较 2013 年比	基本保持不变	缩短	延长
占受访问者百分比（%）	57.20	31.40	11.40

第十五题

供应商数量优化策略	不变	减少	增加
占受访问者百分比（%）	26.09	40.37	33.54
供应商结构调整方向	战略合作伙伴	伙伴型供应商	交易型供应商
占受访问者百分比（%）	64.24	49.69	24.74
供应商结构调整方向	多家供应商	独家供应商	其他
占受访问者百分比（%）	39.92	11.02	2.29
国内寻源区域转移方向	南方沿海地区	中西部地区	北方地区
占受访问者百分比（%）	71.49	35.75	25.22
国外寻源区域转移方向	东南亚	中亚	印度
占受访问者百分比（%）	54.79	7.80	24.50
国外寻源区域转移方向	北美	东欧	非洲
占受访问者百分比（%）	8.46	6.01	2.23
国外寻源区域转移方向	其他		
占受访问者百分比（%）	6.24		

第十六题

企业 2014 年是否对供应商进行现场考核	否	是
占受访问者百分比（%）	7.66	92.34
现场考核是否为定期考核	否	是
占受访问者百分比（%）	39.58	60.42
现场考核后是否有奖惩制度	没有	有
占受访问者百分比（%）	46.40	53.60

第十七题

企业多久对供应商评估一次	3 个月或更短的时间评估一次	4～5 个月	6 个月	7～11 个月
占受访问者百分比（%）	21.02	2.04	12.86	1.02
企业多久对供应商评估一次	对供应商没有评估	一年一次	一年以上才评估一次	
占受访问者百分比（%）	3.88	52.04	7.14	

第十八题

企业的供应商来料水平	超过 50% 来料都能达到公司的要求	超过 80% 来料都能达到公司的要求	基本免检	完全不能达到公司的要求
占受访问者百分比（%）	4.51	84.63	10.45	0.41

第十九题

企业对于重要的二级供应商的质量要求	公司自己审核	没有要求	要求一级供应商审核	要求一级供应商提供证明
占受访问者百分比（%）	24.69	12.55	29.84	32.92

第二十题

企业是否对供应商在绿色采购方面有所要求	未来 3～5 年将会要求	未要求	有要求
占受访问者百分比（%）	25.47	21.50	53.03
企业是否对供应商在低碳排放与可追溯方面有所要求	未来 3～5 年将会要求	未要求	有要求
占受访问者百分比（%）	28.45	32.64	38.91

续 表

企业是否对供应商在社会责任方面有所要求	未来3~5年将会要求	未要求	有要求
占受访问者百分比（%）	23.86	25.52	50.62
企业是否对供应商在可持续发展方面有所要求	未来3~5年将会要求	未要求	有要求
占受访问者百分比（%）	26.76	21.37	51.87

第二十一题

企业在供应商质量改进中使用的主要质量工具	来料检验	不合格报告	8D	现场辅导	QC小组
占受访问者百分比（%）	83.71	72.16	52.16	38.35	36.91
企业在供应商质量改进中使用的主要质量工具	PDCA流程	质量老7种工具	质量新7种工具	统计过程控制（SPC）	标杆对比（Benchmarking）
占受访问者百分比（%）	33.61	17.32	17.94	34.85	21.03
企业在供应商质量改进中使用的主要质量工具	看板可视化（Kanban）	质量功能展开（QFD）	防错技术（POKAYOKE）	试验设计（DOE）	失效模式和影响分析（FMEA）
占受访问者百分比（%）	28.45	10.31	17.53	12.16	33.40
企业在供应商质量改进中使用的主要质量工具	故障树分析（FTA）	可靠性分析			
占受访问者百分比（%）	17.53	29.90			

第二十二题

哪些质量工具使用频率较高，效果很好	来料检验	不合格报告	8D	现场辅导	QC小组
占受访问者百分比（%）	33.80	19.44	32.11	11.83	6.48
哪些质量工具使用频率较高，效果很好	PDCA流程	质量老7种工具	质量新7种工具	统计过程控制（SPC）	标杆对比（Benchmarking）
占受访问者百分比（%）	11.55	3.38	2.54	12.11	6.20
哪些质量工具使用频率较高，效果很好	看板、可视化（Kanban）	质量功能展开（QFD）	防错技术（POKAYOKE）	试验设计（DOE）	失效模式和影响分析（FMEA）
占受访问者百分比（%）	6.48	1.41	3.38	1.69	10.42
哪些质量工具使用频率较高，效果很好	故障树分析（FTA）	可靠性分析			
占受访问者百分比（%）	5.35	7.32			

第二十三题

近两年贵企业供应商质量改进采用的管理方法	六西格玛/精益六西格玛	精益管理	流程再造	卓越绩效模式	方针目标管理
占受访问者百分比（%）	37.18	52.31	50.21	11.97	26.26
近两年贵企业供应商质量改进采用的管理方法	零缺陷管理	全员设备维护管理（TPM）	5S/6S	QC 小组	合理化建议
占受访问者百分比（%）	19.12	12.39	40.13	31.93	43.28

第二十四题

哪些管理方法实施的效果比较好	六西格玛/精益六西格玛	精益管理	流程再造	卓越绩效模式	方针目标管理
占受访问者百分比（%）	23.31	33.58	12.53	6.02	9.52
哪些管理方法实施的效果比较好	零缺陷管理	全员设备维护管理（TPM）	5S/6S	QC 小组	合理化建议
占受访问者百分比（%）	7.27	4.51	9.02	8.77	14.04

采购金额与成本控制

第一题

	均值
2014 年企业实际总成本节约（%）	7.90
2014 年企业采购总支出的减控目标为（%）	7.24

第二题

企业采用了以下哪几种招标采购模式	公开招标	邀请招标	议标	其他
占受访问者百分比（%）	22.52	64.11	30.45	24.50

第三题

	均值
直接物料占采购支出的比例（%）	69.13
间接物料占采购支出的比例（%）	18.98
服务项目占采购支出的比例（%）	11.85

第四题

企业最主要降低成本的方法	缩短交货周期	延长付款周期	寻找替代物料	引入竞争供应商	优化设计
占受访问者百分比（%）	38.70	39.29	60.27	77.68	38.39
企业最主要降低成本的方法	研发等部门介入成本控制（担负成本责任）	库存周转率控制	回收	利用期货套期保值等金融方法进行控制	VA/VE
占受访问者百分比（%）	29.91	34.82	7.81	4.02	18.08
企业最主要降低成本的方法	JIT 采购	寄售	谈判	招标	改换供应商
占受访问者百分比（%）	17.41	17.41	54.69	27.68	31.47
企业最主要降低成本的方法	集中采购	（与其他企业）联合采购	供应商早期参与设计	标准化设计	模块化设计
占受访问者百分比（%）	43.30	5.58	24.33	18.53	7.81
企业最主要降低成本的方法	目标成本法				
占受访问者百分比（%）	16.29				

第五题

企业是否建立了成本数据库	否	是
占受访问者百分比（%）	31.75	68.25
企业是否有明确的降低采购成本考核指标	否	是
占受访问者百分比（%）	16.19	83.81

第六题

在采购审批流程中，财务部门充当以下哪几种角色	参与采购价格谈判	参与采购价格审核	参与采购价格审计	参与制定并提供采购价格基准	以上都不参与
占受访问者百分比（%）	13.45	34.66	37.61	23.11	37.61

采购信息化

第一题

趋势分析工具	没有	有
占受访问者百分比（%）	50.66	49.34
开支分析工具	没有	有
占受访问者百分比（%）	42.44	57.56
供应商绩效数据	没有	有
占受访问者百分比（%）	19.39	80.61
市场智能分析工具	没有	有
占受访问者百分比（%）	81.06	18.94
安全投标准入控制	没有	有
占受访问者百分比（%）	63.53	36.47
全过程电子化采购交易系统	没有	有
占受访问者百分比（%）	46.25	53.75
电子合同	没有	有
占受访问者百分比（%）	40.29	59.71
电子票据	没有	有
占受访问者百分比（%）	43.49	56.51
WMS	没有	有
占受访问者百分比（%）	63.48	36.52
MRPⅡ / ERP	没有	有
占受访问者百分比（%）	15.47	84.53

第二题

企业 2015 年在采购信息化方面的投资预算较 2014 年相比	持平	减少	增加
占受访问者百分比（%）	48.84	9.68	41.47

第三题

成员间的数据兼容	不能兼容	能兼容
占受访问者百分比（%）	22.20	77.80

续 表

现有的信息系统能否有效支持直接采购	不能	能	尚可
占受访问者百分比（%）	8.64	57.24	34.13

现有的信息系统能否有效支持间接采购	不能	能	尚可
占受访问者百分比（%）	16.52	44.13	39.35

现有的信息系统能否有效支持服务性采购	不能	能	尚可
占受访问者百分比（%）	29.98	35.23	34.79

软件系统	不完善	完整、完善	有待完善
占受访问者百分比（%）	8.89	29.07	62.04

信息共享	不可以	可以
占受访问者百分比（%）	28.02	71.98

数据挖掘、数据分析	非常有效	无法实现	有效
占受访问者百分比（%）	9.87	22.37	67.76

能否支持物料总成本分析	不能	能	尚可
占受访问者百分比（%）	19.43	33.19	47.38

能否支持物料持有成本分析	不能	能	尚可
占受访问者百分比（%）	27.86	27.55	44.58

物料需求预测准确率	不准确	非常不准确	非常准确	相对准确	准确
占受访问者百分比（%）	23.64	5.64	2.17	50.98	17.57

绿色采购

第一题

企业层面是否形成绿色、可持续发展等理念	尚在形成	未形成	已形成
占受访问者百分比（%）	40.81	22.22	36.97

绿色、可持续发展等理念对采购是否有具体要求	没有	有
占受访问者百分比（%）	42.40	57.60

绿色采购是否在购买产品和服务时被重点指出	否	是
占受访问者百分比（%）	52.24	47.76

决策时是否开始考虑绿色采购的影响力	否	是
占受访问者百分比（%）	48.39	51.61

选择供应商时，充分考虑绿色采购和采购可持续发展	没有	有
占受访问者百分比（%）	46.68	53.32

续　表

是否形成具体的绿色采购和采购可持续发展量化指标	否	是
占受访问者百分比（%）	62.58	37.42
量化绿色、可持续发展等指标，并添加到采购绩效整体考核中	没有	有
占受访问者百分比（%）	65.87	34.13

第二题

企业在绿色采购方面	还未实施	未来 3～5 年实施	已实施
占受访问者百分比（%）	29.40	35.84	34.76
企业在低碳排放与可追溯方面	还未实施	未来 3～5 年实施	已实施
占受访问者百分比（%）	34.99	35.64	29.37
企业在社会责任方面	还未实施	未来 3～5 年实施	已实施
占受访问者百分比（%）	17.81	26.18	56.01
企业在可持续发展方面	还未实施	未来 3～5 年实施	已实施
占受访问者百分比（%）	19.09	28.20	52.71

第三题

企业准备实施或已经实施社会责任审核，其审核的范围包括	环保	绿色	可持续发展	清洁生产	社会影响和社区影响	道德规范和商业道德
占受访问者百分比（%）	79.01	57.11	72.91	47.40	48.76	62.30
企业准备实施或已经实施社会责任审核，其审核的范围包括	道德和廉政建设	公平性	劳工保护（包括人权、禁止使用童工、消除雇佣和职业歧视）	安全生产和职业健康保障	供应商多样性	公司治理
占受访问者百分比（%）	44.70	33.41	60.95	44.70	33.18	20.32

第四题

企业要求供应商的认证包括	ISO 14000 环境管理体系标准	ISO 50001 能源管理体系	EMAS 欧盟生态管理和审核计划	FSC 森林认证	SA8000 社会责任标准
占受访问者百分比（%）	85.94	11.34	4.54	4.31	18.59

续 表

企业要求供应商的认证包括	OHSAS 18000职业健康安全管理体系标准	WRAP 环球服装生产社会责任	ICTI 国际玩具工业理事会商业行为守则	EICC 电子行业行为准则	BSCI 商业社会标准认证
占受访问者百分比（%）	44.44	1.36	1.36	15.87	3.63
企业要求供应商的认证包括	Sedex 供应商商业道德信息交流	BRC 英国零售商协会认证	RoHS 欧盟强制性标准	WEEE《报废的电子电气设备》指令	Reach 欧盟规章《化学品注册、评估、许可和限制》
占受访问者百分比（%）	4.99	1.13	42.86	17.23	26.53
企业要求供应商的认证包括	欧盟电池环保指令	EUP 用能源产品生态设计框架指令	欧盟包装和废弃包装物指令	产品碳足迹	
占受访问者百分比（%）	9.07	2.95	11.56	2.04	

第五题

绿色采购的成本支出影响	成本不变	成本稍许增加	成本下降	成本增加
占受访问者百分比（%）	20.79	44.57	2.77	31.87

实施绿色采购时缺乏新材料与技术支持	否	是
占受访问者百分比（%）	32.10	67.90
实施绿色采购时受到生产工艺流程的限制	否	是
占受访问者百分比（%）	33.64	66.36
实施绿色采购时缺乏供应商的理解与配合	否	是
占受访问者百分比（%）	44.08	55.92
实施绿色采购时缺乏企业战略的支持	否	是
占受访问者百分比（%）	50.82	49.18
相关法规与行业标准不完善或执行不强阻碍实施绿色采购	否	是
占受访问者百分比（%）	35.06	64.94
消费者绿色认知与需求不够阻碍实施绿色采购	否	是
占受访问者百分比（%）	31.93	68.07

采购风险

第一题

在采购风险管理上所面临的问题或考验	法规/政策的应用、遵循和变动	原材料数量/价格的变化	自然灾害等造成供应条件变化
占受访问者百分比（%）	34.72	67.82	21.53
在采购风险管理上所面临的问题或考验	过度依存单一或有限供应商	供应商的质量与履约情况不佳	供应商的财务风险如破产
占受访问者百分比（%）	60.88	48.84	28.70
在采购风险管理上所面临的问题或考验	公司的采购计划或合同管理不佳	汇率的变化	劳动力成本的上升
占受访问者百分比（%）	23.15	34.49	43.98
在采购风险管理上所面临的问题或考验	市场需求波动	供应商质量管理体系不健全	供应商所在国家和地区的政治动荡和战争风险
占受访问者百分比（%）	31.94	20.83	5.56
在采购风险管理上所面临的问题或考验	供应商的技术风险	公司没有进行采购风险管理	
占受访问者百分比（%）	15.74	10.19	

第二题

采购部门主要采用哪些手段进行采购风险管理	主要依靠年度预算及策略规划	对采购人员和管理人员进行风险管理培训	慎重选择供应商，重视供应商的筛选和评级
占受访问者百分比（%）	39.05	45.82	69.75
采购部门主要采用哪些手段进行采购风险管理	依赖于合同管理应对风险，建立采购授权和审批制度	加强过程跟踪和控制，发现问题及时采取措施处理，以降低采购风险	定期的开展风险识别、风险分类、风险评估及风险对策的活动
占受访问者百分比（%）	46.95	55.76	24.60
采购部门主要采用哪些手段进行采购风险管理	与上下游建立风险管理体系，提高供应链的整体抗风险能力	多家供货	不定期去供应商现场考察
占受访问者百分比（%）	18.06	53.50	40.18

续 表

采购部门主要采用哪些手段进行采购风险管理	供应商财务状况分析	定期查阅并分析（上市的）供应商财务报告	供应商廉政审计
占受访问者百分比（%）	19.41	4.97	5.19

采购部门主要采用哪些手段进行采购风险管理	供应商合规审计	供应商风险审计	
占受访问者百分比（%）	14.90	8.58	

第三题

企业 2014 年主要是如何处理供应风险的	风险承受	风险防范	风险转移	其他
占受访问者百分比（%）	10.66	64.39	23.67	1.28

第四题

目前企业在供应链风险管理上存在的问题有哪些	公司领导不重视	公司资源不够	风险防范措施不健全
占受访问者百分比（%）	28.89	45.15	58.24

目前企业在供应链风险管理上存在的问题有哪些	风险防范措施执行不到位	供应商不配合	风险应对的措施没有针对性
占受访问者百分比（%）	36.34	25.06	26.64

第五题

2014 年企业遭受了几起重大供应链风险事件	1～3 起	4～6 起	7～10 起	无
占受访问者百分比（%）	45.07	3.14	0.63	51.15

第六题

企业的风险管理成熟度情况	无机制流程、也无正式组织，问题驱动型	已建立风险评估与应对流程，但尚无正式风险管理组织	有风险评估与应对流程，并且有正式的风险管理组织
占受访问者百分比（%）	26.59	52.09	21.32

人力资源与绩效

第一题

	均值
采购部门人员占企业总人数的比例（%）	5.07

第二题

从事采购工作的累计年限	1年以内	1~5年	6~10年	11~20年	20年以上
占受访问者百分比（%）	2.10	18.24	47.80	30.19	1.68

第三题

2014年年薪收入（工资加奖金，税前）（万元）	10万元以下	10万~15万元	15万~20万元	20万~30万元	30万~35万元	35万~40万元
占受访问者百分比（%）	11.95	27.25	17.61	19.71	7.76	5.45

2014年年薪收入（工资加奖金，税前）（万元）	40万~45万元	45万~50万元	50万~55万元	55万~60万元	60万~70万元	70万元以上
占受访问者百分比（%）	2.31	2.10	1.05	0.63	2.10	2.10

第四题

对目前个人薪酬状况的态度	比较满意	不是很满意	非常不满意	非常满意	还行，能够接受
占受访问者百分比（%）	12.47	38.25	6.03	1.46	41.79

第五题

以下哪一种情况最能促使您具有很强的跳槽意愿	除了薪酬之外，企业的各项福利（包含休假、培训等）自己不满意	目前的薪酬状况与自己的付出不成比例	其他客观原因（如搬家、深造、出国等）	企业的文化氛围不适合自己发挥个人能力	企业没有提供一定的上升成长通道
占受访问者百分比（%）	8.56	14.82	7.52	25.05	44.05

第六题

采购部门对部门人员的绩效评估频率	每半年	每季度	每年	每月	无绩效评估
占受访问者百分比（%）	26.61	15.18	32.22	23.08	2.91

附　录

附录 1

中国物流与采购联合会简介

中国物流与采购联合会（China Federation of Logistics & Purchasing，CFLP），是国务院政府机构改革过程中，经国务院批准设立的物流与采购行业综合性社团组织，总部设在北京，主管部门是国务院国有资产监督管理委员会。联合会的主要任务是：推动中国物流业的发展；推动政府与企业采购事业的发展；推动生产资料流通领域的改革与发展；完成政府委托交办事项。政府授予联合会外事、科技、行业统计和标准制修订等项职能。中国物流与采购联合会是全国现代物流工作部际联席会议成员单位，是亚太物流联盟和国际采购联盟的中国代表，并与许多国家的同行有着广泛的联系与合作。

想了解更多信息，请登录主页网站：www. cflp. org. cn。

China Federation of Logistics & Purchasing (CFLP), the integrated non - profit organization of logistics and purchasing in China, was established in Beijing and approved by the State Council during the government institution restructure. CFLP is under the administration of the State - owned Assets Supervision and Administration Commission of the State Council (SASAC).

The main missions of CFLP are to develop logistics and purchasing industry in China, to promote the public procurement, to develop the reform in the means of production circulation sector, to fulfill the tasks commissioned by government. The government authorizes CFLP functions of foreign affairs, science and technology, statistics and standard drafting & revising, etc.

As the member organization of National Modern Logistics Inter - ministerial Joint Conference, the Chinese representative of the International Federation of Purchasing and the Supply Management (IFPSM) and the Asian - Pacific Logistics Federation (APLF), CFLP is playing an active role and widely cooperating with counterparts in many countries.

附录 2

中国物流与采购联合会
采购与供应链管理专业委员会简介

采购与供应链管理专业委员会（The Specialized Committee for Purchasing and Supply Chain Management，SCM）（以下简称“采购委”）是中国物流与采购联合会直属分支机构，作为一个非营利性社团机构，致力于中国采购与供应链管理领域的理念导向、理论研究、知识传播和实践分享，推动中国采购与供应链管理专业领域的发展。

我们的使命：

- 趋势引领：深刻把握国际、国内采购及供应链管理发展的最新趋势和前沿成果；
- 会员发展：不断增强采购及供应链管理从业者对组织的归属感和忠诚度；
- 专家指导：积极发挥采购及供应链管理领域专家的引领和指导作用；
- 知识创新：创建具有中国特色的供应链管理和公共采购管理的知识体系；
- 有效沟通：积极推动采购管理体制机制创新，成为有效连接政府与企业采购的桥梁和纽带；
- 社会责任：不断为有志于采购及供应链管理领域发展的年轻人提供成长的机会；
- 国际影响：打造具有全球影响力的采购及供应链管理领域的社团组织。

我们的目标：

成为中国采购与供应链管理的引领者。

我们的职能：

- 发展中国采购与供应链领域的企业与个人会员，提供专业化服务；
- 研究制定采购领域的标准和规范，推广采购与供应链管理先进技术和经验；
- 完善与提升中国采购与供应管理的知识体系；
- 推进我国采购制度与模式的变革，提升公共采购与企业采购的绩效；
- 组织并开展采购与供应链管理人才培训；
- 开展与采购、供应链管理有关的国内外交流与合作。

（一）教育认证部——致力于提升我国采购与供应链管理领域从业人士的技能水平和专业素质

1. 资质认证

2005 年，与美国供应管理协会（ISM）建立长期战略合作关系，采购委作为 ISM 中国区分会；

2006 年，携手 ISM 推出中文版国际注册采购经理（C. P. M. &APP）认证项目；

2010 年，携手 ISM 推出中文版国际注册供应管理专家（CPSM）认证项目；

全国授权培训机构十余家；学员广泛来源于国内外知名企业。

- 国际顶级课程

C. P. M. 拥有 30 多年历史的采购与供应管理专业课程，体系完整，享誉全球。

CPSM 是全球范围内最严格和最具代表性的供应管理职业资格认证项目，代表了最高水平的专业能力。

- 师资阵容

C. P. M. 与 CPSM 授权讲师大部分来自跨国公司采购高管，有着丰富的从业经验和授课经验，在国内同行中享有较高声誉。

- 考试方式

全中文考试，在全国主要城市开设考点，每年度定期举办三次统一考试，可供考生报名时自主选择考试时间、地点。

- 认证资格

参加 C. P. M. 认证需具备五年以上全职采购与供应管理相关工作经验，或者具备本科以上（含本科）学历，三年以上全职采购与供应管理相关工作经验。

参加 CPSM 认证需具备本科以上（含本科）学历，三年以上采购与供应管理相关全职工作经验。

2. 内训咨询服务

我们的职业培训讲师团队可以为企业量身定做适合的内训方案，深入企业进行培训，传授国际跨国公司的采购与供应链管理经验，通过理论精研、案例分析、互动讨论、角色扮演、活动演练等培训方式，为企业培训一批具备战略视野，实战技能和操作技巧的复合型采购与供应链管理人才。

3. C. P. M.　CPSM 认证各地合作机构一览

地域	授权机构名称
北京	北京博润伟业管理顾问有限公司
	北京乐思门咨询有限公司
	北京万博汇管理顾问有限公司
上海	北京博润伟业管理顾问有限公司
	北京乐思门咨询有限公司
	上海欧想企业管理咨询有限公司
	上海帕迪企业管理咨询有限公司
苏州	苏州高新区博远人才培训中心
南京	南京贝思格企业管理咨询有限公司
深圳	深圳世纪卓越管理咨询有限公司
	深圳市博维职业培训中心

教育认证部　联系人：边老师
电话：010－58566588－182
邮箱：bianyk@ chinascm. org. cn

（二）研究部——致力于研究与传播我国采购与供应链管理领域的前沿理论和最佳实践

1. 《中国采购发展报告》

自 2008 年起，为了加强对我国采购与供应链管理领域的研究，把握全球采购发展动态和趋势，推动我国采购与供应链管理领域的改革与发展，提升我国经济发展过程中所需的企业采购与供应链软实力，我们组织各方面专家共同编撰年度《中国采购发展报告》。该报告由中国财富出版社正式出版，面向全国发行，现已累计出版八本蓝皮书，发行量达到数万册。

本报告的主要具有四大亮点：一是能够通过详尽的数据分析呈现出我国企业采购管理中各个分项领域的现状；二是比较切实地与当前宏观经济联系起来，从采购与供应链管理的角度为政府、企业提供新思路，以期推动我国流通业、制造业的转型和升级；三是在充分考虑到企业的具体采购实践活动的基础上，将企业在采购管理过程中所面临的一系列共性问题进行分析；四是充分借鉴国际先进采购理念和实践经验，试图帮助国内企业提升采购与供应链管理水平。该报告是我国采购领域第一部专业报告集，已经成为采购知识的工具书和采购实践的指南，受到社会各界的广泛关注和普遍欢迎。

2. 全国采购调查

每年我们在全国范围内定期开展采购与供应链管理领域的调查，并专门成立了调查委员会。通过调查数据的统计与分析，深入剖析我国企业采购与供应链管理水平的发展现状、问题与趋势，探索建立行业基准标杆及最佳实践，引领我国采购与供应链管理领域的发展。

2015 年进行的调查有：采购组织现状调查、供应商管理调查、采购金额与成本控制调查、采购信息化调查、绿色采购调查、采购风险调查、人力资源与绩效调查。

3. 标准及专题研究项目

我们积极推动制定采购与供应链管理领域的标准和规范，成立专门的项目团队，建立了两个标准、两个模型及两个测评体系，促进采购与供应链管理人员综合素质的提升和企业实践水平的改进。

- 采购人员职业道德行为准则；
- 采购组织可持续发展与社会责任规范；
- 绿色采购模型；
- 中国企业采购卓越度测评体系；
- 中国采购职业人员能力测评体系；
- 采购人员胜任力模型 ；
- 中国卓越绩效采购——实现卓越采购之价值。

4. 咨询项目

我们的采购专家团队力量雄厚，专家均来自于国内外知名企业、高校，具有丰富的采购与供应链管理理论知识和实践经验，为政府和央企提供了采购管理方面的咨询服务。

研究部联系人：谢培庆　张怡

电话：010－58566588－122/171

邮箱：xiepq@ chinascm. org. cn，zhangy@ chinascm. org. cn

（三）市场部——致力于为提升企业供应链管理水平及采购人员职业素质创造平台

1. 会员服务体系

搭建采购与供应链领域的专业交流平台，为单位会员和个人会员提供专业咨询、研究报告分享、资讯信息、交流互动、职业发展等服务。

2. 内训业务

专家讲师团队按企业需求，提供定制化的企业内训或者 CPSM 专业培训，传播国际先进的采购与供应链管理经验。通过理论精研、案例分析、互动讨论、角色扮演、实际演练等方式，提升企业供应链管理水平及采购人员专业水平。

3. 咨询业务

一流的专家团队为企业提供采购与供应链管理方面的诊断与咨询，为企业优化供应链流程，提高采购效率，创造更大利润空间。

4. 会议/论坛活动

通过与政府、行业组织及企业合作，在采购和供应链领域内举办大型会议、论坛，传播先进的供应链管理理念与实践，促进采购与供应链领域的交流与合作。

5. 专业测评服务

中国采购卓越度测评体系及职业人员能力测评体系，可为企业的采购组织及采购人员做出全面、客观、科学的考察评估，推动企业采购管理水平及人员素质的提升，树立绩效标杆，打造一流采购组织。

6. 媒体推广

通过官网、微博、微信，以及全国公开发行的《新财经》杂志等宣传平台，为企业提供面向精准受众的品牌及产品宣传，直接影响目标客户。

市场运营部联系人：金蕾

电话：010－58566588－212

邮箱：Jinl@ chinascm. org. cn

附录 3

中国采购卓越度评测系统介绍

随着全球经济一体化进程的加快，采购已经成为中国进入 21 世纪后经济活动中的热点问题，对于许多企业来讲，每年在产品采购和服务采购上的支出可以占到企业总支出的 70% 以上。从这么高的比率中不难看出采购组织在企业中所具有重要的意义和战略地位。因此，如何通过对采购环节业务的重组和优化来提高供应链的效率，降低成本，提高企业的竞争能力，成为企业关注的问题。

一、项目宗旨

中国采购卓越度测评系统可以帮助企业的采购组织做出全面、客观、科学的考察评估，推动企业采购管理水平的进步，树立绩效标杆，打造一流的企业采购组织。

二、项目应用领域及意义

中国采购卓越度测评系统以评估组织或企业的采购活动对其整体价值贡献为导向、以采购流程所实现目标的程度为衡量标准。中国采购卓越度测评系统主要应用于三个领域。

1. 组织和企业

在过去，组织或企业的采购部门往往把节省开支作为其部门首要目标，这使他们不得不过度专注于与供应商谈判从而获得最低价格。但事实上采购部门能够为企业带来的机遇和价值远远大于采购成本本身。中国采购卓越度测评系统旨在建立一个工具，以评价组织或企业的整个采购流程的水平，并将这个采购卓越度的模型作为标杆学习的最佳实践。这个模型不仅可以作为组织或企业自我评价、自我审核的工具，而且还可以作为组织或企业评价其供应商采购能力的工具。测评系统的最终目标就是定位组织或企业的采购水平，与最佳实践找出差距，为组织或企业的未来发展提供目标。

2. 第三方独立机构

中国采购卓越度测评系统还可以作为第三方的评估工具，对某一个行业的采购能力做出评估，并可以持续性的跟踪这个行业的采购能力的提升状况，做出比较的结果。咨询机构也可以作为组织或企业的诊断工具，对被咨询对象做出判断。

3. 政府和研究部门

中国采购卓越度测评系统可以作为对整个行业状况采购及供应商管理水平的调查和评估工具，以分析整体的市场运行状况。

三、项目内容

采购卓越度测评系统的内容涵盖采购管理和实施的全过程，将组织和企业的采购能力分为五级，分别是起始级、基础级、规范级、优秀级和卓越级。其中，每个等级是相互依赖的，上层包含下层的目标和实践，并且每个等级是连续的，每个卓越度级别表示了过程能力的水平（如图 1 所示）。

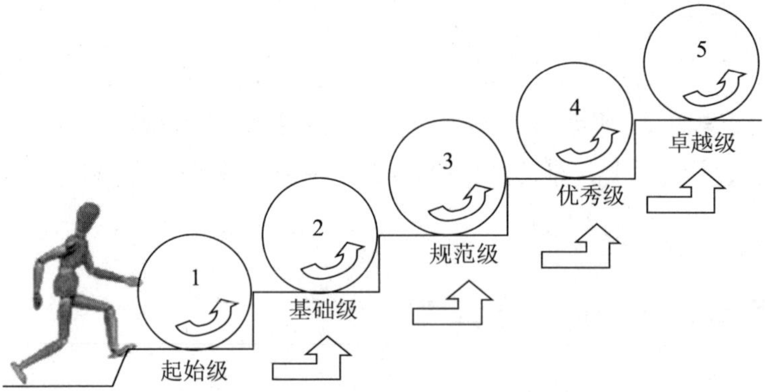

图 1　采购卓越度测评系统五个级别

模型中关注的五个一级指标分别是：战略及组织，采购执行，供应商管理，知识与风险，绩效管理。在一级指标中又包含了四个二级指标，并为每一个指标确定了所需要的流程和工具。在模型中，将“货比三家”，比价议价的传统采购手段推进到长期合同，供应商管理的理念，以保障组织供应的长期质量稳定性和与供应商共同努力降低成本的可能性，在采购绩效评估上也由过去的降价目标，单纯的考核价格比较，转向采购对公司在价值，在财务上的贡献值来体现（如图 2 所示）。

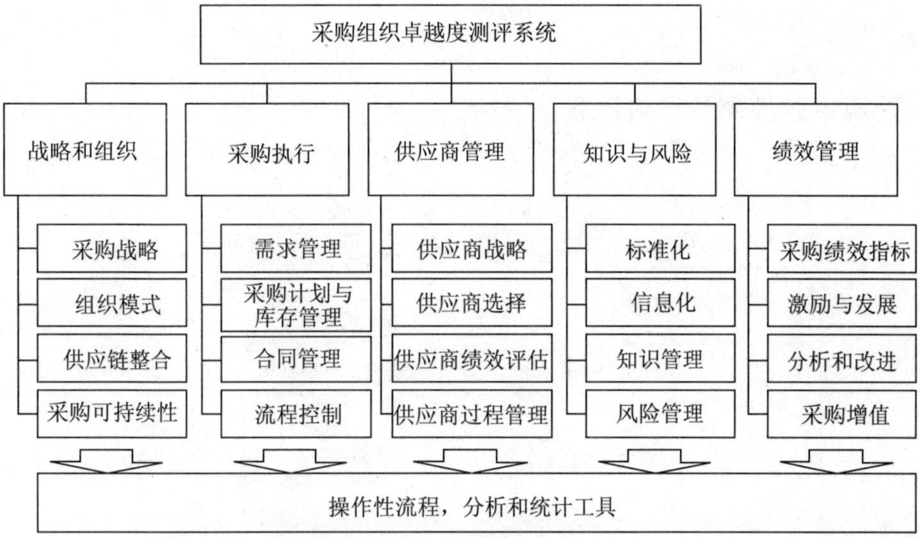

图 2　采购卓越度测评系统结构

四、项目流程

采购卓越度测评系统流程通常分为前期准备、现场实施和出具报告三个阶段（见附件）。

五、项目联系人

联系人：金蕾

地址：北京市西城区月坛北街 26 号恒华国际商务中心 C 座 1008 室

邮箱：jinl@ chinascm. org. cn

电话：010 - 58566588 - 212

附件：采购卓越度测评系统流程

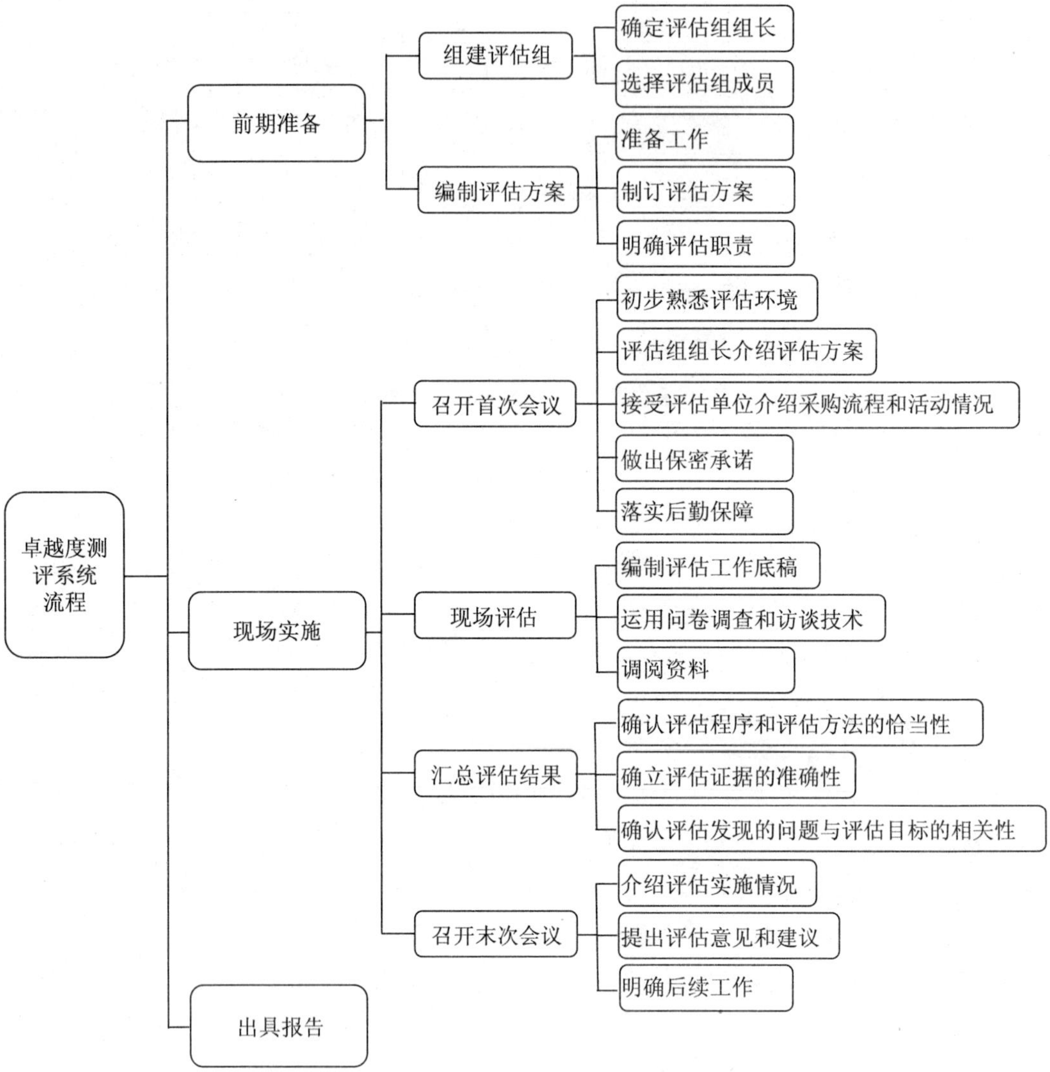

后　记

中国物流与采购联合会从2008年至今已连续八年编辑、出版《中国采购发展报告》蓝皮书。2015年的报告延续了往年基于数据调查的基本思路，以数据分析的方法，开展了采购与宏观经济、企业采购实践等方面的研究。

2015年的中国企业采购调查在2014年调查问卷的基础上，有选择地删改了部分题目，与2014年大体保持一致，便于比较分析。本年度的调查问卷共涉及宏观信息、采购组织现状、供应商管理、采购金额与成本控制、采购信息化、绿色采购、采购风险、人力资源与绩效等八大采购领域专题，在每个专题中均包含若干一级和二级题目。每个题目都针对核心内容和焦点问题进行问卷设计，从而使调查能够集中有效地反映企业采购领域的现状和问题。在调查形式上，本年度仍采用网络填报的形式展开，充分利用互联网技术的优势，便于问卷的填报和回收。

调查报告着重为读者呈现数据，力求为企业采购职业人员和管理者提供决策数据支持。中国采购发展综述专题报告中涉及十篇系列报告，其中八篇为分项报告，两篇为行业报告。每篇报告在对我国采购总体状况分析的基础上，进一步针对企业规模、企业性质和行业进行深入研究，并着重对数据集中的电子和高科技、工业设备两个行业进行专门分析。

本年度报告延续了往年的撰稿模式，即邀请采购专家结合经济背景及我国采购领域新热点、新趋势进行文章撰写，文章内容专业化不断提升，同时我们还收录了若干国际著名研究机构的采购相关案例研究和分析，希望2015年的报告能够继续为企业的采购变革带来启发和帮助。

《中国采购发展报告》能够连续出版并不断提高质量、扩大业内影响力，一方面得益于我们持续的创新，时刻追赶时代的步伐，不断把握我国采购与供应链领域发展的脉搏，记录我国采购与供应链管理发展的轨迹；另一方面也源于社会各界专业人士对中国采购与供应链管理领域的热切关注。国内外采购和供应链管理界对本报告的肯定与支持，是采购专家、撰稿人和采购委研究部工作人员共同辛勤劳动的结果。在此，特别感谢王保华老师对2015年中国采购发展报告的辛勤付出；感谢参与2015年中国企业采购调查的各位采购经理人；感谢企业界采购人士和专家学者，能够在百忙之中参与本年度报告的撰写工作；感谢科尔尼、埃森哲等公司提供了优秀的报告；感谢采购委研究部工作人员的付出。中国财富出版社的编辑对本书的出版工作给予了大力的支持，在此我们表示诚挚的谢意。

尽管我们付出了很大的努力，但《中国采购发展报告（2015）》难免有不足之处，我们将在今后的编撰过程中，继续保持创新精神，探索新思路，开辟新领域，提高调查样本的数量和质量，使报告更加专业，更具深度和广度，为中国企业采购与供应链管理的水平提升贡献一份力量。

最后，真诚企盼所有关注中国采购与供应链管理事业发展的专业人士、咨询研究机构和院校对本报告提出宝贵意见，携手推动《中国采购发展报告》的发展和完善。

蔡　进

2015 年 9 月